一本书讲透
出海实战

FROM LOCAL TO
GLOBAL
A Practical Playbook

陈榕榕

著

机械工业出版社
CHINA MACHINE PRESS

在全球化时代,品牌出海已成为越来越多企业的必然选择。如何从零开始制定出海策略,选择适合的海外区域市场?如何确定出海渠道策略?如何做好企业和产品的出海营销?如何撰写一份出海营销方案?如何玩转海外社交媒体,为你的产品和企业引流获客?出海小白如何从零开始,快速入行?本书作者曾任"非洲手机之王"传音控股的全球数字营销总监,基于丰富的案例实践,为你解读全球重点区域市场,剖析出海成功的商业案例,梳理企业出海的实战方法论,加深企业及创业者对出海的理解,帮助企业顺利开拓海外市场,解决认知差,打破信息差。无论你身处初创企业,还是在已经具有一定知名度的企业,本书致力于为你提供来之不易的经验总结以及实用的工具方法,助你掌握制定出海策略的关键点,为品牌出海打下坚实的基础,成功进军国际市场。

图书在版编目(CIP)数据

一本书讲透出海实战 / 陈榕榕著 . -- 北京:机械工业出版社, 2025.3. -- ISBN 978-7-111-77757-1

I. F279.235.6

中国国家版本馆 CIP 数据核字第 2025K6M862 号

机械工业出版社(北京市百万庄大街22号　邮政编码100037)
策划编辑:秦　诗　　　　　　　责任编辑:秦　诗　牛汉原
责任校对:李可意　杨　霞　景　飞　　责任印制:邰　敏
三河市国英印务有限公司印刷
2025年4月第1版第1次印刷
170mm×230mm・20.75 印张・1 插页・256 千字
标准书号:ISBN 978-7-111-77757-1
定价:79.00 元

电话服务　　　　　　　　　　网络服务
客服电话:010-88361066　　　机 工 官 网:www.cmpbook.com
　　　　　010-88379833　　　机 工 官 博:weibo.com/cmp1952
　　　　　010-68326294　　　金 书 网:www.golden-book.com
封底无防伪标均为盗版　　　　机工教育服务网:www.cmpedu.com

推荐语

我曾经教授过陈榕榕品牌营销与公关的相关课程,她对市场营销的热爱与独到的理解,让我印象深刻。在当今全球化的浪潮中,出海已成为企业发展的必然选择。《一本书讲透出海实战》不仅提供了可行的全球化市场战略,还提供了全球的数字营销策略和实战技巧。出海与数字营销密不可分,学会数字营销方法,能有效加速企业的全球化进程。无论你是初创企业还是成熟品牌,或者是关注出海跨境的个人,这本书都将为你打开新的视野,帮助你在全球市场中脱颖而出。这本书非常值得推荐!

台湾 中国文化大学教授、两岸媒体时事评论员 钮则勋

我从 2008 年开始出海,有幸打造了多款全球产品,也亲历了海外上市的全过程,可以说是较早的互联网出海探险者。这段旅程让我深刻体会到，海外市场蕴藏着无限潜力和机遇。

我曾与榕榕合作过一期以出海为主题的节目。如今，看到《一本书讲透出海实战》的问世，我感到无比振奋。这本书不仅为那些正准备迈向国际舞台的企业家和已经在海外市场奋战的从业者提供了宝贵的战略指导，还提供了丰富的实战案例，尤其是在数字营销领域。书中的许多观点与我的看法不谋而合，我坚信，营销是增长的核心驱动力，能做好本地化的企业，才能在海外市场取得卓越成就。我衷心向所有现在和未来的出海探索者推荐这本书，希望它能成为你们全球化路上的指南针。

触宝创始人、上海交大工业创新研究院执行院长、
AI/出海/游戏赛道天使投资人　王佳梁

欣喜地看到榕榕老师的新书出版了，可以说这是 2025 年最令我期待的书之一。榕榕老师是三节课平台极受欢迎的老师，她主讲的出海市场与营销课程广受好评，现在这些内容成为图书之后，更便于大家深度学习。出海是一个趋势，但目前已有的经验和方法可能不足以支撑大家的业务，榕榕老师在这个领域开创的知识体系和方法论可以说填补了非常多的空白，在整个中国商业发展历史上都创造了巨大的价值！

三节课创始人兼 CEO　后显慧

AI 正在成为企业全球化的加速器，这让我感到非常兴奋。我们的产品 Kimi，以及其他行业的佼佼者，不仅在营销、电商和自

媒体领域大幅提升了内容生产的效率，而且在帮助企业走向国际市场时，增强了本地化的适应能力。AI 现在已经是出海营销里不可或缺的工具。

作者凭借丰富的海外营销经验，分享了 AI 工具的实用指南，为那些对海外市场和 AI 感兴趣的读者提供了非常有价值的指导，这本书绝对值得一读！我期待看到出海战略与 AI 结合后，能够激发出更多的创新火花！

月之暗面 Kimi 联合创始人　周昕宇

全球化是一场跌宕起伏、历久弥新的持久战。我虽初识榕榕，但她凭借十余年营销经验提炼的新书《一本书讲透出海实战》让我印象深刻，出海对于当下的企业和个体都是一个确定性的机遇。书中详细阐述了各国的市场机会、几大全球社媒平台的运营策略，更有在人工智能驱动下的出海营销增长机会，是许多在寻找全球新机会的人士的必备读物，对于拓展全球化视野和业务布局有事半功倍的效用，我强烈向大家推荐这本书！

图森未来副总经理、上海市车联网协会监事长　樊晓旭

我从十余年前开始做海外市场，当时没有太多的出海经验可以参考，都是摸着石头过河的。作为游戏出海人，很开心能看到《一本书讲透出海实战》的问世，该书涵盖全面，从市场分析到营销策略，从文化差异应对到风险防控，为你逐一拆解出海难题。书中更有丰富的实战案例，让理论与实践完美结合。无论你是初涉出海领

域的新手，还是经验丰富的企业家，都能从中汲取宝贵的经验，开启成功的出海之旅。让这本书成为你拓展海外市场的得力助手，带你在国际舞台上乘风破浪，实现商业新突破。

三七互娱产品副总裁　殷天明

我有幸曾与陈榕榕共事并常常探讨出海机会，尤其是海外社媒运营的实践。这本书深入浅出，全面解析了出海实战技巧，紧跟时代潮流。当前，正值AI推动产业转型升级的关键节点，中国企业迎来了千载难逢的出海良机。本书无疑是从事出海业务的专业人士不可错过的必读之作。

Pinterest 创作者平台研发负责人　周为

我和榕榕相识数年，总见她游历于世界各地。在全球化浪潮下，越来越多的企业渴望踏上出海的征程。但面对陌生的市场、文化和竞争环境，企业往往感到困惑和不知所措。《一本书讲透出海实战》正是在这一背景下应运而生的。这本书不仅从战略高度提供了全方位的指导，更通过丰富的实战案例，揭示了数字营销、本地化运营等关键成功要素。对于那些已经出海或计划迈向国际舞台的企业家和从业者而言，这本书无疑是一部值得细读的指南，可以帮助他们在复杂多变的海外市场中抓住机遇、赢得成功。

上海市教育发展基金会理事　郭泽宇

穿越挑战，发现机遇。放眼当下与未来，变化是唯一的不变。

全球产业链重组，加之地缘政治冲击带来的不确定因素，出海的风险与机遇相伴相随，而远洋的巨轮也不会停下来——参透文化差异，甄别蓝海市场，善用营销工具，了解不同消费者的需求偏好和行为模式，精准投放广告并优化产品，在提升营销效益的同时规避潜在风险，进而更好地融入当地市场。无论从何种角度来看，这都是一本实操性拉满的宝藏级出海指南。

网赢天下网创办人、首席架构设计师，
金鼠标数字营销大赛联合创办人、执行主席　方立军

本书作者如同沙漠里的一位资深向导，给读者们递上了一份出海的实战指南。以中东内容为例，作者以细腻的笔触描绘出中东热钱鹊起、中东经济迈向多元化发展的时代背景，以及沙特阿拉伯"2030愿景"下的无限商机，更暖心地指出微妙的文化差异与具体的外资管理政策带给商业合作的现实挑战。娓娓道来的字里行间透露出一种真挚的关怀，让人在感受到市场热度的同时，也体会到作者用心和细致的观察。书中的观点为企业出海提供了客观、深入且实用的指导。

策略传播资深专家、伟达公关前中国区 CEO　徐俊

出海成为企业增长的必选题。许多营销和广告专业人士也正积极寻找新的机遇和赛道，但面对海外市场的开拓，传统的营销经验往往并不奏效。《一本书讲透出海实战》提供了宝贵的导航灯塔。作者不仅分享了在海外多国的市场实战经验，还涵盖了数字营销策略的精华。陈榕榕对出海有着丰富的营销经验。因此,我强烈推荐这本书给所有营销人、广告人,以及对出海感兴趣的个人!相信将中国的营销智慧与海外市场的深刻洞察相结合,必将在全球化浪潮中迈向更高的层次。扬帆起航,让我们一起"出海"。

广告营销行业博主　姜茶茶

前言

出海,你准备好了吗

出海是未来 20 年能让企业留在商业牌桌上的确定性因素之一。毕竟,大多数国内企业都或多或少经历过内卷,都迫切想要寻找新的增量和发展曲线。全球 80 多亿人口的市场,无疑为我们增加了许多想象空间。然而,出海并不意味着国内市场不重要,恰恰相反,出海本身能够反哺企业在国内的发展。

国内企业的出海征程可以追溯到 20 世纪,前后经历了三个阶段。

第一阶段,"外贸出海"。20 世纪末到 21 世纪初,当时还没有"出海"这个词,企业主要是通过 B2B 为主的商业模式,将中国制造(made in China)的商品卖给海外批发商,再由海外批发商经过层层分销，最终到达消费者手里。这种传统外贸的跟单–发货模式，本质上是依托于中国供应链的价格优势和人力成本优势发展而来的。

第二阶段，"产品出海"。2005年到2020年前后，以深圳华强北商家为代表的中国跨境电商卖家，通过入驻亚马逊和eBay等电商平台，实现了产品的全球化销售。2021年亚马逊史无前例的"封店潮"㊀使大批国内跨境电商卖家受到重创，整个跨境电商行业来到关键转折点，铺货、站群模式走向终结，"精品战略"成为普遍的行业共识。同时期，在互联网行业，工具产品出海初露端倪。

第三阶段，"品牌出海"。2021年起，以品牌直接面向消费者（DTC）为主要特征，随着政策红利接连释放，国内供应链能力大幅提升，出海服务生态制度逐渐完善，叠加资本助推等多重因素，诞生了许多出海垂类的消费品牌。笔者坚信，在这一波出海全球化的浪潮席卷下，还会诞生更多百亿级、千亿级甚至万亿级的全球化品牌。

笔者从未出海到已出海的企业团队了解到，在不同阶段企业会面临不同的问题：

（1）出海战略规划问题。企业想出海却无从下手，企业出海去哪里？走线上还是线下渠道？主推哪款产品？国内模式能否复制到海外？

㊀ 指亚马逊平台在2021年4月至6月期间发起的大规模封禁店铺的行动，主要针对中国跨境电商卖家。这次"封店潮"被认为是亚马逊近年来最大规模的整治行动，大约有600个中国品牌，3 000多个卖家账号被封。封店的主要原因是商家存在好评返现、刷单等违规操作，"封店潮"造成行业巨大损失。

（2）出海营销运营问题。企业B端如何获客，用户C端如何增长？产品销量和品牌声量如何赢得？产品如何差异化？如何本地化？如何快速将产品打爆全球？

（3）团队组建问题。企业需要高管团队出海吗？现有团队没有懂出海业务的人，去哪儿招人？要不要全部聘用海外本地员工？

（4）风险收益比问题。企业需要投入多少资金、时间成本在出海上？是全力以赴出海，还是把出海作为小的试验逐步推进？

……

如果你遇到上述问题，本书将提供详尽的解答，助你在出海的征途中乘风破浪。

谁需要读本书

如果你是关注出海的企业创始人、高管，本书不仅能帮你做好出海前的战略规划，还将助你描绘扬帆起航后的增长蓝图。从市场拓展、渠道规划到品牌建设，本书旨在为你揭开出海迷局，洞察海外市场，助你在全球舞台一马当先。

如果你是市场、营销、品牌、广告、产品、运营、人力资源等领域的从业者，本书将向你分享头部出海企业在不同海外市场的一线实战经验和经典案例，呈现海外市场开拓的精髓。每一个案例都是价值千万的实战经验总结，每一条策略都是市场决策的参考依据，都能助你在国际营销的战场上把握先机，赢得全球用户的青睐。

如果你是关注出海的投资人，本书将帮助你切换到企业经营的视角，了解企业出海面临的增长问题和对应的解决方案，助你更好地选择投资标的，为你的投后管理提供不可或缺的市场拓展指南。

如果你是外贸行业、跨境电商从业者等，本书汇集了跨境电商大卖的盈利秘诀和核心平台的运营技巧，为你提供从产品出海到品牌出海的转型思路和实操指引。

如果你是关注人工智能前沿科技的个人，本书将为你解析如何通过 AI 工具，助力出海营销的内容创意生成，让你事半功倍。

如果你是对海外市场感兴趣的新人，书中也有给新手入门的实用建议，助你打开视野，了解当下正在发生的全球化浪潮，更有给你的海外市场风险提醒，帮你避开潜在的陷阱。

如何使用本书

本书主要包括四篇内容。第一篇是出海策略，主要解决出海去哪里、如何确定出海战略的问题，助你先从宏观视角建立清晰的认知。第二篇是出海营销，主要解决出海业务增长的核心问题，既有拿来即用、经过验证的实战方案，又有亚马逊、独立站、众筹等多渠道的营销秘籍，让你做到术法兼备。第三篇是出海运营，分别阐述了 Facebook、Google、YouTube、TikTok、WhatsApp 几大重要海外流量平台的获客引流法，解决企业出海的产品销量及品牌声量问题。同时，你将了解到前沿的实战技巧——以人工智能为杠杆，实现出海营销的降本增效。第四篇是出海人才个人发展，零经验的你如何快速入行，关注出海创业的你如何找准赛道，作为管理者的你怎样招、选、用、留海外人才，这一部分将为你提供实用的入局策略和全球化人才的管理智慧。

你可以在解决实际问题时翻阅书中的对应章节，不过，笔者更建议你从头到尾系统阅读，逐渐深入，系统掌握出海实战的每一个关键环节。阅读的同时可以用笔记下要点，增加收获感。

你也可以一边看书，一边运营跨境电商平台，以及海外社交媒体账号，让理论知识即时转化为实际成效。如果你觉得本书的内容对你有所帮助，不妨分享给你的同行伙伴，大家一起在全球化的道路上共同进步。

在正式开始本书的阅读之前，笔者有以下几条核心观点与你分享。

（1）海外市场大有可为，当许多企业还在国内内卷时，早有先行者嗅到了海外市场的机会。如果你在国内的战斗指数是60分，去到海外，你可能是90分，因为中国创业者独有的特质——勤奋、灵活、执行力强，以及对新市场领域开拓探索的热情。

（2）海外市场和国内市场有较显著的差异。进入个别市场，消费品牌完成从0到1，只要靠超级爆品、超级渠道的单点突破，就能快速占领市场，并不需要满足像国内市场的既好用又便宜，还要有品牌背书等多重条件。这并不是说海外市场运营更简单，相反，海外市场的复杂度远超国内市场，它要求企业在组织管理、单兵作战等方面具备更综合的能力素质。

（3）出海是战略问题，更是执行问题。在海外许多国家，你会发现企业运营效率大打折扣。限制企业增长的，可能不是 PPT 方案里的行动计划，而是物流到底能否准时到达、办公室能否不要突然停电、网络能否正常运行、主播能否不要突然罢工等现实问题。因此，出海既是"一把手工程"，也是自上而下地下田地、亲自动手的落地工程。

（4）出海的黄金窗口期短暂，因此先发优势至关重要，越往后会越难。所谓"护城河"，其中一个关键点就是时间差！别人没做非洲市场，你先做了，消费者买了你的产品后不想换品牌了，品牌认知就先有了。别人没做中亚市场，你先做了，渠道铺好了，其他企业想进入同样的渠道就比较难，你已经赢在起跑线上了。所以，最好的出海时机，就是现在！把握现在，就是把握未来。

笔者在多年海外市场营销经验中发现，出海的信息差、资源差和认知差比想象中大得多。出海的征程中，你不是一个人在战斗。如果你对出海感兴趣或者已经在探索的路上，非常欢迎你加入笔者发起的"出海圈"社群，这里汇聚了出海的明星创业者、投资人、高管、海外华人，大家一起学习成长。如果想交流更多关于出海营销的问题，或者有出海的培训和咨询需求，欢迎与笔者邮件联络：rongrongrong1@163.com。

出海的号角已经吹响，让我们共同启程，探索全球化的壮丽征程！

目 录

推荐语

前　言

第一篇　出海策略

第1章　出海作战6T模型　/ 3

第2章　出海关键点和难点：本地化　/ 6

所有出海企业会犯的一个错误：拿中国市场去衡量海外市场　/ 6

所有出海品牌都是新品牌　/ 8

海外市场不是一个市场　/ 9

出海企业如何本地化　/ 9

案例：舌尖上的出海——中国餐饮品牌如何征服海外味蕾　/ 12

第3章 品牌出海核心战略：如何定产品 / 19

产品国际化或国际化产品 / 19
产品战略如何选择 / 20
产品测试怎么做 / 21
什么样的产品适合出海 / 23

第4章 出海渠道如何定：长渠道或短渠道 / 25

长渠道、短渠道的特点和优劣势 / 25
案例：安克创新的出海实践 / 26
如何选择渠道战略 / 27

第5章 品牌出海如何选对国家／地区，蓝海市场在何方 / 29

量化法 / 30
跟随法 / 34
特殊时机的市场机会 / 35
案例：小米——一部智能手机的国际发展历程 / 37

第6章 出海重点市场解读 / 42

美洲地区 / 42
欧洲地区 / 54
东亚地区 / 64
东南亚地区 / 67
南亚地区 / 80
中东地区 / 82
非洲地区 / 91

第二篇　出海营销

第 7 章　如何写一份出海营销方案：拿来即用的方案模板　/ 103

市场分析　/ 104

竞品分析　/ 105

目标制定　/ 106

目标受众分析　/ 109

传播重点　/ 110

营销节奏　/ 112

媒介策略　/ 114

预算分配　/ 116

社媒投放计划　/ 118

达人合作计划　/ 120

第 8 章　B2B 出海营销实战：如何高效赢得全球客户　/ 122

B2B 国际买家的五大行为特点变化　/ 122

B2B 出海营销八大实战方法　/ 126

B2B 企业的出海营销行动计划（模板参考）　/ 145

第 9 章　消费品出海必选项：亚马逊运营　/ 147

亚马逊平台概述　/ 147

亚马逊平台流量机制：A9 算法　/ 149

亚马逊运营核心：选品　/ 151

亚马逊物流选择：FBA 或 MFN / 156

亚马逊运营关键：利润计算 / 159

亚马逊运营风险防范：侵权 / 161

第 10 章　出海 DTC 品牌运营必备：独立站 / 164

什么是独立站 / 164

独立站运营与货架电商平台运营的优劣势 / 165

独立站顶流希音的案例分析 / 166

独立站工具鼻祖：Shopify 概述 / 167

独立站如何搭建和选品 / 167

独立站高效引流方法 / 169

第 11 章　上市即打爆——品牌出海新玩法：海外众筹怎么做 / 170

什么是众筹 / 171

两大众筹平台 / 171

项目众筹四大阶段 / 172

众筹成败两大要素：选品和营销 / 172

众筹案例：3D 打印机产品 AnkerMake M5 / 173

众筹风险 / 174

第三篇　出海运营

第 12 章　品牌出海，如何玩转海外社交媒体，为企业引流获客 / 177

全球社媒用户趋势分析 / 177

海外13大社媒平台对比 / 178

媒介策略五步法 / 180

海外社媒运营：内容营销创作方法 / 182

海外广告投放：执行方法、效果评估 / 183

海外达人营销：达人合作四步法（附合作沟通模板）/ 184

第13章 Facebook 内容营销和广告投放全攻略 / 189

Facebook 平台概述 / 189

Facebook 内容营销的四大关键步骤 / 190

第14章 Google 的流量玩法 / 199

Google 的平台生态 / 199

Google 的搜索引擎优化 / 200

Google 的搜索引擎营销 / 204

第15章 YouTube 的视频营销全攻略 / 208

YouTube 为何值得布局 / 209

YouTube 为何能持续吸引创作者加入 / 209

YouTube 推荐算法 / 211

YouTube 内容运营七步法 / 212

第16章 如何抓住 TikTok 的流量风口 / 220

TikTok 平台概述 / 220

TikTok 运营决策：国家选择 / 228

TikTok 运营四大方式：短视频、直播、与达人合作、商品卡 / 229

TikTok 运营如何快速涨粉 / 231
TikTok 电商的底层逻辑 / 236
TikTok 电商选品 / 239
TikTok 小店运营 / 246
如何打爆 TikTok 直播 / 248
娱乐出海案例：去东南亚开娱乐公会 / 255

第 17 章　海外流量运营终局：私域营销 / 259

海外私域运营的本质 / 259
海外私域营销三大转化方式 / 261
WhatsApp 私域运营实操七步法 / 265

第 18 章　百倍杠杆：人工智能 × 出海 × 营销 / 267

未来已来：AI 驱动的出海营销新增长 / 267
如何用 AI 做好出海营销 / 268

第四篇　出海人才个人发展

第 19 章　致出海小白：如何快速入行 / 287

如何找到匹配的工作机会 / 290
专业能力提升四大方法 / 291

第 20 章　致从业者：如何跨界破局 / 296

复制过去的经验优势 / 296
空杯心态 / 297

打工焦虑，想尝试出海创业，怎么做 / 299

第 21 章　致创业者：如何寻找匹配的出海机会 / 300

先控制风险，再考虑收益 / 300

中国经验与本地洞察的结合 / 301

多走出去看看 / 302

第 22 章　致管理者：如何搭建全球化的组织人才结构 / 303

常见的三种架构 / 303

招不到人？——人才招聘及培养的思维转变 / 304

后记　/ 308

第一篇

出海策略

第 1 章
出海作战 6T 模型

许多企业在观望出海阶段，或者下定决心出海时，往往面临不知从何下手的问题。如何选国家、选产品、定渠道、做营销？笔者总结了制订出海战略的 6 大核心要素，简称为"出海作战 6T 模型"（见图 1-1），希望该模型能帮助企业制订出符合自己的出海路线图。出海是一场持久战，不是一场速决战。战略对了，再加上执行到位，才能保证收获更广阔的海外天地。

图 1-1　出海作战 6T 模型

出海作战 6T 模型，具体包括哪 6 大核心要素呢？

（1）时机（Timing）。Timing 一方面是指出海的时机，如果放到未来更长的时间周期来看，当下即是出海的最佳时间窗口。出海很多时候拼的是谁先抢占时机，先进入者本身有先发优势。很多时候决定胜负的只是入局时间的早晚，就如很多国际知名品牌，作为后进入者，在非洲市场无法蚕食传音约 50% 的市场份额一样，传音就是那个先进入者。Timing 另一方面是指出海企业也要关注目标市场的趋势变化，比如某手机厂商被制裁，其实就给了很多手机同行一定的时间窗口，这个时候如何抓住时机，及时制定策略，去进攻相应的市场就显得很关键。

（2）目标（Target）。出海的战略目标、经营目标、财务目标、业务目标、营销目标，要逐层往下拆解。只有目标明确，自上而下拆解分配到负责人，才能保证战略执行不错位，有量化的指标，在落地过程中才可以随时纠偏和跟进。

（3）区域（Territories）。一是选择目标市场的国家地区，二是将区域选择进行优先级排序。选错了目标市场，有可能就会功亏一篑；选对适合企业出海阶段的国家 / 地区，才能事半功倍。而目标市场的优先级问题，也是事关企业有限资源下的战略抉择。

（4）团队（Team）。出海企业在不同阶段需要搭建不同的组织团队，这里就涉及"国际化 + 本地化团队"的搭建和管理。不是在出海的第一阶段就马上要将团队全员本地化，也不是一直用华人团队就能在出海的持久战中获胜，这里需要综合考虑行业、市场和人力成本等因素。海外市场的复杂度，对企业在全球的人才招聘和跨国管理提出了更高的要求，意味着必须要有一支精兵强将的队伍，才能让企业在出海征战中大获全胜。以消费品为例，如果出海只是以线上电商为主，那早期团队的全部人员在国内运营都没有问题。但如果消费品出海是以海外线下渠道为主，那本地化团队的组建可能从计划出海的第一天就是要考虑的事情。

（5）测试（Test）。出海对于许多企业来说，前期投入非常大，无论是资金投入还是时间投入，所以提前做好最小化测试就非常关键。从市场、产品、渠道、定价等方面进行全方位的测试，能帮助企业降低风险。测试的核心主要是测产品与市场的匹配度（product market fit，PMF）[⊖]，无论企业在国内市场做得多么风生水起，去到海外市场，就是从零开始。从 0 到 1 的 PMF 非常关键，因为里面还涉及本地化的问题。

（6）追踪（Tracking）。为什么要把追踪作为出海战略模型中的关键要点之一？因为海外市场的变化真的太大了！唯一不变的就是变化。无论前面的策略、目标做得多么宏大严谨，到落地的时候，99% 的企业都会发现一个问题：执行变形！所以出海真的是一个要在实战中不停追踪、动态调整策略的过程，而不是一成不变的。

关于出海作战 6T 模型，会贯穿企业出海的全过程，笔者也希望关注出海的你，可以抓住这 6 大核心要素，实现出海破局！

⊖ 硅谷著名风险投资家、网景公司创始人马克·安德森最早提出了这个概念，指出了产品市场匹配度的重要性。

第 2 章

出海关键点和难点：本地化

所有出海企业会犯的一个错误：
拿中国市场去衡量海外市场

笔者经常会收到的问题是，海外市场营销和国内市场营销有什么不同？在回答这个问题之前，我们先要考虑整体市场环境和用户需求的差异，再由此推导出不同的市场策略和渠道解决方案。

中国市场这些年可以说是驶入了高速发展的快车道。中国的科班营销人，虽说他们早期学习的是欧美营销大师的各种方法论，但他们在中国市场探索出来的独特营销流量玩法已经领先全球，比如直播电商运营。中国市场体量大，一二线城市和下沉市场、北方和南方城市都有天然差异，这就决定了营销策略需要因地制宜。在不同行业品类的高速发展中，电商平台从"人找货"到"货找人"，零售渠道从传统经销商的多层级模式到品牌直接面向消费者销售的DTC模式，这些现象都体现了中国市场走在全球发展的前沿。

海外市场又是什么情况？我们可以先把海外市场简单分成发达国家市场和发展中国家市场。发达国家市场的特点是成熟稳定，线下渠道不可撼动，线上电商增速稳健，消费者愿意接受大品牌曝光，听你讲品牌故事，认同高质量的品牌溢价。而在营销渠道和线上流量平台方面，几大社交媒体（简称"社媒"）巨头稳如泰山，所以就变成在实际的市场拓展和营销落地中，针对B端企业的营销做法，一直是展会和邮件营销，从10年前到今天，没有太大变化，该做的还是持续要做。针对C端用户的社媒营销，几大社媒平台没有变，玩法也没有变，该做内容做内容，该做投放做投放，谁都别想偷平台的免费流量。所以这就变成营销玩法没有太多的新意。唯一的变化就是，针对B端的企业被流量席卷得要去做社媒营销，针对C端想获取免费流量的企业，需要新学TikTok的短视频和直播玩法。海外社媒平台的竞争愈加激烈，从图文到短视频再到直播的演变，连巨头Facebook都战略摇摆，直播功能在一些国家开了又关，关了又开，最终还是加入直播大战。YouTube为了应对其他短视频平台的竞争，力推Shorts的短视频功能。为了切割全球内容电商市场的蛋糕，平台也在加大对YouTube Store小店的招商运营。

所有出海企业都会经历的不适就是：海外的直播电商发展居然还这么早期？外国人居然不喜欢我的低价产品？外国人居然还是喜欢去逛线下超市？这一切其实都源自我们拿熟悉的中国市场的思维去理解海外市场。中国市场经历了过去几十年的高速发展，本身就有自己的特殊性。我们如果拿中国市场的特殊性去对比其他海外国家市场，自然会发现很多差异。可以简单点说，从营销角度，发达国家市场对新兴的渠道和营销方式需要一定的接受时间，比如像直播带货，欧美消费者的平均消费水平和消费习惯，决定了直播的渗透率和增速不会在很短时间内达到国内市场的水平。而发展中国家市场有些可能还像5

年前甚至 10 年前的中国市场，喜欢低价、高性价比的产品，对新渠道、新营销方式接受度反而较高，它们会把中国市场过去在短视频以及直播的路径再重新走一遍，而且速度会更快。

所有出海品牌都是新品牌

出海的玩家里不乏国内知名企业，它们背靠资源大山，雄心勃勃。但出海要明确的一点就是，不管企业在中国市场知名度如何，市场份额有多大，去到海外，就是新品牌，就是从 0 到 1。新出海的企业要敬畏市场，保持谦卑，拥有始终创业"总是第一天"的心态。无论品牌调性有多高，姿态一定要放低，因为你不知道前面有多少挑战在等着你。即便品牌在中国市场家喻户晓，去到新的国家市场，也会面临"不好意思，你是哪个品牌，从没听过"的境地。出海企业要重新建立消费者认知，重新铺设产品渠道，重新搭建合作伙伴关系，这就是现状。

曾经有国内某头部白酒品牌找到笔者，希望将产品推到东南亚市场，笔者看了下同品类的数据，发现销量一般，就与他们反馈，第一年一亿元的营业收入（后简称营收）目标达不到，建议企业调整预期。企业出海不能拍脑袋盲目定目标：一是目标市场容量可能没有想象的大，企业在国内市场份额再大，去到目标市场，一切都得重来；二是海外线下渠道建设需要时间，尤其是重线下渠道的品类，像食品、饮料、酒水等，更是需要"步兵作战"，用时间换空间。初创企业更不必多说，在资源有限的情况下，创业的第一天想的甚至都不是怎么成为品牌，而是怎么活下去、怎么把货卖出去、怎么持续获得现金流。有了销量再谈声量，先卖货再谈品牌。今天并不存在先做品牌再说销量的方式，当下全球的竞争环境决定了企业应先做流量，有了销量，自然就有声量，最后再做"留量"（将客户留住）。

海外市场不是一个市场

在全球化的经济体系中，海外市场通常被视为一个统一的概念。但事实上，海外市场并不是一个单一的市场，而是由许多不同的国家市场组成的复杂网络。每个市场都有其独特的文化、经济、政治和法律环境，这些因素共同塑造形成了每个市场各自的商业规则和消费者行为。

笔者曾经看过一个咨询方案，某咨询公司在给出海企业做的市场策略里，包含了北美、东南亚等市场策略，笔者看完方案，就说："完了，你们不能这么做。"有什么问题？就拿东南亚市场举例，里面包含了新加坡、印度尼西亚（后简称印尼）、泰国等多个不同的国家，进入这些国家市场的优先级是不一样的。具体到不同的国家市场，市场策略和执行方案千差万别，甚至会具体到一个国家的不同城市，比如印尼有1万多个岛屿，不同岛屿之间的地理位置和人口分布差异很大，爪哇岛是人口最密集、经济最发达的地区，而苏门答腊岛和加里曼丹岛等岛屿则地广人稀、经济较为落后，消费者需求与前者相比有较大的差异，这需要细化到区域做差异化的方案才能真正有效，就跟中国广东和中国东北用户对同一品类产品的外形、颜色、功能等偏好都有较大差异一样。我们讲东南亚市场，是为了有一个宏观的概念，然而具体到某个国家市场的进入策略，就需要面向具体市场出具体方案。

出海企业如何本地化

所有出海企业都会面临的一个难点，就是本地化。成为全球性企业的关键点,也是本地化。市场特性、法律法规、用户特点、文化差异等因素,决定了本地化是出海企业成败与否的关键。

商业模式本地化

在商业模式上,中国出海企业经历了从将海外成功的商业模式复制到中国(copy to China)到将中国成功的商业模式复制到海外(copy from China)的过程,见证了中国市场这些年的商业创新。这些商业创新的背后是中国的大一统市场、人口基数和快速发展的经济,而纵观海外市场,经济、语言、文化等因素决定了海外市场不是一个统一的大市场,不可以完全照搬中国的模式。企业出海到每个国家都需要有本地化的策略和打法,于是我们需要看明白背后的共性和个性。

比如工具类软件,在国内都是免费的且消费者对功能的要求都是"既要、又要、还要",就是一款产品在开发上要满足消费者的多重需求。而海外市场的工具类软件,仅需有一个能打动消费者的功能点,就能直接收费。因此有些小团队,几个人开发一款工具产品,在海外找到自己的细分市场,比如在人口红利大、付费意愿强的国家,就能吃到海外市场的红利。这就需要我们突破原本在国内的认知,即从工具类软件只能通过会员或者广告业务去变现的认知,转变为靠付费启动去跑收入模型。有认知差的地方,就有商机!

又比如线上分销,国内的分销只能到3层,而海外有些国家比如印度,分销最多可以达到10层。那我们在设计产品渠道的时候,如果你正好做的是这个国家的市场,就可以从渠道上进行颠覆式创新设计。

思维模式本地化

说中国人勤奋也好,内卷也好,其实都是基于早年物质匮乏,加上竞争激烈形成的氛围。而很多外国人强调工作和生活的平衡,即使收入低点也无妨。这点是我们在做海外市场时和本地团队合作遇到的一个最大的冲突点，所以需要彼此理解。

团队本地化

团队本地化这件事不一定在出海的第一天就要做，这取决于行业和商业模型本身。如果是做跨境电商，或者是做软件工具，小而美的国内团队通过远程在线可以解决日常运转问题，就不需要在刚开始时将团队本地化。但企业的目标如果是集团化和品牌化，那么发展到一定阶段，就需要拥有本地化的团队。

本地化团队除了在营销上可以提供更多的本地化洞察，更多时候是解决固有思维的局限性问题。只要企业负责人大部分的时间是在中国，就不可避免地会以对中国市场的理解去做海外市场。这也是作为跨国企业的我们需要和本地化团队紧密合作的原因。

在实际日常运营中，和本地化团队的合作一定会有许多摩擦，无论是沟通方式还是做事方式，本质是文化差异。这个过程就像谈恋爱一样，需要双方反复磨合，需要彼此有耐心，需要尊重对方、求同存异，更需要长期主义！

营销本地化

营销是整个出海落地过程中最直接触达C端消费者或者B端客户的关键一环，它直接决定了出海品牌的价值塑造和成交转化效率。营销内容更是重中之重，从创意到设计、语言、文案、模特等，这些都建议企业用本地化团队去完成。因为国别文化差异不是几天能快速学习的，要保证不出差错，快速出爆款内容，这个是最高效的解决方案。

我们就曾在这件事上吃过亏。一张产品设计海报从概念到完稿，全套程序用中国团队做，执行上虽然高效，沟通无障碍，模特也是用外国人，但为了更好地表现视觉张力，模特在手持产品时做了一个踢腿的动作。审核海报时，先后十几个人都说没问题，最终投放宣传的时候，却发生了我们万万没有想到的问题：我们在非洲某国家被消费者大范围投诉。出现了什么问题？因为当地消费者认为这个动作不雅，不尊重他们。原因是什么，还是文化差异。我们觉得没问题的内容，到当地市场，因为价值观和文化习俗完全不一样，内容就会有问题。最终我们只能迅速下架该海报物料。小小的一张平面海报，却给企业带来千万元的营销金额损失！由此可见，营销内容的每个细节都是魔鬼，做得好的一个创意能四两拨千斤，做得不好就会丧失民心，降低消费者对品牌的好感度。

所以，对于出海企业来说，"本地化"不是一个口号，需要落实到出海的所有环节里，并坚定执行！

案例：舌尖上的出海——中国餐饮品牌如何征服海外味蕾

中国餐饮行业经过几十年的发展，国内已经是一个超级红海市场，不少品类已经进入"巷战"阶段，真正有机会能做出万店规模的品牌屈指可数。放眼全球，中式餐饮（后简称中餐）企业出海正方兴未艾。

根据预测，2026年海外中式餐饮市场规模有望达4 098亿美元，2021～2026年复合增长率（Compound Annual Growth Rate，CAGR）达到9.4%。偌大的市场蛋糕里，整个中餐企业出海赛道中最火的莫过于火锅和茶饮。为什么是这两个细分品类最火？原因只有一个：可标准化的程度高。火锅类目以海底捞为代表企业，小肥羊、大龙燚、小龙坎、凑凑火锅等品牌的门店遍及欧美、亚洲、澳洲。而茶饮则天然适合出海东南亚等国家，那里全年夏天、没有淡季，店型小、复制扩张快,如喜茶、奈雪的茶、蜜雪冰城、霸王茶姬等品牌都是迅速开店,攻占全球市场。餐饮出海,尤其是主打东南亚市场的,因为当地华人占比较高,早期进入的企业,既有人口红利,又有时间红利,发展速度非常快。

在餐饮行业的商业模式中,最关键的就是"单店模型"。什么叫"单店模型"?就是决定门店盈亏的几个核心数据指标,包括坪效、投资回收期、利润率等。几个头部茶饮品牌在国内的单店模型见表2-1。

表2-1 几大茶饮品牌单店模型对比

单店模型对比	星巴克	喜茶	乐乐茶	奈雪的茶	蜜雪冰城
单店面积(平方米)	100~200	80~120(标准店) 50~80(GO店)	50~400	200~250(标准店) 80~200(PRO店)	15~20
坪效(万元/平方米)	4.7	10~15	与喜茶茶饮单店模型相似		10~12
投资回收期(月)	27	9~12			6~8
营收	100.0%	100.0%			100.0%
原材料	13.0%	35.0%			55.0%
人工	8.0%	20.0%			15.0%
租金	26.0%	12.0%			12.0%
水电	3.5%	2.0%			2.0%
折旧摊销	3.5%	5.0%			0.5%
其他杂项	12.0%	1.0%			0.5%
单店经营利润率	34.0%	25.0%	20%	20%~25%	15%

资料来源:公司官网、公司公告、联商网、EqualOcean。

根据笔者经验,东南亚市场30~50平方米的咖啡店月租,从几千元到1万元人民币不等,人员成本也相对较低。所以餐饮出海,尤其是在东南亚市场,能以更短的时间周期收回开店成本。

海外餐饮开店收益如何？这是很多品牌方和加盟商都非常关注的问题。表 2-2 以某中式连锁快餐品牌在全球 6 个国家市场的运营数据为例，相信读者看完就一目了然了。

表 2-2　某中式连锁快餐品牌在全球 6 个国家市场的运营数据

国家	日均出单量	平均客单价（美元）	日均营业额（美元）
新加坡	390	14	5 460
韩国	146	9	1 314
日本	188	14	2 632
澳大利亚	170	19	3 230
加拿大	70	23	1 610
美国	325	21	6 825

表 2-2 中有很多惊人的数据，比如该快餐连锁品牌在新加坡和美国市场的日均出单量、平均客单价和日均营业额都非常亮眼。对比在国内，同样的店型和投入，要达到这样的数据基本是不可能的。而这几个国家的单店资金投入，基本可以在 6～9 个月回本。需要注意的是，这个数据仅代表该中式快餐品牌。餐饮门店的实际运营效果和店铺选址密切相关，另外该品牌以小店型为主，多数门店是所在国家品牌落地的首店，关注度和人流量自然会比较高，运营数据也会较好。

餐饮企业出海，从战略上要解决的核心问题是：做华人市场还是做非华人市场？对于不同的企业而言，情况不太一样。一般来说，在企业出海的不同阶段，笔者的建议是：先华人，再亚裔，最后赢得本地人群的青睐。中餐企业出海在口味和品牌力上天然能获得海外华人的关注和认同，企业借此在当地市场开出第一家门店，测试打磨单店模型后，慢慢将菜品风格和营销运营与亚裔和本地化人群的需求融合，才有可能持续拓展市场。只做华人市场，规模会受限，终局目标还是要赢得本地人群的喜爱。当然，"先华人，再亚裔，最后赢得本地人群"的策略，如果在新加坡市场就有其特殊性。华人占了新加坡人口的绝对多数，该策略如果得以在新加坡落地，也不存在"最后赢得本地人群"的问题了，因为能赢得华人也即赢得本地人群。

由于餐饮行业本身的特殊性，因此企业在出海实战中面临影响成败的关键点如下所述。

1. 运营模式的战略抉择

常见有以下几种运营模式。

（1）直营。直营是由总部负责统一管理，优势是品控更有保障，缺点是资金量要求高，企业管理难度大。比如海底捞，在海外采取的就是直营模式。

（2）特许经营（加盟）。特许经营（加盟）是由总部进行品牌授权，吸引当地加盟商加入。该模式下餐饮品牌能借助加盟商在当地的社会资源和经验快速拓展市场，更轻资产进行管理，复制扩张速度会更快。比如，蜜雪冰城在东南亚市场采用的模式基本都是特许经营（加盟）。

（3）联营（合资）。这是介于直营和加盟之间，主要通过在海外招募区域合伙人，总部输出品牌管理、供应链管理、培训制度和信息化系统，海外合伙人负责本地化监督和执行工作。该模式有利于餐饮品牌快速融入当地营商环境，同时做好口味本地化。比如库迪咖啡，其海外门店基本采用的就是联营模式。

至于企业选择哪种模式，在不同阶段可以有不同的策略，在不同国家也可以选择不同的模式。选择的依据主要看企业在海外的人力布局：如果能快速将加盟流程标准化，选择加盟方式能让企业发展更快；如果能在当地找到合适的合伙人，联营模式能保证从品牌到供应链的落地管理更可控；如果对品控的要求高，可以接受短期账面亏损的风险，直营可能就是企业的不二之选。

2. 全球供应链的精细化管理

根据行业经验，餐饮行业的原材料进货成本约占全部成本的30%～45%，是所有成本项目中占比较高的一项。

餐饮供应链中食材是关键。出海餐饮企业在供应链管理中面临的常见问题是，一些特色食材在海外当地无法直接采购，或者价格要翻几倍。比如茶百道的热销产品杨枝甘露，在国内年销近1亿杯，是品牌的超级大单品，但在韩国市场却遇到核心原料"台农芒果"由于当地进口政策等原因，无法保证稳定供应。后来茶百道怎么解决这个问题的呢？企业只有被迫选择了口感类似但单价更高的南美洲苹果芒果，才最终保证了这款产品在韩国的上市销售。同样，茶百道在国内的一款名为豆乳米麻薯的产品，使用了黑糯米原料，但由于韩国政府要保护本国农民的利益，对包括黑糯米在内的农产品实施了高关税政策，黑糯米的关税被设置为原来的8倍，采购成本过高使得茶百道不得不在韩国市场放弃了这款产品。

关于各类不同食材的管理要求还有很多，其中包括火锅底料。因为火锅底料中常见的牛油锅底含有动物成分，有些国家是不允许进口的，企业只能在当地直接采购；而有些国家允许牛油锅底进口，但有复杂的进口检疫程序，环节细碎烦琐，企业需要提供很多的资质认证才能顺利通关，这增加了企业的运营成本和时间成本。

由于国际形势多变，食材受国际物流运输影响也比较大。为了保证供应链的稳定，部分出海餐饮企业都会选择与海外的本地化供应链合作，或者与国内出海的供应链企业合作，也有少部分中餐企业选择自建国际化供应链，比如绝味鸭脖就投资800万加元在加拿大兴建了休闲卤味食品加工厂。

3. 口味及文化的本地化适应

口味及文化本地化是餐饮行业一个必须考量的关键因素。比如，北美市场的顾客不习惯吃动物内脏，火锅品类出海时菜单上会去除动物内脏的选项。

除了口味，还有文化。比如，海底捞曾经发生过这样的故事：两位美国顾客在海底捞用餐，聊天中提及当天是其中一人的生日，一旁路过的服务员听到后，贴心地为客人送上了蛋糕，但客人却认为服务员偷听顾客聊天，侵犯了个人隐私，给店铺送上了差评。这些也是中国企业出海要注意的细节问题。

4. 成本控制的财务管理

餐饮企业在海外市场的拓展中，人工成本和房租是两个主要的成本因素。对于中餐制作而言，由于烹饪方式复杂，对厨师的技艺要求较高，这导致招聘到合适的厨师难度大，相应的人工成本也较高。在海外的一些发达国家，房租成本更是一个不容忽视的因素，它直接影响到餐饮企业的经营成本和盈利能力。

5. 财税法的合规挑战

在全球化的商业环境中，尤其是中餐品牌出海时，合规的重要性尤为突出。不同国家和地区的食品安全法规存在差异，这要求企业必须深入了解并遵守当地的法律法规。以美国为例，其食品安全标准侧重于食品加工、生产和销售过程中的卫生条件和规范，由美国食品药品监督管理局（FDA）负责监管。而在中国，《中华人民共和国食品安全法》是最重要的法律依据，国家卫生健康委员会和国家市场监督管理总局负责制定和实施食品安全标准和法规。

即使是同一个国家,每一个州的食品安全法都可能不一样。比如美国当地知名的连锁中餐品牌"熊猫快餐"(Panda Express),光财税法的合规人员的团队就有几百人,可见出海合规的重要性。对于出海的餐饮品牌来说,合规不仅仅是遵守食品安全法规,还包括了解和适应当地的商业习惯、税务法规、劳工法律等。

第 3 章
品牌出海核心战略：如何定产品

在品牌全球化进程中，产品和渠道是影响胜负的两大重要因素。那企业主应该如何选择正确的战略方向呢？

产品国际化或国际化产品

在产品的关键战略抉择上，笔者认为有"产品国际化"和"国际化产品"两大选择。这两种表述看似差不多，其实差别很大，那到底有何不同呢？

产品国际化指的是将国内现有的已经验证过的产品，根据目标市场的情况进行微调，复制到全球多地。代表性企业如小米、元气森林、花西子等。

以元气森林为例，它从 2019 年开始就启动了品牌全球化。相信大家一想到元气森林，印象最深刻的单品一定是气泡水。它在国内也曾被媒体和消费者诟病：明明是个中国品牌，却非要起个日本名字。

元气森林在进入国际市场时是怎么做的呢？它先是将品牌名从最初直译的"Genki Forest"换成"Chi Forest"，去掉日本元素。在进入欧美市场时，由于洞察到当地消费者更倾向消费听罐装的饮料，于是将在国内主推的480毫升的塑料瓶装改成了330毫升的铝罐装包装，使其更符合海外消费者一次性饮用的习惯。此举大获成功，元气森林一下子冲进美国亚马逊气泡水畅销榜前10，成为首个进入该榜单的中国品牌。

这就是产品国际化的案例，可以简单理解为"换汤不换药"，将企业现有的产品，从品牌的设计风格到包装、口味等进行微调，去适应目标市场的用户需求。

另外一个核心的产品战略方向，则是国际化产品。国际化产品就是企业从创办之初，就瞄准海外市场，针对核心目标国家，去做定制化的产品研发和市场营销策略，在一个国家市场做深做透后，再将经验和品牌影响力复制到其他国家市场，代表性企业如传音控股（以下简称传音）、希音（Shein）。

传音从创办之初，就洞察到非洲人民使用手机的核心痛点——拍照不美，于是推出比苹果手机更强的"智能美黑"自拍功能。传音还基于非洲人民大多有多张手机卡的使用习惯，推出四卡四待功能。非洲人民喜欢公放音乐，传音就把手机的音量调大。非洲天气炎热，大家出汗严重，传音就做防酸手机外壳。看似简单的几句话，实则都是企业深耕当地市场多年得出的洞察。于是从非洲到中东，再到东南亚、拉丁美洲等市场，传音一路高歌猛进。

产品战略如何选择

产品国际化和国际化产品这两个方向，企业应该如何选择呢？首先要通过调研数据说话，现有的产品能不能满足目标国家市场消费者的需求，如果微调可以实现，那微调就好，因为这样企业的成本肯定更低，也可以利用国内产品生产的规模化优势。而如果现有产品实在没法满足目标国家市场的需求，那千万不可勉强，建议直接另起炉灶，不要为了节省成本而损失后面更多的费用和时间投入。

那怎么验证产品的可行性呢？最常见的方法是消费者调研，但无论是定量调研还是定性调研，都容易有偏差。还有一个互联网常用的 MVP 思维，笔者认为也可以运用到全行业中。MVP 就是最小可行产品，我们可以基于国内现有的产品，先设计用于线上传播的产品设计图，通过海外的数字媒体广告投放，进行轻量的低成本的线上测品，测试点击率和转化率数据，观察消费者的反馈情况。如果数据远低于行业的平均值，那说明这个产品就不适合在该国做推广。当然这个方法更适合中小企业，如果是大型企业甚至上市企业，一旦素材被媒体关注到，可能会被过分解读，让测试过程增加更多舆论影响因素。

产品测试怎么做

将一款产品正式推向海外市场前，笔者建议企业先做小范围的市场测试，去验证 PMF，而后再进行大范围的市场推广。这样能减少因产品误判而导致的损失。企业也可以通过小范围的市场测试，去调整相应的产品营销策略。PMF 测试在实操中，具体包括以下几个维度的测试。

（1）产品概念测试。产品概念测试指的是针对产品的核心卖点，通过市场调研或者用户访谈的方式，测试目标市场的用户偏好，包括喜好度、购买意愿、目标人群的匹配程度等，以及概念的新颖独特性、与产品/品牌的相关性、客户价值感等。

（2）产品包装测试。产品包装测试是指在执行中，企业提前设计好几个包装样式，以测试用户的喜好度、购买意愿、产品包装与目标人群的匹配程度等；同时企业也会对竞品的包装进行调研，这样才能有横向对比。通过一定数量的目标用户调研测试，最终确认产品包装设计的主要元素、目标人群的包装设计偏好等，而不是凭品牌营销团队的个人喜好确定。

（3）产品价格敏感度测试。产品价格敏感度测试（price sensitivity meter，PSM）由经济学家范·韦斯滕多普于20世纪70年代提出，通过了解不同评估水平下用户的价格偏好，设法划定出合适的定价区间和最优价格（见图3-1）。

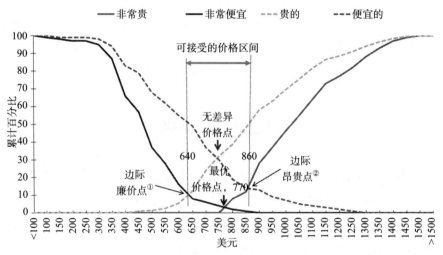

图 3-1　产品价格敏感度测试

注：①边际廉价点是指价格稍微低于这个点，消费者就会觉得产品太便宜而怀疑其质量，可以理解为最低价格点。
②边际昂贵点是指价格稍微高于这个点，消费者就会觉得产品太贵而不愿意购买，可以理解为最高价格点。

PSM测试细分了四个不同的价格评估水平，通过四个不同的问题，采用问卷调研的方式，分别询问用户心目中对这四种价格情况的感受。

- 比较便宜的价格：您认为对于该产品而言，什么价格是很划算的，物超所值？
- 非常便宜的价格：您认为对于该产品而言，什么价格非常便宜，会让您担心有质量问题？
- 比较贵的价格：您认为对于该产品而言，什么价格比较贵但还可以接受？
- 非常贵的价格：您认为对于该产品而言，什么价格是太贵的，您肯定不会购买？

进而通过数据分布分析及处理，得出消费者接受度高的产品价格区间。

（4）营销素材测试。在确定好产品包装、概念、定价后，距离实际的大批量货物运输到海外前，还可以有一个重要的操作，就是做营销素材测试。电商圈俗称的"素材出海"，笔者认为可以应用到品牌出海中，"素材出海"就是先通过海外社交媒体，上线相应的营销广告，测试不同产品及营销物料的点击率，进而判断要在目标国家市场主推哪款产品、哪个核心卖点和采取哪种视觉风格，再把相应的货物批量运到海外，减少因主观判断有偏差导致的库存损失，尤其是像日常消费品主要比拼周转率，不同产品和营销方式导致的周转率会大不相同。

什么样的产品适合出海

绝对差异化和相对差异化，大家可以细细对比下这两个词，这是笔者这些年经手操盘了多个产品得出来的关键经验。我们经常讲品牌要有差异化，而市场上大多数生命周期短的产品，要么没有差异化，要么只做到相对差异化。那什么叫"绝对差异化"？那就是除了基础的"人无我有，人有我优"，要真正让这个差异化的卖点做到一招制胜！

举个例子，吸奶器和女士内衣一直都是两个独立的品类，而市场上大多数产品都只是在各自的领域进行微创新，想着让内衣更舒适，让吸奶器更便携。而有个品牌洞察到，这两类产品的消费者有个交集，就是哺乳期的妈妈，她们在公众场合哺乳会面临尴尬等问题，于是将这两个品类结合，研发出"吸奶器内衣"。仅靠这个单品，从亚马逊日销10万美元，再到年销售额突破10亿元人民币，这个品牌靠的就是这样"绝对差异化"的产品创新。

那什么产品不适合出海？比如曾经某酱油品牌负责人找到笔者，品牌负责人称希望出海东南亚市场，乍一听好像没问题，东南亚华人多，但仔细往下研究，发现该产品和其他酱油没有任何口味、原料上的差异化，价格还比已经出海的头部酱油品牌贵了一倍。查看头部竞品的销量，数据其实也不甚理想。为什么呢？除了产品、价格没有优势，这个品类的受众人群太小，市场容量非常有限。另外食品饮料类目，是高度依赖传统线下渠道铺设的，铺设周期会比较长且品类客单价低，资金投入产出效益也比较低。通俗点说，在海外的华人消费者，一年也就买1～2瓶酱油，算是快消品中的"慢消品"，那消费者大概率是去线下超市比如华人超市购买，当几个酱油品牌摆在同一个商品货架上时，消费者一定选择他熟悉的品牌，而不是其他小品牌。因此，像这样受众人群较小的产品，出海难度就比较大。

第 4 章
出海渠道如何定:长渠道或短渠道

长渠道、短渠道的特点和优劣势

在品牌全球化进程中,渠道选择是关键的制胜因素,也是在出海前要明确的关键战略。常见的渠道选择有两种。

1. 长渠道

长渠道指的是 B2B2C,通过传统渠道经销商/代理商模式进入海外市场,主要通过将品牌授权给本地化的代理商进行运营。

长渠道的优势:能快速打开市场,与在本地资源方面有优势的代理商合作,代理商有现成的本地团队,既熟悉当地市场环境和用户需求,又能高效执行营销落地,解决物流、售后等系列问题。

长渠道的劣势:一是要让利给渠道商,甚至很多时候渠道商利润是高于品牌方的;二是到终端消费者的价格,一般情况下会高于直接触达消费者的品牌。

目前选择长渠道的出海企业，主要是采用拓展代理商/经销商的方式，一般以参加线下行业展会与线上社交媒体运营和投放引流为主。

2. 短渠道

短渠道就是 DTC（Direct to Consumer），该模式指的是品牌直接面向消费者，不通过传统的中间商（如第三方经销商、批发商、零售商等），而是通过品牌方自主直接面向消费者出售商品或服务。

DTC 的优点也很明显：缩减中间渠道，品牌享有自由定价权；消费者最终购买成本低，实现双赢；终端消费数据掌握在企业自己手里，能更高效分析数据，优化迭代营销策略；能缩短贸易链条，提升产业链效率。

DTC 的劣势在于对品牌方的要求更高，需要企业管理好从产品研发到供应链，还有营销运营以及售后服务等全链路，而且每个环节对人才的要求都不一致，尤其很多环节需要本地化的人才，对企业的跨国管理水平要求较高。

DTC 模式的具体形式：电商自运营，企业入驻跨境电商平台或自建独立站；线下门店直营；品牌营销，包括社交媒体平台运营、海外当地线下广告投放等；通过众筹推爆品，获得种子用户等。

案例：安克创新的出海实践

笔者建议企业出海时在长渠道和短渠道中优先选择一个，因为企业的资源都是有限的，团队基因也各不相同。那么是不是选了一个之后就一成不变了呢，或者说只能二选一呢？不是的，当企业发展到一定阶段后，也可以两者并行，比如像安克创新（Anker）这个品牌。安克创新从靠售卖充电类产品起家的亚马逊商家，到发展成为中国知名的出海电子消费品品牌,除了依托自身供应链管理过硬、产品亮点突出,更多还是靠在营销渠道上的布局,在不同阶段找到了适合企业的方式。在线上渠道,安克创新以 B2C 为主,除了依托亚马逊、乐天、全球速卖通(后简称速卖通)、eBay 等电商平台,公司旗下六大子品牌还都创建了独立站,从商品到物流再到售后全闭环运营。从数据结果可以看出,独立站的营收同比增长显著,成为企业出海品牌建设的重要渠道。

在安克创新的线下渠道,企业没有选择直营,而是以 B2B 模式为主,通过与海外当地市场知名的大型零售卖场、独立 3C⊖商店和专业渠道卖家等建立合作(比如在北美地区与沃尔玛、百思买、塔吉特等主流渠道合作,在日本与 7-11 等便利店合作),快速将商品铺进线下渠道,既减轻了自己的线下运营成本,也更快地覆盖当地消费者的线下消费场景。

如何选择渠道战略

长渠道还是短渠道,企业应该怎么选,这又和前面的产品战略紧密相关,最主要还是先看行业的毛利率。如果你的产品/服务的毛利率足够高,即有足够的空间给到代理商/经销商,并且企业需要代理商/经销商去分担相应的市场拓展成本和风险,相较于让出去部分利润空间,借助代理商/经销商快速打开市场,企业的投入产出比会更高,那么长渠道会是一个不错的选择。尤其是一些依赖线下零售及售后服务的产品品类,中国企业出海一时半会儿一定是无法快速复制和扩张的,并且海外市场中大多数国家的线下零售行业本身非常成熟和

⊖ 计算机类、通信类和消费类。

完善，如果靠出海企业自营，那么风险会较大，很有可能是赔本生意。

如果是短渠道，对企业线上电商和社媒运营的能力要求会更高。无论是B2B还是B2C企业，对全球流量玩法的透彻理解都是重中之重。因为今天没有一个渠道效果能比线上流量来得更快，所以在DTC模式下，企业的品牌营销、社媒运营以及电商运营都需要专业团队，才能快、准、狠地收获流量、销量和声量。实战的团队人员最好都有海外市场经验，因为海外社媒平台的规则以及流量玩法需要他们长时间去学习和摸索。如果是国内市场经验丰富的人员，容易有惯性思维，大多会先入为主从国内市场视角去理解海外用户的需求，所以人员的配备上需要因岗而定。

品牌全球化是个持续演化的命题，而产品和渠道永远是重中之重。企业只有选对适合自己的，才能一路高歌猛进，占据全球市场制高点！

第 5 章
品牌出海如何选对国家／地区，蓝海市场在何方

出海的关键一步就是确定国家市场。举个例子，同样的产品，在 A 国市场容量大、竞争小，而 B 国则相反，那毫无疑问应该选 A 国。所以选对市场，可以说胜率就能提升至少 50%。海外市场区域众多，国家地区加起来就有 200 多个，企业该如何做出合适的选择呢？

笔者的观点是：不存在蓝海市场，只存在蓝海品类。

相信很多人都会想：如果避开竞争激烈的红海市场，找到快速增长又有红利的蓝海市场，是不是胜率更高？有没有这样的国家市场？如果不加任何条件，笔者可以拍脑袋回答比如中东、拉丁美洲等，它们都属于通俗意义上的蓝海市场。但为什么笔者又说不存在蓝海市场？是不是欧美、东南亚就属于红海市场？这里需要结合具体品类去看，即使在竞争激烈的今天，依然有品类在欧美市场获得高市场份额和高增长，比如宠物类目、家具类目等。举个例子，笔者有位做跨境电商的朋友，找到在美国的家具垂类电商运营平台，避开了亚马逊，靠一个同行都没有做的细分单品，就获得了源源不断的订单，这就是

笔者说的蓝海品类，切细分赛道。

这里就涉及一个关键词：终局思维。

回到选国家/地区的问题上，很多企业负责人可能一上来就会说："我要做×国/×地区市场，因为我的产品技术很有优势，能去降维打击。"其实笔者的建议是，先回到企业做出海这件事，想明白出海的终极目标是什么。是希望成为特定区域市场比如东南亚的行业领头羊，还是希望成为全球领导品牌？这个很关键。

如果终极目标是成为全球领导品牌，那要考虑的是，如果先进入东南亚市场，后面再到其他发达国家市场，前面的经验能否复用？如果不能复用，每进入一个国家就得重来，市场策略、产品方案全部都得重做，试错成本就会极高。

如果你的野心没那么大，终极目标就是成为东南亚市场霸主，那就选择一个胜率高的国家，快速攻占，积累经验，再复用到其他国家。但是要特别注意，以东南亚市场为例，它不是一个市场，而是十几个国家市场，只是地理位置上的相邻，能有部分策略的复用，比如产品定价、物流配送等。品牌出海的关键还是要能做好本地化。

明确了终极目标后，我们再回到选国家区域市场的具体方法上。这里笔者总结了两大选择国家区域的方法供参考。

量化法

不同的国家市场具有不同的经济规模、文化特点和市场成熟度，这些因素都会影响到企业的战略决策。量化法是一种更为系统和严谨的评估方式，它涉及大量的数据分析和模型构建。通过这种方法，企业可以对各个国家市场的潜力进行量化评估，从而做出更加客观和数据驱动的决策。

1. 量化维度一：市场吸引力

（1）市场规模和增速。市场规模和增速指国家市场与企业行业品类相关的总体市场规模和增长情况。市场规模本身会包括这个市场的人口、年龄结构、目标消费群体收入情况等基础分析。这既要看存量，也要看增速。要特别注意，在估算市场规模和增速时，一定要具体到和企业有关的细分品类。比如，某国的家具行业规模和软体沙发市场规模就不是一个体量，如果企业只生产软体沙发，那只要看对应品类的市场规模和增速数据即可。

（2）市场集中度。市场集中度指在一个行业或市场中，市场份额集中在少数几家大企业手中的程度。如果市场集中度非常高，说明新进入者的市场拓展难度大，建议优先选择市场集中度低的国家。

（3）用户平均收益（average revenue per user，ARPU）。用户平均收益指在一定时间内，每位用户给企业带来的平均收入。这个指标虽然互联网企业用得比较多，但笔者认为是可以复制到所有行业的。一般而言，发达国家获客成本高，对应的用户平均收益也高。企业需要综合衡量市场投入预算与用户平均收益，因为选择用户平均收益高的国家，意味着需要投入更高的营销费用去获客。

（4）互联网渗透率和社媒渗透率。如果企业团队更擅长流量获取，那这两个指标一定要重点考虑。有些国家的互联网渗透率和社媒渗透率低于50%，意味着企业需要在海外市场的线下渠道有更多的布局；而有些国家的互联网渗透率和社媒渗透率高于90%，意味着企业通过社交媒体的内容运营和线上广告投放就可以触达这个国家的主流消费群体。那即使企业运营团队在国内，远程进行线上营销也游刃有余，所以如果企业团队是远程办公，更擅长线上营销，可以优先选择互联网渗透率和社媒渗透率高的国家。

（5）电商使用率以及跨境购物率。如果是电商企业，就需要重点看这两个数据，这两个数据都代表了消费者的消费行为特点。如果目标市场的电商使用率高，意味着企业可以直接通过电商如亚马逊的运营，或者DTC独立站就能获客，否则企业就需要去布局线下零售，后者又和企业的海外市场资源及线下运营能力直接相关。另外，还要考虑目标市场国家对海外产品是否有较强偏好，比如有些国家对本地产品消费偏好更强，有些国家更青睐进口产品，还有目标市场国家对中国出口产品的偏好程度。

（6）广告投放费用以及媒体成本。不同国家市场的广告成本有较大差异，一般和国家的经济发展水平呈正相关。在广告营销层面，会体现在千次展示费用（cost per mille，CPM）和单次转化费用（cost per acquisition，CPA）的数据差异上。如果目标国家市场的媒体成本较高，同时竞争的其他广告主的投放预算也较高，企业是新进入者，就需要评估营销预算是否足以支撑在这个市场的竞争。

（7）资金周转率。这是一个很容易被忽略的因素。举个例子，同样的消费产品，出口到拉丁美洲和东南亚的利润率会有较大差异，如果仅凭利润率指标，企业很容易就直接选择拉丁美洲国家重点运营。算上资金周转率后，发现同样的产品在东南亚的资金周转率可能是拉丁美洲的5倍，那东南亚市场对重视周转率的企业来说，是更优的选择。

（8）政治环境。首次出海，笔者建议企业优先选择政治环境稳定、对外贸易开放的国家或地区，以减少政策风险和出口障碍。

2. 量化维度二：市场赢取力

前面的市场吸引力，更多是衡量目标市场对企业的吸引程度，而市场赢取力，更多是企业评估自身的资源和能力有多大胜算能赢得目标市场。只有加上这个维度的考量，才会发现企业的资源和能力不足以支撑赢得目标市场而导致的决策失误。关于**市场赢取力**，具体的要素包括以下几个方面。

（1）分销渠道。企业是否有资源和能力在海外市场开拓代理分销商，如果没有相关的资源和能力，就要考虑选择直营DTC策略。

（2）物流运输。海外不同国家的物流成本、配送时效、仓储要求完全不一样，产品交付速度直接影响客户体验，物流运输成本直接影响企业利润，运输和配送时效直接影响企业资金周转率。国际物流的跨国运输也存在一定的安全风险，比如曾发生的苏伊士运河阻塞事件㊀、美国港口工人罢工事件㊁，都对国际贸易产生了较大影响。商品出口应优先选择低风险的航运路线，也是企业需要考虑的关键因素。

（3）政治稳定性及市场监管。国际关系是否友好，目标国家市场对外资合作是友好型还是偏向本地保护主义，企业能否满足目标国家市场的准入资质和监管要求，尤其是一些特殊类目产品，比如食品、生鲜等，这些都是企业需要重点衡量的因素。

（4）税费。有些国家出于对本土企业的保护，对外企的税赋高，这需要出海企业对目标国家和企业所处的品类做详细调研。在高税赋国家经营，很有可能企业的大部分利润会被蚕食掉，这种市场建议规避。

（5）文化和习惯。不同国家消费者的消费习惯差异较大，企业团队核心成员是否对目标市场有足够深刻的洞察理解。比如传音创始团队深耕非洲工作多年，对几十个国家市场积累了足够丰富的实战经验；比如笔者认识的一位深耕巴西市场的娱乐公会（MCN㊂）机构负责人，

㊀ 苏伊士运河堵了不止一次，比较严重的有3·23苏伊士运河货轮搁浅事故。

㊁ 美国东海岸及墨西哥湾沿岸码头工人于2024年10月1日开始大规模罢工，导致物流阻塞。

㊂ 多频道网络，即帮助内容创作者管理和发展的组织。

连太太都是巴西人，自然他对巴西市场的洞察理解会领先于其他市场。如果企业负责人没有相关海外经验，理解东南亚市场文化的难度相对欧美或者中东市场更低些，那优选东南亚市场作为出海首选目的地是可行性较高的方式。

看完这两个维度的 13 个核心要素之后，企业应该怎么选呢？笔者建议企业可以根据实际情况，每个维度挑选 2～3 个关键指标，分别给它们定权重、综合打分，最终选出企业出海的目标市场。

看到这里可能有读者觉得这个方法比较复杂，对于中小公司或者跨境电商从业个体，要精准算出各项数值有一定的难度。关于企业出海选择目标国家市场，这里笔者再分享一个在实践中常用的方法——跟随法。

跟随法

跟随法主要有以下两种具体方式。

（1）跟随头部平台企业的出海步伐。这个尤其适合电商企业，因为电商商家跟着平台主要运营的国家市场走，每新拓展一个国家地区的市场，平台本身就会有较大的资源投入去获客，比如 Temu 在欧美市场的大手笔推广，就吸引了不少商家的入驻。商家在此时跟随平台入驻，通过优质选品完成用户的成交转化，不失为一个好的策略。根据以往公开信息，国内几大出海互联网平台的出海路径如下：TikTok（英国—东南亚—美国）、全球速卖通（俄罗斯—法国—西班牙—波兰—沙特阿拉伯—巴西）、Temu（美国—加拿大—澳大利亚、新西兰、欧洲）。如果是关注这几个平台机会的企业主或者商家个人，就可以持续关注平台后续的市场拓展动态。

（2）参考同行业竞品企业出海步伐。以美妆品类为例，花西子和完美日记都选择东南亚市场，因为产品与这些国家的适配程度比较高，用户肤色较为接近，企业进行本地化需要调整的部分较少。如果是美妆企业，就可以关注借鉴头部竞品的出海目的地选择，毕竟头部企业在实施前大都做了相对全面的调研，也用行动和数据结果验证了可行性，那么作为后进入者，直接追随头部企业，也可以省去一定的时间成本和试错成本。

这里涉及一个关键点：消费者。

无论选择哪种方法，选择哪个国家市场，企业出海的关键最终还是要回到消费者本身。因为产品或者服务都是要给消费者提供价值的，所以在我们心中要牢记的是：消费者是人，不是流量。

企业需要设身处地去洞察消费者的需求，从需求出发考虑企业产品的市场契合度。而不是因为产品技术有多领先，所以要去这个国家市场上销售，这是很关键的思维转变。

全球化的本质，在于对世界的认知理解。世界很大，要多出去走走，真正要进入这个国家市场前，去当地的竞品门店看看，去和几十个甚至几百个当地消费者聊聊天，你的感受会很不一样。

特殊时机的市场机会

关于出海如何选择国家，除了前面两节分享的两种策略方法，还有两种特殊时机的市场机会，值得我们关注。

特定国际形势下的结构性机会

美国耶鲁大学的一项统计显示，2022 年以来，已有超过 1 000 家公司宣布退出俄罗斯市场，包括福特、雷诺、埃克森美孚、壳牌、德意志银行、麦当劳以及星巴克等汽车、能源、金融和餐饮巨头。中俄两国经济存在高度互补，俄罗斯对机械、电子、汽车等产品的需求量巨大，而中国作为全球第一的制造业大国，依靠强大的制造业实力和物美价廉的产品优势，完美满足了俄罗斯的市场需求。另外，俄罗斯和中亚五国均为"一带一路"共建国家，市场潜力巨大。

以手机行业为例，苹果每年在俄罗斯平均销售 400 万部 iPhone，市场的占有率约为 10%；2021 年三星在俄罗斯手机市场份额约 30%，这表明苹果和三星的退出，最大限度能够给其他手机品牌带来 40% 的市场份额空间，出货缺口约 1 600 万台。随着苹果、三星在俄罗斯市场停售，直接释放的 40% 的市场份额，就让中国手机企业如小米、Realme 和荣耀直接填补了市场空白。

在电吹风市场，原本戴森占了绝大部分的市场份额，后来戴森退出俄罗斯，也为其他品牌腾出了市场空间。比如中国新锐消费品牌徕芬，作为戴森的平价替代品，就抓住了这个机遇，在俄罗斯市场进行线上及线下渠道的铺设，抢占了戴森的市场份额。

西班牙 Inditex 集团旗下的 ZARA 品牌，其俄罗斯市场的销售额约占 Inditex 集团全球销售总额的 8.5%，其在俄罗斯全国范围共有超过 500 家门店。Inditex 集团退出俄罗斯市场后，也给了零售和跨境电商服饰类目一定的市场空间。

特殊市场状况形成的时间窗口

在美国、澳大利亚、英国等国家对中国某手机厂商提出制裁期间，据 Omdia 发布的数据显示，该国产品牌手机出货量从 2020 年的 1.9 亿部下滑至 2021 年的 3 500 万部，同比下滑 81.6%，2022 年进一步下降到 2 800 万部。手机行业的其他玩家比如三星、小米、OPPO 等抓住此时间窗口，大推新机型产品，蚕食的就是该手机品牌原本的市场份额。

案例：小米——一部智能手机的国际发展历程

小米自 2010 年成立以来，凭借其高性价比的产品迅速占领中国市场。随着国内市场的饱和，小米早就将目光投向海外，开启了全球化发展之旅。凭借"硬件+新零售+互联网"的"铁人三项"模式（见图 5-1），在全球市场迅速攻城略地，抢占市场份额。

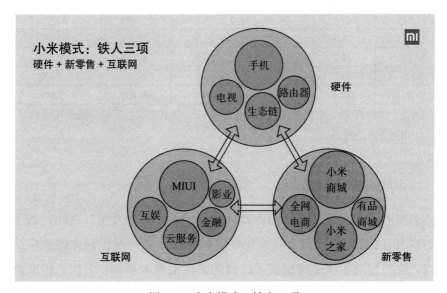

图 5-1　小米模式：铁人三项

资料来源：小米招股说明书。

国际数据公司的数据显示，小米在 2024 年第一季度的出货量位居全球第三，仅次于三星和苹果，市场占有率达 14.1%，年同比增长率高达 33.8%（见图 5-2），实属亮眼的成绩。

据小米 2024 年第一季度财报显示，小米在境外收入占比已达 50.2%，相较 2023 年第一季度的 45.4% 有明显提升。其中主要的海外市场包括印度、欧洲等。而小米的出海征程，早在 2013 年就开始了。接下来我们一起来看看小米的出海征程，从选择国家市场的先后以及对应的市场策略着手。

2024年第一季度全球前五大智能手机厂商出货量、市场份额及年增长率
（出货量单位为百万台）

厂商	2024年第一季度出货量	2024年第一季度市场份额	2023年第一季度出货量	2023年第一季度市场份额	2024年第一季度/2023年第一季度年增长率
1.三星	60.1	20.8%	60.5	22.5%	−0.7%
2.苹果	50.1	17.3%	55.4	20.7%	−9.6%
3.小米	40.8	14.1%	30.5	11.4%	33.8%
4.传音	28.5	9.9%	15.4	5.7%	84.9%
5.OPPO	25.2	8.7%	27.6	10.3%	−8.5%
其他	84.7	29.3%	79.0	29.4%	7.2%
总计	289.4	100.0%	268.5	100.0%	7.8%

图 5-2 2024年第一季度全球前五大智能手机厂商出货量、市场份额及年增长率

资料来源：IDC。

2013年：首站印度，初试啼声

小米选择印度作为出海首站，是基于多方面的考量。首先，截至2024年11月，印度的人口规模位居世界第一，拥有年轻化的人口结构，这为智能手机市场提供了广阔的潜在消费者基础。其次，印度政府推出的"印度制造"计划，为外国企业在本地建厂提供了政策支持和税收优惠，这增加了小米去当地建厂生产的成本效益。起初，小米采用了线上抢购的模式，制造稀缺性，延续了在国内市场擅长的营销造势，迅速吸引了大量消费者关注，但随之而来的售后服务问题和供应链挑战对品牌形象造成了影响。小米及时调整策略，加强了在印度线下渠道的建设，通过与当地企业合作，提高了产品的本地化生产能力。同时，小米还与国际顶尖企业如高通合作，为其产品提供了强有力的技术支持。

小米在印度的发展也不是一帆风顺的，出海出现的最大的"雷"

是在 2022 年时，印度执法局以小米公司违反印度《外汇管理法》、非法向境外汇款为由，扣押小米在印度银行账户中的 555.1 亿印度卢比资金（约合人民币 48 亿元）。这对当时小米在印度的运营增加了非常大的不确定性。要知道这一笔巨额罚款，堪称"史诗级处罚"，几乎等同于小米过去在印度市场的所有收益！

2014～2015 年：亚洲扩张

继印度之后，小米进入东南亚市场，如新加坡、马来西亚、印尼等国。由于当时的东南亚市场，中国手机厂商出海并不多，小米抢先通过线上电商"小米网"的形式进入新加坡和马来西亚市场后，仅用一年时间就做到了市场第三。随后，小米以迅雷不及掩耳之势，迅速扩展到印尼、泰国等国家。小米还通过在新加坡设立旗舰店、在泰国打造"米粉节"活动等，引发了销售狂潮。

2015～2016 年：拉丁美洲探索

早在 2015 年，小米就曾试水拉丁美洲市场，巴西是小米进入拉丁美洲市场选择的第一个国家。然而，因为当时巴西整体的经济状况不佳，消费者不得不"勒紧钱袋"过日子，再加上巴西闻名的高昂税收，政府因本土保护主义而陆续出台的一系列政策，导致小米在 2016 年选择离场。3 年后，在其他国家市场取得亮眼成绩的小米决定重返巴西。2019 年小米在巴西圣保罗开设了第一家线下实体店。随后小米加快了在拉丁美洲市场的布局，通过线上电商和线下"米店"将产品卖到了巴西、墨西哥、哥伦比亚、智利和乌拉圭等市场。

拉丁美洲市场经济波动较大，对于擅长线上营销的小米而言，也面临基础设施落后如电商物流配送滞后的问题。小米通过和当地合作伙伴建立合资企业，提供定制化产品，投资当地基础设施建设来解决这些问题。随着拉丁美洲市场近几年的高速发展，小米也逐渐在当地建立自己的先发优势和品牌壁垒。

2017～2018年：进军欧洲

小米选择西班牙作为进入欧洲市场的跳板试水，而后陆续进入意大利、法国等国家。2019年小米在法国的香榭丽舍大街开设了小米品牌在欧洲最大的店面。在欧洲市场动作频频的小米，也面临严格的欧盟法规和高标准的产品质量要求，导致小米在欧洲的税费和渠道费用较高，以小米的旗舰机型小米14为例，在欧洲的售价高达999欧元，折合人民币约7 780元，相比国内的3 999元，价格几乎翻了一倍。

小米一贯以线上零售见长，而欧洲市场的线下及运营商渠道一直占据主要地位。小米选择的策略是和长和集团（长和集团在欧洲市场的地位相当于中国三大电信运营商在中国市场的地位）进行合作，该合作为小米迅速打开欧洲市场。据Canalys数据显示、2023年小米在欧洲市场出货量达到2 200万部，市场份额高达17%。在法国、德国、意大利、西班牙、希腊、克罗地亚、波兰等国家，小米都进入了市场前三。

2019年：品牌升级与多元化

小米一直想撕掉"极致性价比"的标签，抢占中高端市场，于是开始在全球范围内进行品牌升级。通过推出高端产品Mi9等，以及技术创新和品牌合作提升品牌形象，比如与徕卡合作的相机技术，逐步改变消费者的眼光，获得市场认可。

2020年：疫情下的逆势增长

在全球疫情期间，小米面临供应链生产及运输中断、线下销售受限等客观困境。此时，小米加大线上销售和营销力度，优化线上购物体验，推出无接触配送服务，最终实现在疫情期间的逆势增长，市场份额进一步提升。

2021 年至今：深化本地化与创新驱动

随着全球经济复苏发展不均衡，国际市场竞争加剧，小米继续深化本地化战略，加大研发投入，推动产品创新。通过加强与海外当地政府和企业的合作，推出符合当地需求的创新产品，如 5G 手机、智能家居产品等，持续扩展"小米全家桶"系列产品线，抢占更多品类的全球市场蛋糕。

小米的出海实战是一个典型的全球化成功案例。通过精准的市场选择、灵活的本地化策略、持续的创新驱动和有效的品牌建设，小米在全球市场上取得了显著成就。尽管在不同国家市场面临不同的挑战，相信未来随着全球经济一体化的发展，小米有望在全球科技领域扮演更加重要的角色。

笔者在这里做一个预测：整个手机行业的未来，只有高端和极致性价比产品能获得生存空间，中间地带的企业品牌会越发艰难。为什么？因为高端市场（以苹果、三星等品牌为代表）有较高的利润率，客户人群相对稳定，随着 AI 手机、折叠屏手机等热潮席卷，也会给高端手机市场带来新的故事和增长点；而极致性价比产品是大众市场的基本盘，随着全球市场出现的消费降级趋势，无论是发达国家还是发展中国家的消费者，对价格越发敏感，手机厂商如果只靠"堆料"（叠加各种配置），最终只能走向薄利多销的局面。所以，突破点还是在于技术创新！

第 6 章

出海重点市场解读

出海去哪儿？继上文分享的目标市场选择策略之后，接下来我们将深入探讨全球市场上那些备受瞩目的出海目的地，以及它们的市场特点和机会点分别是什么。

美洲地区

美洲市场是一个庞大且多样化的市场，市场成熟但同时也是竞争最激烈的市场，拥有众多本土品牌和国际化品牌。

北美洲是全球范围内最好的市场之一，拥有庞大的消费市场和高人均消费能力。根据世界银行数据，截止到 2023 年，美国及加拿大人口规模约达 3.7 亿。北美洲市场也是电商产业诞生的地方。其中美国作为全球最大的经济体之一，对各种产品和服务的需求量巨大，它对技术和创新有很高的接受度，也是全球汽车和其他消费品的主要市场。根据 comScore 的报告显示，2023 年美国在线零售额突破 1.3 万亿美元。加拿大与美国有着紧密的经济联系，加拿大的消费者偏好和市场趋势与美国相似。

墨西哥作为美洲地区最大的经济体之一，是全球重要的汽车制造和出口国，拥有与美国和加拿大的自由贸易协定。墨西哥人均GDP早在2021年就过万美元，是一个非常值得关注的新兴市场。

在南美洲市场中，巴西作为南美洲最大的国家，拥有庞大的市场和消费潜力，它不仅是全球重要的农业和能源生产国，同时也是汽车和消费品的潜在市场。另外，南美洲的智利经济较为开放，与中国有着密切的贸易关系，是许多中国品牌在南美洲的桥头堡。

美国——兵家必争的肥肉市场

自1979年中美建交以来，双边的经贸关系快速发展。中国最早卖到美国市场的都是"浅层产品"（shallow goods），比如窗帘、鞋子、服装、杯子等，浅层产品的核心竞争力其实是基于中国相对廉价的劳动力和供应链优势。最近10年，中国开始向美国市场输出"深层产品"（deep goods），从典型的代表产品如电子消费品、高铁、飞机、光伏、新能源汽车、互联网软件等，逐渐发展到平台、品牌出海。

抛开纷繁复杂的大国博弈，美国作为中国第一大出口国，美国市场的商业战略意义无须赘述。美国市场作为中国企业出海的"高地市场"，是全球企业的兵家必争之地。何为"高地市场"？就是企业一旦能获得美国市场份额，再出海去其他国家市场，本身就有示范作用。而美国市场本身也是企业出海难度系数最高的国家市场之一，实际难度表现在：能从中国市场直接复制到美国市场的商业模式是有限的。

美国市场的机会点有哪些？笔者比较看好以下三个方向。

（1）大消费的细分领域。举个例子，如户外/庭院场景的智能化产品、针对特定人群（如拉丁裔）的衣食住行产品、宠物赛道的细分产品等。无论是现有的产品升级、大牌平替,还是价格带的下探、走极致性价比路线,都有各种机会。美国市场天然适合做消费!产品微创新、线上加线下渠道全覆盖,这些做法都是中国团队擅长的。只是中国制造和中国品牌,在美国市场要获得认同,需要一定时间的耕耘和共同努力。

(2)TMT^①及小游戏、娱乐内容等。美国用户天然的高 ARPU 值,适合互联网的商业模型快速验证。举个例子,小游戏因其轻量化、易上手、快速传播等特点,有利于快速启动和推广,而美国用户对于新鲜、有趣、互动性强的娱乐内容有较高的接受度。比如,这几年火爆的短剧,美国中年用户也抵抗不了"霸道总裁爱上我"的"玛丽苏"内容;再比如,美国本地用户喜欢的狼人题材,让与之相关的出海短剧平台和内容的数量在短时间内达 10 倍以上增长。

(3)服务升级。服务业一直占据美国 GDP 的最大部分,包括金融、地产、医疗、教育、科技、娱乐、旅游等。美国服务业比如餐饮、酒店式服务公寓、美容行业等,受限于高额的人力成本,消费者大都需要支付高昂的小费,但实际很多服务细节其实没法做到像中国那么极致。所以一旦能优化甚至解决高人力成本问题,融合中国的服务流程和服务理念,美国很多现有的产业都能得到升级。所以笔者在此预判,下一波出海的是"中国服务",比如带有中式极致体验服务的美甲店、美容院、按摩院等。

另外,笔者也建议出海美国的企业要主动做好多元化管理,分散风险。成为全球化品牌的路上会充满未知,不确定性风险会一直存在。美国经济的长期和短期矛盾,可能对企业出海产生直接影响。企业可同时关注中东、欧洲等其他区域的市场机会,不要把所有鸡蛋都放在

---

① TMT:Technology、Media、Telecom 的缩写,是科技、媒体和通信行业的统称。

同一个篮子里。

墨西哥——拉丁美洲新兴的经济热土

"美国的后花园"——墨西哥地理位置优越，既属于北美洲，在语言及文化上又与南美相连，为出海企业提供有利的贸易和物流条件。以墨西哥作为企业出海美洲市场的根据地，有两个想象空间：一是墨西哥拥有超过 1.28 亿的人口，人口结构年轻，平均年龄仅为 29.8 岁 $^\ominus$，企业可以借此辐射讲西班牙语的拉丁美洲人群，具备较大的想象空间；二是向北发展，"反攻"美国，根据 2017 年的统计数据，美国约有拉丁裔人口 5 885 万，占总人口的 18.1%。美国人口调查局预测，到 2060 年，美国的拉丁裔人口将占总人口的 28.6%。$^\ominus$ 因此，进军墨西哥市场就变成一个"退往南可守，进往北可攻"的战略布局。从这个意义上说，墨西哥市场既是自带红利的蓝海市场，也是企业未来布局北美的"跳板市场"。

墨西哥作为拉丁美洲的人口大国和经济大国，是全球最开放的经济体之一，已与 52 个国家和地区签署了自由贸易协定，这为中国出海企业进入墨西哥市场提供了便利。

墨西哥的机会点有哪些？笔者认为以下行业值得关注。

1. 汽车制造业

墨西哥是全球第七大汽车工业制造国，也是全球第五大汽车零部件生产国。自从特斯拉 2023 年宣布在墨西哥蒙特雷建厂，墨西哥的汽车制造产业就备受全球关注，墨西哥也被誉为下一个"世界工厂"。

$\ominus$ 霞光社，"墨西哥，下一个'世界工厂'？"，2023 年 10 月 7 日。
$\ominus$ 文汇客户端，"美国拉丁裔人口 5885 万，占比 18%：他们正悄然改变着美国社会"，2019 年 5 月 13 日。

随着中国制造产业链的向外转移，以汽车、制造业为代表的中资企业纷纷在墨西哥购买土地、兴建工厂。

2. 电子商务

根据墨西哥线上销售协会（AMVO）的数据显示，2023年墨西哥电商销售额达6 583亿墨西哥比索，同比增长24.6%，增速超越菲律宾、马来西亚、阿根廷、印度、俄罗斯、日本和沙特阿拉伯等国家，排名全球第一。⊖

墨西哥电商的热门类目包括时尚、小家电、非酒精饮料、个人护理、电脑、平板电脑、手机、家居装饰等。根据AMVO的数据显示，这些类目都有超过30%的增长。这些类目里面的细分产品，都值得我们出海企业重点关注。具体选品可以参考拉丁美洲电商巨头——美客多（Mercado Libre）在墨西哥站点的热销数据。特别注意，运营墨西哥电商，无论是通过平台电商还是自建站运营模式的方式，选品千万不要追求冷门、偏门产品，笔者建议以"热门市场选冷门品类，冷门市场选热门品类"作为一个选品的参考原则。比如中国和美国属于成熟电商市场，新入局者可以尝试入局冷门品类，而像墨西哥等还在持续增长的市场，可以先往体量大的品类切入。根据跨境电商行业经验，墨西哥市场的爆款产品大致会滞后美国市场2～3年，也就是说美国市场火爆过的产品，可以再往墨西哥市场测试。而这2～3年的时间差，也会随着电商渗透率的增速发展而逐渐缩短。

墨西哥的电商市场呈现区域性增长的特点。墨西哥中部和东南部地区增幅最大，高达30%左右。其中恰帕斯州、伊达尔戈州、坎佩切

⊖ 中华人民共和国驻墨西哥合众国大使馆经济商务处.2023年墨西哥电商销售额增速排名全球第一[EB/OL].[2023-03-26].http://mx.mofcom.gov.cn/scxxydy/art/2024/art_293c64bd63104aa69ebb53f594460dca.html.

州和普埃布拉州增长排名靠前。

电商需要有两个大的基础设施，一个是支付，一个是物流。现阶段，这两大基础设施在墨西哥市场还有较大的提升空间。以物流派送为例，在墨西哥市场可能会出现尾程派送不可控、货物被抢被盗等情况，导致订单的妥投率受到一定的影响。

随着墨西哥互联网渗透率的逐步提升，移动钱包和支付工具的制度完善，墨西哥电商市场的增长潜力越发明显。笔者在国内跨境电商圈得知，自从2023年起，就有不少亚马逊老牌大卖家已经入局墨西哥市场，所以在新手看来，貌似墨西哥是个还未开垦的蓝海市场，而在跨境电商前沿的卖家看来，墨西哥也已经是竞争厮杀激烈的国度。

巴西——南美洲崛起的黄金市场

巴西是拉丁美洲最大的经济体。根据中国外交部的数据，截至2024年10月，巴西的总人口为2.17亿，是世界第七大人口国。[一]巴西城市化程度较高，城市人口占总人口的绝大部分，这为消费品和服务提供了广阔的市场。中国已连续14年成为巴西第一大贸易伙伴。巴西电商市场规模预计将持续增长，预计2023年至2027年间的复合年增长率将达到14.07%。

巴西市场有哪些值得关注的行业？笔者认为有以下三个行业。

1. 新能源车

中国新能源汽车在巴西的销量显著增加。根据中国汽车流通协会乘用车市场信息联席分会的数据，2024年4月，中国向巴西出口的新能源汽车达到40 159辆，同比增长1 202%，巴西连续第2个月成为

[一] 中国外交部. 巴西国家概况 [EB/OL].[2024-10]. https://www.fmprc.gov.cn/gjhdq_676201/gj_676203/nmz_680924/1206_680974/1206x0_680976/.

中国新能源汽车的最大出口市场。巴西市场对新能源汽车的需求不断增长，预计到2030年电动汽车将占巴西汽车保有量的10%。中国品牌如比亚迪、奇瑞、长城汽车等在巴西市场的销量表现突出，成为当地畅销的电动汽车品牌。随着巴西计划提高新能源汽车的进口税，中国企业正在巴西建立生产基地，加大对巴西本土产能的投资，以应对可能的税收政策变化，例如比亚迪在巴西巴伊亚州卡马萨里市的大型生产基地综合体已经开工，预计将在2025年投产，年产能约为15万辆新能源乘用车。

2. 游戏

巴西作为拉丁美洲地区最活跃的游戏市场，其庞大的游戏玩家基数和高额的付费能力，无疑是全球游戏产业中值得重点关注的国家。巴西游戏市场的特点如下：

- 玩家基数庞大。巴西约有9 500万游戏玩家，这为游戏公司提供了一个庞大的潜在用户群体。
- 市场规模。根据Statista的数据，2023年，巴西游戏市场收入为57.8亿美元，在全球所有国家中排名第十。[1]
- 移动游戏主导。2023年巴西移动游戏下载量占拉丁美洲的41%、应用内支付收入的43%，移动游戏市场份额达到47%，这表明移动游戏在巴西非常受欢迎。
- 主机游戏和PC游戏。主机游戏和PC游戏分别占据巴西市场29%和24%的市场份额，说明除了移动游戏，传统的游戏平台在巴西也有稳定的市场。
- 电子竞技。巴西电子竞技市场规模在2023年达到了7.32亿美

---

[1] 颂量，"巴西游戏出海正当时，出海游戏如何掘金？"，2024年9月30日。

元，预计到 2030 年将增长至 41.93 亿美元。
- 女性玩家比例高。巴西的女性玩家占比超过一半，这一特点可能影响游戏设计、营销策略和游戏内容的开发。

针对巴西游戏行业的特点，后续的一些机会点如下：
- 巴西市场的游戏开发可以侧重女性的偏好，或者融合巴西的独特文化，比如足球等，进行本土化游戏内容创新。
- 电子竞技产业链上的各个环节包括赛事组织、品牌赞助等都有较大的发展潜力。
- 游戏培训。随着游戏行业的发展，游戏设计、开发和营销等领域的培训需求也在增加。培训机构和在线教育平台可以提供相关课程，培养更多的游戏专业人才。
- 游戏与影视、文学、短剧等不同内容形态的结合。制作基于游戏 IP 的电影、动画片、小说、短剧等跨媒体作品，可以扩大游戏的内容影响力和创新盈利模式。
- 增强现实（AR）和虚拟现实（VR）。随着 AR 技术和 VR 技术的不断成熟，这些新兴技术将为游戏行业带来更多的创新和发展机会，尤其是在沉浸式游戏体验方面。

3. 电子商务

2023 年 4 月巴西总统卢拉访华，与中国签署了包括贸易投资、数字经济、科技创新等领域的多项双边合作文件，同时约定不再使用美元作为中间货币，以本币开展贸易。自此中国产品出口巴西的物流和回款效率大大提升，有深圳跨境大卖家闻风而动，用最高的效率，在 2023 年 6 月就将第一批货物直接通关运送到巴西本土，开启了巴西本土电商的运营。

如果说墨西哥电商是蓝海中的红海，那巴西电商可谓是蓝海中的蓝海。据笔者了解，目前在做巴西电商的本土卖家，大多是本地传统线下 B2B 贸易商，很多是当地圣保罗"25 街"⊖的批发商二代。他们把线下门店的清货产品直接挂在网上销售，就能有较好的销量，即使没有任何运营团队，只有打包发货人员，甚至电商产品图只是非常朴素的一到两张图片。由此看来，巴西电商着实属于竞争不激烈的市场。要知道衡量一个国家的跨境电商市场适不适合新手进入，可以将中国卖家的比例作为参考。中国卖家多，商品供给多，则容易陷入价格战。而现在布局巴西电商市场的中国卖家还非常少，本土卖家也还处于初级早期，巴西电商市场非常值得新手关注。

巴西电商的消费群体是谁？大部分是年轻人。当地大多数企业的薪资是一年 13 薪，企业会提前把交通补贴给到员工，教育、医疗都是免费的，也就是说年轻人的可支配收入比例是较高的。

如果想要入局巴西电商，笔者建议优选本土店铺。本土店铺流量会高于跨境店铺。如果要长期经营，避免产品被跟卖或者侵权，建议提前将品牌商标备案，而当地注册商标的周期大概是 18 个月，这个时间也需要提前做好规划。巴西市场虽然非常值得关注，客单价也相对理想，但存在一个关键问题是资金周转率会慢一些，主要是物流运输时间导致的。这点需要大家在决定是否进入巴西市场时进行评估。

巴西税制是世界上最复杂的税制之一，按行政可以分为联邦税、州税和市税三级。一般来说，企业在巴西运营可能面临以下多种税务成本：

- 增值税（ICMS）。ICMS 是巴西最主要的税种之一，适用于商

⊖ 25 街位于圣保罗市中心，是巴西全国最大的批发市场和百货集散地，也是圣保罗著名的唐人街。

品和服务的销售和运输。ICMS 税率在不同州可能有所不同，通常在 17% 到 25% 之间。

- 工业产品税（IPI）。对于生产和进口的工业产品，需要缴纳 IPI。税率根据产品的分类和价值而定，根据中国商务部网站信息，工业产品税的税率介于 0～55%，平均税率约为 16%。㊀
- 公司所得税（IRPJ）和社会贡献税（CSLL）。外资企业需要缴纳公司所得税和社会贡献税，税率分别为 15% 和 9%。此外，外资企业还可能需要缴纳附加税。
- 社会保障税（COFINS）和社会保险贡献（PIS）。这些税种适用于公司的收入，税率通常在 3.65% 到 9.25% 之间。
- 服务税（ISS）。ISS 适用于提供服务的企业，税率根据服务类型和所在城市而定，通常在 2% 到 5% 之间。

此外，还有其他税种如财产税、车辆税等，也会增加企业的税负成本。

相信看到这里，很多读者已经觉得眼花缭乱了，而上述这些税收标准和税率还可能随时发生变化。所以，对于想出海巴西的企业而言，研究清楚所处行业的税负成本，进行合法的税务筹划，再决定是否进入巴西市场，然后倒推产品或服务定价等策略，是非常关键的一步。

案例：空中的绿色革命——施肥无人机在拉丁美洲的农业革新与挑战

说起无人机，相信很多人脑海里第一联想到的是大疆无人机。

㊀ 中华人民共和国商务部巴西使馆经商处. 巴西关于企业税收的规定 [EB/OL].[2015-07-23]. http://br.mofcom.gov.cn/zcfg/ss/art/2011/art_a138e88f647543aea0045449a061af47.html.

而在过去几年，有另外一个赛道——施肥无人机，正在引起一场全球化的绿色革命。在拉丁美洲广袤的农田上，极飞科技（后简称极飞）——一家来自中国的高科技企业，推出了全球第一款植保无人机，以其创新的无人机技术，正在改变着这片土地上的农业生产方式。极飞科技由微软前员工创建，曾获百度、软银、高瓴等明星资本的投资。极飞以农业无人机为切入点，产品覆盖农业生产中的耕、种、管、收各个环节。极飞在农业无人机方向已经深耕十多年，实现了无人机载重增加十倍，无人机套装整体价格却只有早期的三分之一的关键突破。"研发在广州、制造在东莞、用户在全球"，依托强有力的分销体系，极飞科技已经实现全球五大洲的业务布局，将农业无人机、农业无人车等智慧农业产品销往 50 个国家和地区。据极飞官网数据，截至 2022 年年末，极飞海外业务整体增速 128%，其中拉丁美洲市场业务增速亮眼，达到 248%。

根据国际农业发展基金的数据，拉丁美洲地区的农业机械化水平相对较低。然而，随着极飞等企业的市场参与，这一状况正在发生改变。无人机的使用不仅提高了作业效率，还促进了农业数据收集和分析的效率和精准度，为精准农业提供了可能。这一转型，预示着拉丁美洲地区农业正朝着现代化、智能化的方向发展。

以巴西为例，作为世界重要的粮食生产和出口国，巴西目前共有约 390 万个家庭农场。这些中小农户拥有全国 23% 的农业用地，满足了巴西本地 70% 的粮食消费量，但其机械化水平仅为 12%。[一]面对不断上涨的农资投入和劳动力成本，巴西家庭农场对农业机械化的需求越发迫切。咖啡是巴西重要的经济作物。极飞无人机在巴西的应用，为咖啡种植带来了革命性的变化（见图6-1）。通过精准施肥，无人机

[一] 数据源自极飞官网。

能够减少化肥的使用量，同时提高作物产量。在米纳斯吉拉斯州的一家咖啡农场，使用极飞无人机后，肥料使用量减少了30%，产量却提高了15%。这一变化不仅降低了生产成本，更减少了对环境的影响，为咖啡种植的可持续发展提供了新的可能性。

图6-1　巴西用户使用手机操作极飞农业无人机

资料来源：极飞官网，经企业授权使用。

极飞不仅提供了先进的无人机技术，而且通过与当地农业企业的紧密合作，开发出适应当地作物和地形的定制化解决方案。这种本土化战略，使得极飞无人机能够更好地服务于拉丁美洲农民，提高农业生产的效率和可持续性。

尽管极飞无人机在拉丁美洲市场取得了一定的成功，但也面临着不少挑战。首先是技术接受度的问题，许多传统农民对新技术持观望态度，担心其操作复杂、成本高昂。其次是基础设施问题，拉丁美洲部分地区网络覆盖不足，影响了无人机的远程操作和数据传输。另外是政策和法规问题，不同国家对无人机的监管政策不一，给企业的运营带来了不确定性。

欧洲地区

欧洲市场是一个多元化且成熟的经济体，包含40多个国家和地区。按照自然地理来划分，欧洲分为西欧、东欧、南欧、北欧和中欧。中国企业出海欧洲的重点市场包括英国、西班牙、德国、法国、俄罗斯等。但整个欧洲市场目前也面临增长乏力的问题。另外俄乌冲突和能源危机导致欧洲面临自20世纪70年代以来最大的能源危机，通货膨胀率屡创新高。尽管经济增速放缓，但欧洲的劳动力市场表现出韧性，失业率维持在历史低位。

企业出海欧洲市场有哪些行业机会呢？笔者认为以下两点值得关注。

1. 电商

2022年整个欧洲电商的市场规模（在线零售额）为8 990亿美元，其中西欧的B2C电商总额占比达67%，在整个欧洲电商销售额中占比最高，而增速则趋近放缓；东欧的电商规模占比小，但增速在两位数，值得持续关注。⊖另外，62%的欧洲电商用户，单次购物金额在50～250欧元（约合350～2 000元人民币）。⊜高客单价是欧洲市场

⊖ 中国邮政快递报.欧洲电子商务协会（Ecommerce Europe）和欧洲商业协会（EuroCommerce）发布的《2023年欧洲电子商务报告》[EB/OL].[2023-10-13]. https://www.spb.gov.cn/gjyzj/c200007/202310/f8b900e3b7ec4a72ae560468b61857a5.shtml.

⊜ 一财商学院,"2024出海攻略：北美和西欧是重地，但TikTok别急",2024年3月25日。

吸引无数跨境电商卖家的关键点。

2. 新能源电动车充电桩

欧洲汽车制造商协会（ACEA）报告显示，2017～2023年的七年时间里，欧洲电动汽车销量增长超过18倍。随着新能源电动车在欧洲市场的风靡，其基础的充电桩配备并没有实现相应的增长，公共充电设施在欧洲的数量仅增长了6倍。截至2023年年底，全欧洲共有63万多个公共充电点，同时，约有300万辆电动汽车行驶在路上。目前欧洲拥有的充电点中，只有约13.5%能够实现快速充电（容量超过22千瓦）。ACEA预测随着未来电动汽车需求的增加，2030年全欧洲需要880万个充电点，要达到这一目标，需要每年新增120万个充电点（平均每周安装量达到22 438个），但2023年，欧洲各地共建设了153 000个新的公共充电点（平均每周不到3 000个）。⊖充电桩的供应为什么没法提速？有这么几个原因：虽然欧盟有相关的政策推动充电基础设施建设，但在具体实施过程中可能会遇到各国不同的法规限制、审批流程缓慢等问题。欧洲的认证壁垒高、认证周期长，不同国家对充电桩的安全标准和认证细节与国内存在差异。充电桩的运营，除了前期投入，后期的服务也非常重要，包括维护更新等，这对充电桩企业提出了更高的人才和管理方面的要求，国内许多能做充电桩供应的企业暂时还不具备海外团队运营的能力。所以，这对充电桩产业相关的供应商既是机遇又是挑战。

英国——欧洲梦工场

英国是欧洲主要经济体，也是中国出海企业的重要市场。英国在

⊖ 车市睿见，"德国新能源车销量3月全面下滑，欧洲充电桩建设需要'八倍速'"，2024年5月15日。

脱欧后，设立了新的关税政策，对中国企业出口来说是利好消息，也因此吸引更多中国企业关注英国市场。英国也适合企业作为进入欧洲市场的门户。对于中资企业而言，英国市场非常重要，许多企业通过进入英国市场后扩张至更广阔的欧洲市场。另外，英国民众对企业可持续发展有较高认同，进入英国市场，中资企业需要重视环境、社会和公司治理（ESG）事宜。

企业出海英国值得关注的机会点有以下几方面。

1. 创意产业

英国是世界上第一个政策性推动创意产业发展的国家，创意产业对英国整个GDP的贡献占比额甚至超过金融服务业。英国在2024年由国家政府主导发布了创意产业愿景，提出从2024年到2030年，创意产业的增长规模目标是500亿英镑，并增加100万个工作岗位的目标，英国政府将为此提供7 700万英镑的新增资金。在过去10年中，英国创意产业的增长速度超过整体经济的1.5倍，每年贡献1 080亿英镑的总增加值（GVA）。[一]创意产业包括设计、电竞、VR/AR/MR、游戏、电影、娱乐、广告等，对英国创意产业感兴趣的企业和个人可以重点关注这些细分方向的机会。

2. 食品饮料

英国消费者对健康产品和植物替代品的需求旺盛，如燕麦、杏仁和大豆等替代乳制品。据Emergen Research的报告预测，到2027年英国植物性食品和饮料替代品市场规模将达到322.9亿美元，[二]这显示

[一] 着陆TouchBase，"500亿英镑的雄心愿景背后，英国的创意产业是如何崛起的？"，2024年1月9日。

[二] Emergenresearch，"Plant-Based Food & Beverages Alternatives Industry Overview"，2020年11月。

出英国植物基产品的强劲增长势头。

以下这几个小众品牌,都是洞察到英国市场的特点和消费者需求,在市场中取得了较好的成绩,希望这些内容对读者朋友有一定的启发。

- Flowsome Drinks:利用冷压技术将剩余水果制成果汁,减少食物浪费,同时进行公益活动,捐赠饮料帮助饥饿的儿童和家庭。
- STRYYK:提供 100% 纯天然、不含糖、不含人造香料、不含酒精的饮品,通过特殊工艺模拟烈酒口感,迎合追求健康同时享受传统酒类风味的消费者。
- YACHAK:一款 100% 植物能量饮料,提取自马黛茶,能够为消费者提供能量,有提高专注力的功效,符合健康可持续的绿色消费理念。

西班牙——地中海边的阳光沙滩

"得西班牙者得欧洲",作为欧盟主要经济体,西班牙市场之于欧洲市场的战略意义可见一斑。西班牙位于欧洲西南部的伊比利亚半岛,地处欧洲与非洲的交界处,具有连接欧洲和拉丁美洲地区的独特地理优势。西班牙人以享受户外生活和阳光而闻名。西班牙拥有超过几千公里的海岸线,拥有众多著名的海滩,如巴塞罗那附近的巴塞罗内塔海滩、马拉加的太阳海岸等,这也是西班牙吸引国际游客的重要因素之一。

出海西班牙值得关注的机会点有以下几方面。

1. 数字化转型的相关企业服务和培训

西班牙政府为推动国家数字化转型制订了"西班牙数字 2025"计划。该计划显示西班牙政府将投入高达 1 400 亿欧元用于全面数字化转型，涵盖了 10 个主要改革目标，包括提高国家数字连通性，实现高速网络覆盖全国人口；加快 5G 网络部署及应用；增强劳动力数字技能培训；推动公共管理部门和企业的数字化转型等。计划提出到 2025 年，80% 的西班牙人口需要具备基本数字技能，并且半数以上应为女性。西班牙政府希望到 2025 年能够培养出 2 万名网络安全专家，以提升网络安全能力。

目前已经有中国企业出海西班牙在数字化转型领域进行布局，比如华为和西班牙电信合作，华为提供的 5G 技术和设备在西班牙的数字化转型中发挥着重要作用；阿里云在欧洲的数据中心为西班牙及其他欧洲企业提供云服务和数字化解决方案；中兴通讯在西班牙参与多个数字化项目，包括智慧城市建设和网络安全服务等，推动了当地的数字化进程。

除了企业服务，和数字化转型相关的教育与培训也有较大的市场。西班牙政府推出了与数字化相关的职业培训课程，如智能制造、工业数字化维护等，并计划推出 3D 打印、5G、人工智能和大数据等领域的课程。

2. 电子商务

西班牙已成为速卖通全球销售额排名第二的国家，而希音也已在此地深耕多年，在 2023 年成为西班牙第二大时尚电商，超越了西班牙本土时尚电商 Zara。中国出海电商平台速卖通、Miravia[⊖]和希音，加上亚马逊长期占据西班牙电商平台前四名。TikTok 也于 2024 年下半年启动西班牙电商运营。

西班牙的互联网渗透率高达 93%，但网购渗透率仅为 63%，意味

⊖ 阿里巴巴在西班牙上线的女性时尚购物平台。

着电商还有很多潜力有待挖掘。据 Statista 预测，到 2025 年西班牙进行网络购物的人数将升至 3 700 万人，电商市场渗透率或达到 14%。

电商依赖物流和配送，随着几大国际物流厂商的入驻，目前西班牙网购的履约时效基本在 24 小时到 72 小时。用户体验大大提升，这也将为西班牙电商的高速发展奠定基础。

如果企业有意布局西班牙电商，可重点关注的品类包括时尚服饰、消费电子、户外用品、运动休闲、美妆护肤等。

德国——全球智能制造新前沿

2023 年德国 GDP 重回全球第三，德国是全球第五大电商市场和欧洲第二大电商市场。全球需求疲软导致占据德国较大体量的工业陷入停滞，出口下降、通胀高企和劳动力短缺等问题仍需出海企业关注。

出海德国市场，值得企业关注的机会点，笔者总结为以下两个方向。

1. 智能制造与工业 4.0

德国以其先进的制造业和工程技术闻名全球，特别是在汽车、机械和设备工程领域。相关企业可重点关注自动化控制系统、智能传感器、机器视觉技术、预测性维护解决方案等细分方向。

中国企业出海德国，在智能制造与工业 4.0 方面的探索如下：

- 华为技术有限公司与德国软件企业思爱普（SAP）合作提供智能制造解决方案。
- 宝钢集团与西门子合作，共同探索钢铁行业的工业 4.0 应用。
- 海尔集团与德国弗劳恩霍夫物流研究院合作，打造天津洗衣机智能化互联工厂。

- 美的集团收购了德国库卡机器人公司。
- 中国热水器行业龙头万和与德国博世集团成立合资公司,共同打造电热水器生产基地。

2. 可再生能源

德国是全球最大的太阳能市场之一。目前德国政府也积极推动能源转型,发展可再生能源,为太阳能、风能和其他清洁能源技术供应商提供了市场机会,其中包括风力涡轮机产品、太阳能光伏板、生物质能发电、储能技术等细分方向。中国企业像三峡集团、中广核等已在德国推进了光伏和风电的并购项目。

俄罗斯——欧亚交汇的掘金圣地

根据俄罗斯联邦国家统计局数据,截至 2023 年 1 月 1 日,俄罗斯国内常住人口(仅计算俄罗斯公民)约为 1.4 亿。中俄两国关系友好,为双方在经济、贸易方面的合作提供了稳定发展的基础。中国已成为俄罗斯的第三大投资来源国。

个人或企业如果关注俄罗斯市场,可留意以下机会。

1. 二手产品

由于经济制裁和全球经济形势的影响,俄罗斯居民的收入有所下降,这促使人们倾向于购买价格更实惠的二手产品。这些二手产品的主要类别包括汽车、手机、服装、鞋类、配饰等。另外,俄乌冲突开始后,许多西方品牌离开了俄罗斯市场,这也导致这些品牌的二手产品在二手店和委托店中变得流行。同时俄罗斯互联网企业如 Ozon 开始推出在线分类的二手产品服务,使得个人可以免费在网站上出售或赠送商品。俄罗斯官方媒体也鼓励消费二手产品,宣传其环保和个性化的优势，这进一步推动了整个俄罗斯二手市场的高速发展。

2. 电子商务

根据俄罗斯互联网贸易公司协会的数据，2023年，俄罗斯在线销售额接近6.4万亿卢布，相较2022年明显增长了28%。其中，96.9%的在线销售额来自俄罗斯国内，其余3.1%则来自跨境电商。2023年，俄罗斯在线销售中所占份额最大的产品品类是数码和家用电器（18%），之后依次为家具家居（15.4%）、服装鞋类（14.6%）、食品（11%）、美容个护和保健品（8.1%）。Statista与Data Insigh发布的俄罗斯电商市场的调查报告显示，预计到2027年，俄罗斯电商销售额预计将达到15万亿卢布。

俄罗斯的电商平台主要是Wildberries和Ozon。由于西方品牌的退出，俄罗斯市场出现了商品短缺，这为中国企业提供了填补市场空白的机会。俄罗斯市场热销品类包括高端服饰、保健品补剂以及3C电子类产品等，建议有相关类目资源的企业或者个人商家可以重点关注俄罗斯市场的机会。

爱尔兰——翡翠岛上的繁荣角逐

欧洲市场还有一个经常会被忽略的冷门国家——爱尔兰。为什么特别提到爱尔兰？因为爱尔兰可以是中国企业出海的跳板选择之一。理由如下：①爱尔兰离英国很近，位于欧洲的门户位置，属于欧盟国家，在英国脱欧后，作为欧盟内唯一一个将英语作为官方语言的国家，爱尔兰的地缘优势更加凸显；②爱尔兰税负低，综合所得税率在12.5%，近期调整到15%，并且还有非常多的税收减免，爱尔兰与70多个国家签订了双边税收协定，其中包括中国；③国民受教育水平高，拥有年轻、受过良好教育的劳动力市场，大学升学率在欧洲最高，能够为跨国企业提供专业人才，爱尔兰劳动力的灵活性和适应性较强，特别是"含码率"⊖高，有利于科技创业。许多大型跨国公司的欧洲总部就设在爱尔兰，比如一些国际知名软件公司和制药公司，从而形成人才集聚效应。

如果出海创业只依赖爱尔兰市场，那市场容量肯定是不够的，所以出海企业更多是把爱尔兰当作一个进入欧洲市场的跳板。

案例：跨越边界的绿色梦想——新能源车在欧洲的征战之旅

电动载人汽车（新能源汽车）、锂电池、太阳能电池被称为我国外贸"新三样"。据中国乘联会秘书长公开发表的数据显示，2023年中国"新三样"产品的出口总额达到惊人的1.06万亿元，首次突破了万亿元大关，实现同比增长29.9%的亮眼成绩。⇨可见"新三样"在中国企业出海征战全球市场中的重要性。在全球能源转型的大潮中，新能源汽车以其环保、节能的特点，成为汽车行业的新宠。据中国汽车工业协会的数据，2023年中国新能源汽车出口量达120.3万辆，同比增长77.6%，增速超过传统燃油车，占汽车出口总量的24.5%。⇦

目前新能源车出口，大多采用"平行出口"的形式。"平行出口"通常指的是一种国际贸易行为，其中商品未经品牌厂商授权，由贸易商从国内市场购买，然后出口到国外市场进行销售。这种模式因为省去了中间环节而让出口产品具有价格优势，但同时也存在法律和知识产权上的争议。在汽车行业，"平行出口"指的是将国内的新车，尤其

⊖ 含码率：指在一个组织或团队中，从事技术开发工作的人员所占的比例。

⇨ 智通财经网，"崔东树：2023年中国出口'新三样'首次突破万亿元大关 汽车出口表现极其突出"，2024年1月23日。

⇦ 中国财富网，"中汽协：2023年新能源汽车出口同比增长77.6%"，2024年1月22日。

是新能源新车以二手车的形式出口到国外，利用国内配置高、价格低的优势在国际市场上竞争。在这种模式下，贸易商往往会占据利润的大部分份额，所以品牌车企如果想要获得溢价，最终还是需要通过铺设线下 4S 店渠道或经销商渠道，深耕前端销售和售后服务。

欧洲作为全球汽车工业的发源地之一，也是千亿美元级的汽车消费市场，欧洲消费者对新能源汽车的接受度和车企的创新能力一直走在世界前列。欧洲市场对新能源汽车的需求日益增长，得益于政府的大力支持和消费者环保意识的提高。近几年各大汽车制造商纷纷将欧洲作为新能源汽车推广的重要战场，从特斯拉的 Model 3 在挪威的热销，到大众的 ID.3 在德国的本土化生产，新能源汽车在欧洲市场的战略布局趋于成熟。2023 年，特斯拉在挪威的市场份额达到了惊人的 30%，Model 3 成为最畅销的车型。这一亮眼数据的背后，得益于挪威政府对新能源汽车的税收优惠政策、城市充电基础设施的完善以及本地消费者对环保出行的高度认可。

根据欧洲汽车制造商协会（ACEA）的数据，2023 年，欧洲纯电动汽车销量同比增长 28%。[⊖]这一数据充分说明了新能源汽车在欧洲市场的强劲增长势头。中国几大新能源汽车品牌自然不愿意错过欧洲市场这个大蛋糕，争先出海欧洲，取得了亮眼成绩：比亚迪作为中国新能源汽车的领军企业，与德国汽车租赁公司西克斯特签署了长期合作协议，为欧洲市场提供新能源汽车租赁服务；蔚来作为中国的高端电动汽车制造商，开始在德国、荷兰、丹麦、瑞典等国市场提供服务；上汽集团旗下的品牌——名爵（MG）在欧洲市场也有不错的表现，特别是在德国市场，名爵的销量已经赶上或超越了一些老牌车企。

中国新能源车企业出海欧洲并不是一帆风顺的，也面临着多重挑

⊖ 盖世汽车，"2023 年欧洲车市：全年销量增长 14%，但年末结束 16 月连涨趋势"，2024 年 1 月 20 日。

战。一是欧洲大多数国家街道狭窄，消费者更偏好小型车，而非中国新能源车企主打的大型车。二是目前欧洲充电基础设施不完善，一些国家在城际旅途中的充电设施不足，影响了电动汽车的实用性。三是欧洲不同国家对新能源车的技术标准和电池标准各有不同，车企需要有针对性地进行调整。比如欧盟《新电池法》提出了电池回收的新规定，要求电池报废后必须运回生产国进行处理，这也增加了车企的售后成本。

欧洲市场最大的不确定性则是欧盟于2024年7月4日对从中国进口的电动汽车（BEV）征收临时关税，该政策在现有的10%关税基础上，对进口车企征收的最高总关税可能逼近50%的惊人水平。除了中国进口电动汽车厂商，其他在中国生产或与中国有合资关系的欧洲电动汽车制造商比如特斯拉和宝马，也将面临21%至38.1%不等的关税。高关税对中国出海新能源车企的影响是致命的，但也不代表会断绝中国新能源汽车的出海之路。大部分问题都有解决方案，比如去欧洲建厂，将出口商品改成本地制造商品，这也是不少新能源车企需要抉择的。

东亚地区

日本——和风商海中的黄金航道

日本作为东亚发达国家，是全球主要经济体之一，也是电商最发达的市场之一。截至2024年1月，日本的人口数量约为1.25亿，但近年来面临人口增长下滑，主要是由于低出生率和老龄化社会结构。日本的高学历、高消费水平人群占比较大，这体现在日本消费者对产品品质、设计和功能有较高要求。日本消费者对品牌的忠诚度高，注重环保和可持续发展，一旦对某个品牌或产品产生好感，往往会持续购买。如果消费品出口到日本，除了产品质量要过硬，产品外观也需要有足够的吸引力。

笔者认为，企业出海日本市场值得关注的三大行业机会如下所述。

1. 潮玩

日本潮玩市场依托于成熟的动画产业，形成了内容和IP衍生品相互促进的产业链。日本潮玩市场规模预计将从2019年的约15亿美元增长至2024年的超过30亿美元，年均复合增长率超过15%。日本的二次元文化对潮玩行业产生了深远影响，动漫影视类IP较多，如扭蛋、手办等产品在日本市场首先流行。日本潮玩市场份额中占据领先优势的是万代、多美和乐高等品牌，市场集中度相对较高。日本潮玩产品种类丰富，包括手办、模型、玩偶等。特别值得一提的是，日本潮玩行业在经济萧条时期表现出逆周期属性，消费者更偏好廉价奢侈品以满足消费欲望。

中国几大潮玩品牌也较早嗅到日本市场的商机，出海布局日本市场，比如泡泡玛特（POP MART）旗下的Molly、Pucky等热门IP在日本市场受到欢迎，同时泡泡玛特也在日本东京开设了直营快闪店，并引入机器人商店提供创新购物体验；旗下运营着"长草颜团子""GON的旱獭"等原创动漫形象的十二栋文化，通过线上渠道如Facebook、Line、Twitter（现为X）、TikTok等，以及线下渠道如娃娃机、扭蛋机等将IP输出海外，在日本获得了大批粉丝。它们的渠道选择和营销策略值得想布局日本潮玩市场的企业参考。

2. 短剧

脱胎于网络文学的中国短剧，近年在日本爆火，特别是一些特定主题的短剧，比如"大小姐"题材的短剧在日本受到了观众的欢迎。

中国短剧在出海日本时进行了本土化制作，制作方对剧情、角色、用词等进行调整，以符合日本观众的文化习惯和偏好。中国短剧在日本市场的商业模式多样，包括按集解锁付费、会员订阅等，这为短剧的盈利提供了不同的方式。一些中国短剧平台在日本市场取得了显著的成绩，例如点众科技的 DramaBox 在日本 iOS 应用下载总榜上取得了好成绩、TopShort 在日本市场也有出色的表现。相信随着 AI 技术的发展，国产短剧出海日本等国家市场，无须再定制化制作和拍摄，可通过换脸、AI 翻译等手段，减少制作成本，提高制作效率，获得更高的商业回报。

3. 宠物用品行业的国货替代

日本宠物行业的市场规模在过去几年中保持稳定增长。自 2011 年宠物数量达到峰值 2 150 万只后，日本宠物数量开始减少，尤其是宠物狗的数量不断减少。尽管宠物数量有所减少，但宠物主人愿意在宠物身上投资的金额增加，推动了宠物行业市场规模的增长。日本宠物食品市场中，中国宠物用品通过高性价比和产品创新，成功实现了对外资品牌的部分替代，逐渐获得了市场份额。日本宠物市场在产品和服务上呈现细分化趋势，包括宠物食品、用品、医疗和服务业等多个细分市场，其中宠物食品和医疗是前两大细分市场。日本宠物用品消费者对产品品质、健康和便利性有较高要求，这也推动了宠物用品行业往高端化、品类丰富化的市场发展。

韩国——国际品牌争夺的潮流中心

韩国作为东亚地区的主要经济体之一，拥有先进的制造业、科技和娱乐产业。韩国消费者以追求高品质和时尚潮流而闻名，对新技术和新产品的接受度高，尤其在电子、美妆和时尚领域。韩国在科技领域具有强大的竞争力，尤其在半导体、智能手机和显示器等方面占据全球市场的重要地位。韩流文化在全球范围内具有广泛的影响力，韩国的电影、电视剧、流行音乐和偶像团体吸引了全球大量的粉丝。

笔者认为，个人及企业出海韩国市场值得关注的机会点如下所述。

1. 电商市场

韩国电商市场增长迅速，据 Global Data 预测，到 2025 年韩国电商市场交易额将达到 2 422 亿美元。这为中国企业和电商商家出海韩国提供了巨大的市场空间。韩国消费者购买力强，尤其对化妆品、家电等品类有较高的需求。例如，韩国是全球化妆品市场的重要参与者，中国化妆品品牌如花西子等通过跨境电商平台成功进入韩国市场，凭借其独特的东方美学风格，俘获当地消费者的芳心。要知道韩妆可是多年风靡全球市场，是不少美妆企业争先学习的对象。如今随着行业技术实力的增强，中国品牌也有机会成功打入韩国市场。

2. 数字经济：元宇宙、Web3.0 和区块链行业

韩国政府对元宇宙的发展给予了显著的支持。政府宣布计划向国内的"虚拟世界生态系统"注入 2 240 亿韩元（近 2 亿美元），计划投资约 87 亿美元用于元宇宙相关技术的开发，培养 40 000 名元宇宙专业人士。首尔市政府更是推出了"元宇宙首尔市政厅"的试验性服务，允许市民通过手机应用进入 3D 虚拟市政厅，收集市民关于市政服务的意见。

东南亚地区

自 20 世纪初，广东及福建一带先辈下南洋淘金，到东南亚地区寻

求生计，在东南亚地区形成了庞大的华人社群。早期华人下南洋的主要行业包括：

（1）国际贸易。收购当地土特产、销售中国货物等。

（2）建筑业。华人参与了许多海外基础设施建设项目，包括房屋、道路、桥梁等的建设。

（3）制造业。其主要涉及纺织、服装、食品加工等领域。

（4）服务业。其主要涉及餐饮、旅游、零售等行业。

20世纪初下南洋的华人主要是出于经济压力和生存需求，如耕地不足、战乱等因素。当时下南洋的人群背景多样，包括农民、手工艺人、商人等，他们更多依靠传统方式进行贸易和劳作。华人早期在海外社会地位较低，他们中的许多人从事苦力工作，生活条件艰苦，主要集中在贸易、手工业、农业、园艺、渔业和矿业等行业。在海外文化融合方面，他们更多是被动适应，在异国他乡努力求得生存。由于当时海外国家法规的不完善，当时下南洋群体在移民政策方面受到的限制较少，所以很多人在海外扎根，但他们也面临着更为严峻的生存挑战和社会歧视问题。

而这几年兴起的这一波出海潮，和20世纪初下南洋的人群主体有了较大差异，这波出海前往东南亚的人群，主要是由于全球化的商业机会，他们主动向外寻求新的市场拓展。当代出海人通常具有更高的教育水平、专业技能和国际视野，在海外可能拥有更高的社会地位，无论是大型企业员工，还是自主创业者。这一波出海人的行业背景更加多样化，涉及科技、电子商务、金融等多个领域。

新加坡——全球商业的狮城门户

被誉为"亚洲四小龙"之一的新加坡，国土面积小、人口少、文化多元是其主要特点。新加坡这个吸引全球目光的国度，为何深受中国出海企业的青睐，纷纷把总部都设在新加坡呢？

（1）优越的地理位置。新加坡位于东南亚的中心位置，靠近马六甲海峡，是亚洲地区重要的物流枢纽之一，可以辐射整个亚太地区，也是东南亚国家之间和东西方贸易的重要枢纽。新加坡拥有较多的港口，可以容纳众多的商船，这也促进了新加坡外贸经济的发展。

（2）政策支持。新加坡政府致力于打造跨国公司的全球总部和研发中心，为企业提供多项落地发展和税收便利。

（3）税收优惠。新加坡的企业所得税率较低，介于0至17%之间，政府对企业有税务减免政策，如企业研究奖励计划与总部计划。

（4）国际金融中心。作为全球主要金融中心，新加坡资本市场与国际接轨，为企业提供便利的融资渠道和上市机会。

（5）人才资源丰富。新加坡拥有高素质的人才资源，对于需要高端人才支持的企业来说是一个优势。

（6）科技创新环境。新加坡政府鼓励科技创新，为科技驱动型企业提供了发展机遇。

（7）多元文化交融。新加坡是一个有多元文化的国家，出海企业应尊重不同文化的习俗和价值观。

（8）贸易和投资自由化。新加坡支持贸易和投资自由化，无外汇管制，资金可以自由流动。这也是新加坡政府吸引外资的重要举措。

（9）完善的基础设施。新加坡的基础设施完善，为企业提供了高效的物流和供应链支持。

（10）良好的营商环境。新加坡营商环境优越，对外商投资给予完全国民待遇，汇聚了全球的优秀企业。

（11）知识产权保护。作为《保护工业产权巴黎公约》和《与贸易有关的知识产权协定》的签署国，新加坡为企业提供额外的知识产权保护。

企业及个人出海新加坡值得关注的机会点包括以下几个方面。

1. 教育行业的特色需求

新加坡是一个有多元文化的国家，对于不同语言的教育需求较高。例如，除了英语，对中文、马来语、泰米尔语等教育服务的需求也较大，为教育企业和能提供培训的工作者提供了机会。

2. 宠物经济

随着宠物文化的流行，宠物护理、美容、训练等相关服务在新加坡有较大增长潜力。

3. 社区服务

整个新加坡正在步入老龄化社会，新加坡的社区服务存在较大机会，特别是针对老年人、儿童和低收入家庭的服务。

虽然新加坡市场对外商友好，但我们也要看到新加坡面临的人口老龄化、市场容量小等客观问题，企业出海选择新加坡，更多是出于资本市场的投融资需要，以及把新加坡作为链接全球市场的理想跳板。

泰国——"亚洲四小虎"的商业先锋

泰国是东南亚的第二大经济体，截至2022年年底，泰国总人口约为6 609万。①2023年GDP达到5 122亿美元。②人均GDP在东南

---

① 商务部对外投资和经济合作司 商务部国际贸易经济合作研究院 中国驻泰国大使馆经济商务处.对外投资合作国别（地区）指南　泰国（2023年版）[EB/OL].[2024-04]. http://www.mofcom.gov.cn/dl/gbdqzn/upload/taiguo.pdf.
② 中国新闻网,"2023年东盟10国经济规模公布　泰国位居第2[EB/OL]",2024年3月15日。

亚排名第二，仅次于新加坡。中泰高铁的泰国段正在加速修建，预计2028年竣工，通车后也能加速两国的交流合作。

笔者认为个人及企业出海泰国值得关注的机会点包括以下几个方面。

1. 电商市场

泰国电商市场增长迅速，据泰国电子商务协会2024年1月的数据显示，泰国电子商务市场价值9 800亿泰铢（约合280亿美元），是东南亚第二大市场，仅次于印度尼西亚。泰国的货架电商平台，以Shopee和Lazada占据主导地位，这两个平台也是出海东南亚的商家进行电商运营的必备平台。泰国的泛娱乐文化环境，使得TikTok Shop的直播带货模式也在迅速发展。泰国和欧美市场较为不同的是，主播唱跳式直播带货是常态，用户普遍乐于接受这样的直播氛围。目前泰国电商市场的热门品类包括3C产品、食品饮料、家居用品等。

现在有不少华人嗅到泰国娱乐直播和电商市场的商机，复制中国的达人公会运营经验，在泰国市场批量签约达人，甚至不惜放弃和达人分红，只为抢占与达人的合作。作为企业方，也可以尽早布局短视频、直播带货和与达人合作，搭建全域流量池。

2. 中文教育培训市场

泰国对教育行业的需求持续增长，提供语言课程、专业培训或在线教育平台都是有潜力的创业方向。特别值得关注的是，中文已成为泰国除英文外的第二大外语。泰国已有3 000多所学校开设了汉语课程，从幼儿园到大学阶段的教育体系中，汉语教育相当普及。学生从小学开始必修汉语课，一周至少学习2小时汉语，有的学校按照教材进行教学，有的学校则自行安排内容教学。

泰国的民间汉语教育机构发展迅速，已经成为推动泰国汉语教育的重要力量。这些机构包括私立补习学校、华文中心、私人补习班等，它们以灵活的方式满足不同学习者的需求。泰国的汉语教师资源相对紧缺，虽然有来自中国的汉语教师志愿者支持，但对汉语教师的需求一直比较旺盛。

泰国中文教育行业正处于快速发展阶段，具有广阔的发展前景和潜力。无论是在线教育机构还是线下培训机构，都有较大的市场空间。

印尼——千岛之国的商业金矿

印尼是世界第四大人口国，截止到2023年12月，拥有2.81亿人口。㊀印尼人口结构非常年轻化，人均年龄30岁左右。印尼是东盟最大的经济体，2023年GDP同比增速为5.05%，人均GDP为4 920美元。印尼以高人口基数和快速增长的人口红利，成为许多互联网企业出海东南亚的第一站。

个人或企业出海印尼值得关注的市场机会点包括以下几个方面。

1. 餐饮业

印尼的餐饮业处于高速增长状态。根据Mordor Intelligence的数据显示，2024年印尼餐饮服务市场规模预计为552.5亿美元，预计到2029年将达到1 037.6亿美元，在预测期内（2024～2029年）复合年增长率为13.43%。㊁印尼餐饮业的创业市场活跃，无论是传统餐饮还

㊀ 中国外交部.印度尼西亚国家概况 [EB/OL].[2024-04]. https://www.fmprc.gov.cn/web/gjhdq_676201/gj_676203/yz_676205/1206_677244/1206x0_677246/.

㊁ Mordor Intelligence, "印度尼西亚餐饮服务市场规模和份额分析–增长趋势和截至2029年的预测"。

是新兴的外卖、云厨房、咖啡连锁等，都涌现了大量创业者。目前印尼餐饮市场集中度低，这也给新进入者更多的市场机会。品牌化和标准化成为连锁餐饮店的发展趋势。另外，印尼餐饮业属于允许100%外资，因此对外商而言非常友好。

2. 互联网应用

印尼人口基数及互联网用户数量庞大，互联网渗透率高，人口年轻化，这为互联网应用出海印尼提供了良好的用户基础。根据Sensor Tower的数据显示，2024年上半年，印尼是东南亚手机游戏下载量最高的国家，贡献了41%的总下载量。同时，2024年上半年印尼手游下载量环比增长超过15%，成为东南亚手游市场的增长亮点，⊖特别是角色扮演游戏（RPG）和策略游戏在印尼市场尤其受到欢迎。

另外，根据中金公司预测的数据显示，预计2026年印尼网约车市场规模将达到58亿美元，外卖市场将达到96亿美元，㊁印尼互联网市场的发展未来可期。

3. 企业服务

印尼是东盟地区中小微企业数量最多的国家。数据显示，印尼有6 400万家中小微企业。2022年印尼中小微企业对国内生产总值的贡献率超过60%，吸纳了该国97%的劳动力。㊂印尼政府正大力推动中小微企业的数字化发展进程。企业服务如互联网招聘等细分方向，在印尼市场大有前景。笔者认识的一个中国出海印尼做在线招聘的团队，

⊖ Sensor Tower，"2024年东南亚手游市场洞察：2024H1东南亚手游下载量环比增长3.4%至42亿次，印尼市场高速增长，占总下载量的41%"，2024年9月13日。

㊁ 中金公司侯利维吴维佳等，"印尼数字经济崛起——电商、网约车、外卖和数字金融"，2023年2月8日。

㊂ 人民网，"印尼多举措扶持中小微企业发展"，2023年12月27日。

就以本地招聘应用五折的价格杀入市场，目前处于客户主动找上门来签约合作的状态。沿着此思路，服务广大中小微企业，比如电商 SaaS 软件、客户关系管理（CRM）软件、网络安全、大数据服务、协同办公等产品或服务，也是不错的方向。

4. 教育科技

印尼的年轻一代对教育有着巨大的需求。在线学习平台、虚拟教室、教育游戏和自适应学习技术等教育科技解决方案在印尼有广阔的市场。2020 年数据显示，印尼 15 岁及以下的人口占比在 24.56%，㊀ 新生儿数量在逐年上升，正处于人口红利期。国内曾经盛行的 K12 教育，㊁ 目前在印尼的发展如火如荼。在雅加达等经济发展较好的大城市，家长愿意拿出较大比例的家庭可支配收入，用在子女的教育上。另外，像语言类比如中文教育在印尼市场也有不错的发展空间，因为当地较好的外企有一部分是中资企业，有相当一部分人希望自己毕业后能进外企工作，所以需要学好中文、做好准备。

5. 社区服务和小型零售

在印尼，零售业是国民经济的根基，也是反映国内消费状况的晴雨表。根据麦肯锡咨询公司 2021 年的调研数据显示，夫妻店、菜市场等传统渠道构成了 77% 的印尼零售业态，剩下的 23% 是现代零售渠道，现代零售渠道中 65% 是便利店。㊂ 由此可见，印尼的线下社区服务和小型零售业仍有升级发展的空间。例如，社区健康中心或具备线

㊀ 中国新闻网，"印尼人口 2045 年预计达 3.24 亿"，2023 年 5 月 17 日。
㊁ 指从幼儿园（Kindergarten，简称 K）到 12 年级（12th Grade）的教育体系，涵盖了儿童和青少年从学前教育到高中教育的整个过程。
㊂ 环球杂志，"念好印尼零售业的'本地经'"，2023 年 12 月 22 日。

上预定、线下配送能力的生活超市、本地食品市场等，可以在满足居民日常需求的基础上，带来体验的升级，相信这也是不错的方向。中国出海企业名创优品作为升级版的生活好物零售店，在印尼有几百家门店，深受当地消费者的喜爱。

菲律宾——东方赌城的商业竞技场

菲律宾被认为是东亚和太平洋地区最具活力的经济体之一，是东南亚市场的一个后起之秀。菲律宾是博彩业合法化的国家，博彩业在菲律宾历史上一直是国家收入的重要来源之一。在2017～2022年期间菲律宾大搞基础建设，因此菲律宾随处可见高楼大厦林立。菲律宾市场有以下几个特点。

- 人口基数大。菲律宾人口超过1亿，[一]是东南亚第二大人口国，有庞大的消费者基础。
- 年轻化的人口结构。菲律宾人口中，0～14岁占33.07%，15～24岁占19.17%，25～54岁占37.11%。[二]菲律宾的年轻人没有储蓄意识，乐于消费。年轻的劳动力和消费人群为菲律宾经济的高速发展提供了基础。
- 互联网普及率高。有数据显示，2023年菲律宾约有8 516万互联网用户，互联网人口普及率达73.1%，金融服务渗透率为56%。[三]

[一] 电子商务国际交流与合作.菲律宾投资环境分析[EB/OL].[2021-12-22]. http://zou.ec.ciecc.mofcom.gov.cn/article/gb/tzbg/202111/568160.html.

[二] 北京大学区域与国别研究院，"疫情加速菲律宾电子商务的转型繁荣"，2020年6月11日。

[三] 极客网，ADVANCE，"AI携手亚马逊云科技发布《2023年菲律宾金融科技报告》"，2023年12月26日。

- 社交媒体使用率高。菲律宾人平均每天花在社交媒体上的时间为 4 小时 15 分钟,连续 6 年位居全球首位。⊖
- 海外劳工汇款占比高。2023 年菲律宾海外劳工汇款约 400 亿美元,约占国内生产总值的 10%,是推动国内消费的主要驱动力。

个人或企业出海菲律宾值得关注的机会点有以下几个方面。

1. 电子商务

根据 GlobalData 数据显示,2019 年至 2023 年间,菲律宾电子商务市场的复合年增长率达到 28.6%。预计到 2024 年,该市场规模将达到 1.3 万亿菲律宾比索,约合 241 亿美元,⊜其中消费类电子产品、家具、个人和家庭护理是菲律宾最受欢迎的电商品类。千禧一代已成为菲律宾消费市场的主力军。菲律宾贸易工业部制定了《电子商务路线图》,鼓励企业发展电子商务。

2. 网红经济

菲律宾是全球社交媒体使用时间最长的国家之一,网红经济前景广阔。Nox 聚星数据显示,在菲律宾 60% 的品牌采用直播带货吸引客户,66% 的社媒用户至少关注一个网红。⊜许多年轻人热衷创作短视频和直播,为内容电商的繁荣发展奠定了基础。

⊖ wearesocial,"Digital 2021: The Latest Insights into The 'State of Digital'",2020 年 6 月 11 日。

⊜ 东莞跨境电商协会,"菲律宾电商市场爆发,将达 241 亿美元",2024 年 6 月 5 日。

⊜ 搜狐,"Nox 聚星丨2022 出海东南亚:菲律宾电商市场现状及网红营销特点",2022 年 9 月 26 日。

越南——湄公河畔的经济奇迹

越南统计总局数据显示，截至 2023 年年底，越南人口约为 1.003 亿。人口年轻化是越南的特点，同时越南也面临地价疯涨的现状。2023 年越南国内生产总值达 4 300 亿美元，增长率为 5.05%，人均国内生产总值为 4 284 美元。越南是传统的农业国，矿产资源丰富，种类多样。近年越南服务业保持较快增长，2023 年服务业占 GDP 的比重为 62.29%，增长率达 6.82%。越南的主要进口商品包括汽车、机械设备及零件、成品油、钢材、纺织原料、电子产品和零件等。越南主要进口市场为中国、东盟、韩国、日本、欧盟、美国等。㊀

笔者认为，越南值得关注的机会点如下所述。

1. 教育科技

越南教育市场体量大，但市场集中度低。越南政府提出"国家数字化转型计划"，为高等教育的数字化转型提供了政策支持和方向参考。越南 K12 课后辅导市场具有庞大的潜在用户基础，据光源资本的数据显示，越南 K12 阶段学生数量约 1 600 万。假设父母每年为每个学生花费 300～400 美元，则 K12 课后辅导教育市场规模约为 48 亿～64 亿美元。㊁

越南市场的职业教育行业也有较大机会，细分方向如职业技能提升课程、导师辅导服务、本土化的在线教育解决方案如人工智能、语音识别等可能存在较大市场机会。

㊀ 外交部. 越南国家概况 [EB/OL].[2024-07]. https://www.fmprc.gov.cn/web/gjhdq_676201/gj_676203/yz_676205/1206_677292/1206x0_677294/.

㊁ 光源资本，"东南亚市场系列研究（五）：出海越南的机遇与挑战"，2023 年 3 月 16 日。

2. 医疗行业

越南医疗资源分布不均，公立医院负担重，私立医院发展迅速。投资医疗服务，特别是连锁医院和医疗数字化方面，存在较大机会。越南对医疗器械的需求增长迅速，而中国医疗器械产业飞速发展，技术创新和产品研发能力不断提升，已经在国际市场上占据一席之地，为中越两国合作提供了广阔发展空间。另外，越南医疗机构的数字化能力相对较弱，市场存在巨大空白。越南医疗行业中存在中国创业者出海的机会，尤其是在医院信息系统（HIS）领域，这也是中国创业者擅长的方向。

3. 可再生能源

越南政府积极推动可再生能源的发展，制定了一系列优惠政策，包括长期购电合同支持、零关税、税费减免等。在太阳能和风能等领域存在投资和创业机会。以下是一些企业提前布局越南市场的案例。

- 光伏产业投资：中国光伏企业在越南的投资和布局十分活跃。例如，天合光能计划在越南设立新工厂，预计投资额达到 4 亿美元。此外，博威集团也签署了土地租赁协议，计划投资 3.5 亿美元建设光伏电池组件工厂。
- 风电项目合作：中国企业参与了越南多个风电项目。中国电建参与了越南 60% 以上的电力项目建设，合同额超 15 亿美元。㊀中国能建中南院总承包的越南宁顺正胜 50 兆瓦风电项目，是越南首个使用中国品牌风电机组的陆上风电项目。㊁

㊀ 光伏们, "420MW！中国电建签署东南亚最大光伏电站 EPC 合同", 2018 年 6 月 26 日。

㊁ 中国能源建设集团有限公司. 首个中资企业在越南投资风电项目全容量投运 [EB/OL]. [2021-10-22]. http://www.sasac.gov.cn/n2588025/n2588124/c21318678/content.html.

案例：细分场景也能做出大市场——中国互联网应用在全球掀起风暴

互联网应用出海，早在十几二十年前，就有先行者大获成功。这几年出海互联网应用的玩家，更多是从产品研发的第一天开始，就将产品面向海外市场。根据 Sensor Tower 的数据显示，2023 年中国非游戏厂商出海收入前三名，除了熟悉的互联网巨头字节跳动和欢聚集团，第三名是一个陌生又神秘的面孔——睿琪软件，腾讯排第四名。这家来自杭州的公司，凭什么能超越腾讯，占据 2023 年出海收入排行榜第三的位置呢？笔者调研发现，该公司主要围绕图像识别技术，研发出包括 PictureThis、CoinSnap 等生活应用。以 PictureThis 这款产品为例，它的产品功能居然是"拍照识花"。比如用户拍下一朵花，它不仅能识别出植物的品种、养护技巧，还能提供包含此植物的古诗词等人文信息，应用内甚至还有其他分享功能，成功俘获目标人群的芳心。

出乎意料的是，产品最初的创意灵感是负责人拍脑袋的想法，从最初团队只有 4 人，到上线国内市场，再到出海做出 2.9 亿美元的现金流，实属一个奇迹！产品上线后，从获得苹果应用商店的推荐和用户的口碑完成冷启动，再到后面迎来日增过万的用户增长，睿琪软件可谓是踩在风口上。甚至在被苹果应用商店推荐后，巨头微软上线了有相似功能的"微软识花 app"，腾讯也做了微信小程序"识花君"，而睿琪软件发现国内用户付费意愿不强，于是下定决心出海，把重心放到海外。从日本市场到美国市场，PictureThis 将产品、内容和获客渠道进行本地化调整，更将产品调整成订阅制付费模式，收获大量付费用户。看到睿琪开发的工具应用场景，可能我们会思考，就这个拍照识花的功能，也能吸引海外用户的大量下载和付费？只能说海外市场用户的需求不能光凭我们在国内生活的经验来判断，互联网应用的很多场景其实是测试出来的。在得出这个有效并且用户愿意付费的使用场景前，可能睿琪已经测试过几十个并不那么有效的场景。

中国应用出海在当下和未来依然大有可为。中国团队除了擅长做应用产品开发，也擅长运营。笔者在做 AI 产品调研时发现，很多国外的互联网应用产品突然爆火，并不是品牌方有很多主动运营的策略方法，而是产品功能卖点打动了用户，从而在一定的时间点突然爆发。而国内团队擅长的是主动运营，从应用商店投放到社媒运营、广告投放、搜索营销、达人合作等，从引流获客到用户留存转化，一个都没有落下，每一款产品的推广基本都会配备齐全的市场营销团队和产品运营团队，不停地优化每一处细节，这便是国内和海外应用团队的运营思路差异。在这一波 AI 技术浪潮里，笔者看到了非常多的中国应用产品从诞生的第一天就直接面向全球市场，相信未来也会诞生更多现象级的全球化产品！

南亚地区

南亚国家包括印度、巴基斯坦、孟加拉国、斯里兰卡、尼泊尔、不丹、马尔代夫。南亚地区人口稠密，包含了世界上超过 20% 的人口，是全球人口最多和最密集的地区之一。南亚是佛教等宗教的发源地，拥有多样的宗教信仰。南亚国家经济发展水平不一，印度和巴基斯坦经济规模较大。南亚地区是中国"一带一路"倡议的重要部分，多个经济走廊和通道在此交汇。接下来我们重点关注南亚的明星国家——印度，印度是让不少出海企业爱恨交织的国度。

印度——全球经济新引擎

2023 年印度经济增速在全球主要国家中排名第一，根据摩根士丹利预测，印度在 2030 年前或成为世界第三大经济体。[一]印度在 2023 年超越中国，成为世界第一大人口国，拥有超过 14 亿人口。[二]印度拥有庞大的年轻人口规模，2023 年数据显示，印度约 60% 的人口年龄在 35 岁以下，[三]这代表着巨大的劳动力资源和潜在的消费群体。随着印度中产阶级的崛起和城市化进程的加速，印度的消费市场规模持续扩大。预计到 2030 年，印度将成为拥有全球最大的中产阶级群体的国家之一。这也是印度市场备受外资关注的原因。

同时，印度市场也被媒体誉为"外资坟场"，主要原因是其复杂的法律规定、多变的政策以及官僚主义。像这几年小米、TikTok 都曾折戟印度市场，损失巨大。

由于印度的营商环境（比如公司审批、税务缴纳、合同执行等流程）有较大的不确定性，很多企业出海印度会有较大顾虑。但是，印度市场也有比较值得关注的机会点，其中包括以下几方面。

1. 制造业

2014 年印度政府推出了"印度制造"计划，旨在将制造业在 GDP 中的占比提升至 25%（该数值在 2023 年是 15%[四]），并创造 1 亿个就业机会，同时鼓励外国企业在印度设立生产基地。其中主要包括汽车制造、电子制造（特别是在手机和电子配件制造）、纺织品和服装、食品加工等领域。比如，海尔在印度建立了制造基地，生产冰箱、洗衣机等家电产品。

[一] 参考消息，"摩根士丹利预计：印度 2030 年前或成第三大经济体"，2022 年 11 月 3 日。
[二] 正观新闻，"增至 14.1 亿，联合国将官宣印度成人口第一大国"，2023 年 4 月 11 日。
[三] 凤凰卫视，"印度成为世界人口第一大国，是红利还是挑战？"，2023 年 7 月 11 日。
[四] 环球网，"印度又跟中国比 GDP 增长，专家：中印对世界经济牵引力不在一个级别"，2023 年 3 月 2 日。

2. 教育培训

印度的教育培训市场大有可为，值得重点关注的几个细分方向如下所述。

（1）职业教育与技能培训。印度对职业教育与技能培训的需求日益增长，尤其是在 IT、医疗保健和制造业等领域。

（2）语言培训。英语是印度的官方语言之一，对英语培训的需求巨大。同时印度中产家庭乐于将孩子送去欧美留学，学生参加各种国内外考试如雅思、托福等的需求很大。一些中国语言培训机构就在印度设立了分支机构，提供英语及其他语言的培训服务。

（3）K12 教育。印度的 K12 教育市场庞大，消费者对优质教育资源的需求不断增长。中国企业如 VIPKID 已经通过在线平台向印度市场提供教育服务。

3. 金融服务

印度的金融服务行业正在经历数字化转型，本地企业对金融科技解决方案的需求日益增长。蚂蚁金服就投资了印度的移动支付平台 Paytm，推动了印度数字支付的发展。

中东地区

中东为何会爆火

"几千个投资人都跑去中东淘金"，成为一道蛮有意思的市场风景。这几年，笔者发现许多投资人都常驻中东地区。为什么会出现这个情况呢？原因很简单，以中东主权基金为代表的资本在全球积极调研优质项目，用实际行动、大手笔地"买买买"，这在全球资本市场中是为数不多的现象。其实，中东的全球化投资并不是这两年才开始的。早在十几年前，中东资本在中国就有布局。只不过当时是美元基金最火热的时候，那么就以我们所熟知的机构举例，红杉资本等在中国都有比较庞大的投资团队。所以，我们感受到美元基金比较活跃。这几年，随着美元基金的消沉以及人民币基金的持续观望，就更加凸显出中东资本的投资积极性。

出海中东的特色——中间人

中东大部分地区人口较少，一个国家几千万人，约等于中国一个特大城市的人口数量。中东海湾国家靠着石油开采，就能够获得源源不断的收入。皇室成员只有几百人，那庞大的家族资金又是谁在打理呢？首先，阿拉伯家族成员里的年轻一代，大都是在欧美国家接受过欧美教育的。所以，他们比较接受欧美的精英文化以及现代化企业的管理方式。他们雇用了来自美国、印度等国的职业经理人，帮其管理家族资金。

如果哪个中东资本计划投资中国产业，一般会在中国找一个类似中国区代理人的角色。这个中国区的代理人就会对接中东资本跟中国企业，做好一个桥梁链接的作用。

作为创业者，如果想要去中东融资，怎样才能触达有意向的中东资本呢？首先，你可能需要找到"中间人"。在中东这样的地区，"中间人"是非常普遍存在的一个团体。他们有什么特点呢？他们热衷于组织社交活动。他们会开诚布公地跟你说，这个合作如果成了之后，他需要拿到多少佣金，如果合作不成，他们也是一个比较随缘的心态，愿意为你去对接资源。当然，前提是你的机构靠谱、项目实力过硬。无论在全世界的哪个国家，做生意的基础都是信任。在中东国家，信任的前提就是"我要跟你先成为朋友"。通过中间人或者他的朋友，从日常接触这一步开始去慢慢构建信任。笔者觉得这跟我们中国人在饭桌上谈生意还是蛮像的。另外，和中东资本"中间人"打交道的时候，千万不要一上来就去跟他们讲中国市场怎么样，因为他们或许比你更懂中国市场！

融资成功的关键——对中东市场的贡献

大多数创业者到中东融资，都会陷入信息不对称的境地。大多数创业者会一直努力地和投资方强调，你投资我的项目，你的资金到中国市场来能产生多少收益。其实，投资方更看重的是，你能给我的本土经济带来什么？投资你的项目能怎么反哺中东市场？比如说你来中东开公司，能够带来先进的技术，解决本地更多的劳动力就业问题等。这才是中东投资人更看重的，而不仅仅是看短期的财务回报。

随着中国企业出海的市场战略越发多样化，中东地区作为蓝海市场，必然值得关注和深耕。笔者期待未来有更多的中资企业，秉承互利共赢的精神，在中东市场闯出一片天地，为全球化市场带来更大的空间和想象。

海湾六国概述

中东地区是一个地理和文化上的概念，通常指的是西亚和部分北非地区。海湾六国是中东地区备受瞩目的主要区域，由波斯湾沿岸的六个阿拉伯国家组成，分别是阿拉伯联合酋长国（简称阿联酋）、阿曼苏丹国（简称阿曼）、巴林王国（简称巴林）、卡塔尔国（简称卡塔尔）、科威特国（通称科威特）和沙特阿拉伯王国（通称沙特阿拉伯，或简称沙特）。海湾六国中沙特阿拉伯和阿联酋的经济增长最为亮眼，备受中国出海企业的青睐。

1. 沙特阿拉伯——中东经济的黄金沙丘

根据沙特国家统计总局的数据显示，2023 年沙特 GDP 总量连续两年达到万亿美元，人均国内生产总值达 3.15 万美元。⊖

沙特多年来依托于对石油产业的垄断，由王室聚集了较多的财富。沙特王室的财富总量为全球王室之首，远超英国王室，甚至远超比尔·盖茨。

沙特的人口基数大且年轻化，城市化程度高。数据显示，截至 2023 年，沙特女性约占总人口的 42%，由于沙特的传统习惯、宗教、社会文化等历史原因，沙特女性的社会地位相对低下，但并不缺乏金钱。家是她们主要的居住及娱乐场所，手机购物则成为她们的主要消遣方式之一。2022 年，沙特籍人口的平均年龄为 29 岁，30 岁以下的沙特籍人口占比达 63%。沙特的人口结构相对年轻。沙特人民对电商的接受度也较高，支付公司 Checkout.com 的数据报告显示，自 2020 年以来，中东、北非地区每天至少网购一次的消费者数量增长了 80%。沙特阿拉伯每天网购的消费者数量增长了惊人的 90%，这意味着估计有 260 万沙特消费者现在每天至少在网上购物一次，⊖ 这也让沙特阿拉伯成为不少企业出海中东的首选国家。

依托"一带一路"倡议的背景，中国成为沙特最大的贸易伙伴。同时，沙特正处于经济和社会改革的初期阶段，当下也是中国企业出海沙特的黄金时期。

⊖ 外交部.沙特阿拉伯国家概况[EB/OL].[2024-07]. https://www.mfa.gov.cn/gjhdq_676201/gj_676203/yz_676205/1206_676860/1206x0_676862/.

⊖ ChoiceEye,"中东北非网购用户激增 80%，跨境电商前景一片大好"，2024 年 5 月 22 日。

◉ 延伸阅读

从沙特阿拉伯"2030愿景"、《2023年沙特阿拉伯王国时尚状况（2023）》看沙特的九大机会

沙特于2016年发布的沙特阿拉伯"2030愿景"，正式揭开由依赖石油向追求经济多元化的序幕，"2030愿景"分为社会、经济、国家建设三大主题，里面所呈现的几大发展机遇，是值得出海企业关注的。

（1）体育行业。体育投资被列为国家发展多元经济的重要支柱。沙特鼓励人民广泛、经常性参与体育活动。

（2）游戏。"2030愿景"中提出了"到2030年成为游戏和电子竞技行业的全球中心"的目标。根据Snapchat发布的《2022中东手游白皮书》显示，在沙特3 595万人口中，手游玩家数量达2 420万，每付费用户平均收入（ARPPU）高达270美元，位于全球第一。⊖

（3）女性赋权。沙特为包括妇女在内的全体国民提供平等就业机会，力争在2030年前将失业率从11.6%降低至7%，将中小型企业对GDP的贡献率从20%提高至35%，将劳动人口中的妇女占比从22%提升至30%。⊖另外，女性也获得驾车权利。

（4）大力发展零售业和电子商务。"2030愿景"提出，在2020年前在零售业为沙特公民新增100万个就业岗位，将现代贸易和电子商务占比提高至80%，取消针对所有权和外国投资的限制，吸引海湾地区和国际零售业投资者。同时希望到2030年电子支付率能够达到70%。

（5）数字化转型。沙特加强数字基础设施建设，阿里云、腾讯云、华为云、商汤科技、顺丰、极兔等中国企业都先后蜂拥入局沙特

⊖ 动点科技，"Snapchat：手游收入将占全球四分之一，中东成游戏出海必争之地"，2022年9月14日。

⊖ MBE亚洲金属建筑博览会，"了解沙特'2030发展愿景'"，2024年1月16日。

市场。

（6）教育。沙特推动人工智能在教育中的应用，以提高教学效果，推动个性化学习。另外，沙特政府将中文作为第二官方外语纳入教学课程，⊖并要求所有中学将星期一和星期日的第四个教学时间段专门分配给中文教学，可见沙特政府对中文的重视程度。所以，企业或者个人来教沙特人学中文，也是个不错的方向。在线教育在中东迅速发展，特别是在全球疫情影响下，各国纷纷加大对远程学习和在线培训的支持，推动教育数字化。同时，女性获得教育权也加速了在线教育行业在沙特的发展。

（7）新能源汽车。2022年，沙特政府推出国家电动汽车战略，为消费者购买电动汽车提供减税和补贴，并积极推动充电桩等基础设施的落地。根据德勤报告显示，预计到2030年，沙特电动汽车市场总值预计将达到280亿美元。此外，沙特政府还设定了2030年首都利雅得新能源汽车占比达到30%、电动汽车年产30万辆的目标。⊜

（8）时尚。沙特时尚委员会发布的《2023年沙特阿拉伯王国时尚状况（2023）》报告显示，2021～2025年，该国时尚零售额预计将以年均13%的速度增长，到2025年达到320亿美元。电子商务的服饰类目在沙特市场占比也不断扩大，预计未来（2024～2028年）年复合增长率（CAGR）将为4.7%，到2028年市场规模将达到17.62亿美元，服饰类目占整个电子商务市场的比例超过50%。⊜

报告同时提到："减少对海外时装进口的依赖，开发本土时尚自有品牌，通过培育涵盖设计、制造、物流和零售在内的时装产业链，力

⊖ 中国日报网，"沙特所有中学设专门时段教学中文'中国热'在中东持续升温"，2023年9月3日。

⊜ 中国汽车报，"全球'爆买'造车新势力，沙特的汽车市场到底什么样"，2023年12月28日。

⊜ Fashionfutures，"2023 Saudi State of Fashion Report - Arabic"。

求实现自给自足。"沙特甚至直接由文化部下属的时装委员会启动了设计师培养项目"沙特 100 品牌",可见对时尚行业服装产业的目标预期之高。目前,沙特阿拉伯国内服装产品大部分需要依赖海外进口,主要进口地包括中国、越南、印度、韩国、日本、美国和欧洲等,其中来自中国的产品占比高达 37%,仅次于欧洲。[⊖]国际品牌像 NIKE 和 adidas 很早就嗅到机会,大力在该国发展时尚运动服装,推出本土化产品,进行本地化营销等,获得较高的市场份额。

(9)母婴。沙特是目前世界第一大婴童产品进口国,2022 年沙特人口出生率为 16.2%,0～14 岁的儿童占沙特总人口的 32.4%(全球平均值为 26.8%)。据 TechSci Research 预测,沙特的母婴市场将继续增长,平均每个孩子的家庭年支出是欧美国家的 5 倍。

看到沙特市场发展机遇的同时,计划出海沙特的中国企业也需注意相应的市场风险和企业经营的现实问题。

(1)注册成本高。在沙特,注册一个 100% 由外资控股的零售贸易公司,至少需要 3 000 万沙特里亚尔(约合 6 000 万元人民币),所以很多想进入沙特的企业都会选择和当地人合资合营,既能降低投资成本,又能各司其职,发挥当地人的资源优势。

(2)"沙化率"。沙特对合资合营企业有雇用一定比例本地人的要求,在员工本地化上推行"沙特化"(Saudization,也被称为 Nitaqat)政策,本地员工占比被称为"沙化率"(Saudization Percentage)。根据用人单位沙化率的不同,沙特政府将用人单位按沙化率从低到高分为红色、低级绿、中级绿、高级绿和白金五个档次。不同档次的用人单

⊖ MIE 集团上海格博展览,"生活在地毯上的国家——沙特纺织品需求巨大",2024 年 7 月 4 日。

位，享有不同的政府政策。各档沙化率的具体指标如下：[1]

- 红色：0～16.21%。
- 低级绿：16.22%～19.25%。
- 中级绿：19.26%～23.11%。
- 高级绿：23.12%～26.51%。
- 白金：26.52%～100%。

不同等级的私营公司所对应的政策不一样，以白金公司为例：

（1）接受任何职业的剩余签证申请。

（2）可以将外籍员工的职业更改为任何其他职业，但仅限于沙特国民的职业除外。

（3）可以随时续签外籍雇员的工作许可证，前提是续签 Iqama 居住证[2]后的剩余有效期不超过 6 个月。

（4）可以从任一档沙化率的用人单位招聘外籍员工，并将其签证转换到本用人单位名下。

（5）应为持最终出境签证离境的员工补发签证。

（6）应立即计入 Nitaqat 计划。

2. 阿联酋——阿拉伯湾的财富磁石

阿联酋是中东国家中备受关注的另一大国。原因有这么几点：

- 地理位置优越。阿联酋位于亚洲、非洲和欧洲的交汇枢纽，是全球最热门的商务活动举办地之一。
- 经济多元化。迪拜作为阿联酋的经济中心，已经从依赖石油的

---

[1] 新浪网，"沙特化及沙化率：在沙特必须雇用一定比例的沙特籍员工"，2023 年 9 月 12 日。

[2] 沙特阿拉伯向外籍人士发放的一种居住证。

经济转型为以贸易、旅游、金融和房地产等为驱动的多元化经济体系。
- 互联网渗透率高。阿联酋的互联网渗透率高达99%㊀，该数据在全球排名靠前。
- 人均消费水平高。阿联酋人均GDP较高，消费能力较强，对网购接受程度高，超过一半的网购消费者年龄在35岁以下，㊁中高收入人群占据电子商务消费市场的主导地位。
- 政策支持。阿联酋政府推行D33经济计划，旨在推动整个阿联酋，尤其是迪拜的经济多元化和增长。目标是在未来十年内将迪拜经济规模翻一番，吸引国际技术人才、跨国企业、海外中小企业到阿联酋发展。

如果企业选择出海阿联酋，那么阿联酋有这些机会值得关注：

（1）二手车。中东汽车数据公司（AutoData Middle East）报告数据显示，阿联酋二手车市场规模有望大幅增长，预计到2030年规模将增加一倍至481.5亿美元。报告预计在未来8年该行业的年复合增长率为11.5%，2022年该行业的产值仅为201.5亿美元。报告强调，价格在2万至3万迪拉姆（约合5 445美元至8 168美元）之间的二手车需求强劲，其次为5万至8万迪拉姆和15万迪拉姆以上的二手车（1迪拉姆约合0.27美元）。㊂二手车市场除了常规的线下二手车交易，还有上下游相关的比如二手车交易平台、二手车认证、二手车金融服务、

㊀ 跨境魔方，"2024全球社媒数据⑦：阿联酋互联网普及率高达99%，TikTok用户数破千万"，2024年4月15日。
㊁ Statista, "E-commerce in the United Arab Emirates"，2024年。
㊂ 中华人民共和国驻阿拉伯联合酋长国大使馆经济商务处. 阿联酋二手车市场预计到2030年将翻一番，达481.5亿美元[EB/OL].[2024-07-11]. http://ae.mofcom.gov.cn/scdy/art/2024/art_42418abf42cd465baaad1928029079fd.html.

二手车售后维修保养等都值得关注。

（2）电子商务。阿联酋电子商务市场增长迅速，据驻阿拉伯联合酋长国大使馆经济商务处预计，到2028年阿联酋电子商务市场规模将达到132亿美元。[⊖] 从2023年数据可看出服装和鞋类、消费电子产品和媒体产品是主要的品类。阿联酋主要的电子商务平台是亚马逊和Noon。

除了这些值得关注的机会点，企业出海阿联酋时还需要注意以下事项：

- 支付习惯。阿联酋消费者倾向于使用货到付款的支付方式，企业需要适应这种支付习惯。
- 法律框架。阿联酋由多个酋长国组成，每个酋长国都有一定的立法权，企业需要了解并遵守联邦法律和地方法律。

非洲地区

非洲是世界上人口数排名第二的大洲。这几年非洲经济迅速增长，也吸引了越来越多的国际投资者和企业。非洲通常被分为北非、东非、西非、中非和南非五个地区。

尼日利亚是西非的主要国家市场。肯尼亚是东非的主要国家市场。东非地区拥有丰富的生态系统，包括大草原、雨林、山脉和海洋；有重要的港口城市，如肯尼亚的蒙巴萨和坦桑尼亚的达累斯萨拉姆，港口城市对东非国家的贸易发展起着关键作用。

⊖ 中华人民共和国驻阿拉伯联合酋长国大使馆经济商务处. 预计到2028年阿联酋电子商务市场规模将达到132亿美元 [EB/OL].[2024-05-22]. http://ae.mofcom.gov.cn/scdy/art/2024/art_ad0f309f90cd46ad8dd116a627ad3af8.html.

非洲北部主要由撒哈拉沙漠覆盖，整体经济发达程度不如东部。中部非洲包含非洲大陆中部如喀麦隆等几个国家。南部非洲包含南非共和国等十几个国家，其中南非共和国位于非洲大陆的最南边，实施混合经济，是仅次于尼日利亚的非洲第二大经济体。南非共和国的人均国内生产总值也相对较高，但贫富差距极大。南非共和国的工业和服务业相对发达。

看到这里可能有读者觉得，我想出海非洲，但是这么多国家，我该如何下手？笔者建议可先重点关注尼日利亚和肯尼亚这两个大的市场。

尼日利亚——西非的经济引擎

在非洲大陆的西部，有一个国家以其庞大的经济体量和人口基数被誉为西非的经济引擎，它就是尼日利亚。尼日利亚目前是非洲第一人口大国，截至2023年年底，尼日利亚的人口已经超过2亿。尼日利亚的人口预计将继续高速增长，到2050年有望超越美国，成为世界第三大人口国。人口红利为尼日利亚的经济发展奠定了基础。

尼日利亚是非洲最大的经济体。作为非洲最大的石油出口国和OPEC成员之一，尼日利亚的经济表现对西非乃至整个非洲的经济发展具有举足轻重的影响。尼日利亚的经济主要依赖石油产业，石油、天然气及其相关产品的出口贸易额约占尼日利亚出口贸易总额的90%。⊖然而，这种单一的经济结构也使得尼日利亚对国际油价的波动极为敏感。近年来，尼日利亚经济增速有所放缓，部分原因是国际油价的波动和国内的安全问题。此外，基础设施不足、电力供应不稳定、腐败问题以及安全问题都是尼日利亚经济发展的潜在障碍。

⊖ 中国贸促会.《企业对外投资国别（地区）营商环境指南》尼日利亚（2020）（下）[EB/OL].[2021-07-27]. http://zou.ec.ciecc.mofcom.gov.cn/article/gb/tzbg/202107/553220.html.

不过，尼日利亚的这些产业在快速发展，值得我们关注。

1. 电影娱乐产业

尼日利亚因年产数千部影视作品被视为非洲的好莱坞，成为全球电影产量最大的国家之一。尼日利亚的电影娱乐产业自20世纪90年代以来迅速崛起，被称为"诺莱坞"（Nollywood），仅次于美国的好莱坞和印度的宝莱坞。起初，尼日利亚电影产业以低成本的录像带电影起家，逐渐发展成为一个多元化、高产量的娱乐产业。尼日利亚电影以其独特的叙事风格、文化元素和社会议题，吸引了国内外的广泛关注。诺莱坞电影通常以较低的预算制作，但能够快速完成拍摄和发行，以满足市场对新内容的需求。尽管产量高，但资金不足仍是限制诺莱坞电影质量提升的主要因素。笔者认为，像短剧的创新型内容，结合尼日利亚本地化的内容制作能力，再借助短视频平台的运营杠杆，能为当地的娱乐产业带来新的增量。短剧的运营发行及商业化，正好是中国团队所擅长的。

2. 互联网科技应用

尼日利亚的科技行业正在快速发展，尤其是在金融科技、电子商务和移动应用领域。典型头部企业比如Jumia是非洲第一个10亿美元级的科技公司，商业模式可以理解为非洲的阿里巴巴，旗下拥有非洲最大的电商平台，在非洲12个国家及地区运营。PalmPay是一家专注于移动支付服务的初创公司，由传音控股和网易共同孵化，成立于2019年，近年来迅速成为非洲用户规模增长最快的移动支付应用之一。沿着中国科技行业在过去十多年高速发展的思路，科技创新领域仍有很多细分的应用方向值得挖掘。

3. 基础设施建设

在非洲工作的华人有很大一部分是从事建筑工程基础建设工作的。中资企业在非洲的基建早有布局，比如2019年中国港湾工程有限责任公司（后简称中国港湾）与尼日利亚莱基深水港项目签署了融资协议，该项目标志着由中资企业控股并由中国金融机构融资的最大港口项目落地，成为非洲第一个由中国港湾提供投建营一体化服务的港口项目。2010年招商局国际与中非发展基金成立的合资公司盛日公司收购了尼日利亚集装箱码头的权益，使得该码头成为尼日利亚现代化程度最高的码头，有效改善了当地的交通物流基础设施。

肯尼亚——东非的贸易枢纽

肯尼亚位于东非高原，北临埃塞俄比亚，南接坦桑尼亚，地理位置优越，是连接非洲大陆与中东、亚洲的重要桥梁。作为东非共同体的成员国，肯尼亚在区域经济一体化中扮演着关键角色。国际货币基金组织（IMF）数据显示，肯尼亚2013年至2018年GDP平均增长率为5.7%。⊖肯尼亚的出口市场多样化，主要出口产品包括茶叶、花卉、咖啡等农产品，以及纺织品和基础金属。肯尼亚政府大力投资基础设施建设，特别是交通和能源领域。肯尼亚丰富的自然和文化资源，使其成为全球知名的旅游目的地。每年吸引数百万游客，旅游业对肯尼亚经济的贡献率超过10%。

内罗毕是肯尼亚的首都，也是该国最大的城市，位于肯尼亚中部高原地区。内罗毕曾被英国殖民，受此影响，内罗毕是一个国际化程度较高的城市，拥有众多国际组织和外国使馆，城市中有许多符合欧

⊖ 中华人民共和国商务部 驻肯尼亚共和国大使馆经济商务处. 肯保持地区最大经济体地位 [EB/OL]. [2020-03-02]. http://m.mofcom.gov.cn/article/i/jyjl/k/202003/20200302941081.shtml.

美人士生活习惯的设施和服务。作为国家的政治、经济和文化中心，内罗毕是一个充满活力的国际化都市，拥有"东非小巴黎"的美誉。内罗毕坐落在肯尼亚的中部，海拔约1 680米，气候宜人，四季如春，是一个非常适合居住和工作的城市。内罗毕集中了大量的商业活动和金融服务机构。许多国际公司和组织，包括联合国环境规划署和联合国人类住区规划署，都将总部设在内罗毕。内罗毕附近有许多旅游胜地，包括内罗毕国家公园、长颈鹿中心和卡鲁拉森林等，吸引着来自世界各地的游客。尽管内罗毕是一个现代化的城市，但它也面临着一些社会问题，如贫富差距大、交通拥堵和城市扩张带来的较大环境压力。

肯尼亚的第二大城市——蒙巴萨，同时也是东非最大的港口，位于肯尼亚东南部沿海，东临印度洋。历史上，蒙巴萨是东非最古老的城市之一，由阿拉伯人建立，并在不同时期成为东非苏丹王的管辖地和英国东非殖民地的首府。作为进入肯尼亚的重要门户，蒙巴萨距离首都内罗毕大约480公里。蒙巴萨港以其港宽水深、口岸开阔、泊位多、货物吞吐量大和机械化程度高而著称。蒙巴萨港不仅是肯尼亚进出口货物的主要集散地，还作为乌干达、布隆迪、卢旺达等国的重要出海口。蒙巴萨港的现代化设施极大地提升了港口的油气中转能力，这些现代化设施包括新建的油码头项目，大都由中国企业承建。蒙巴萨至内罗毕标准轨距铁路（简称蒙内铁路，SGR）的建成，极大提升了肯尼亚与邻国的物流效率，促进了区域贸易的发展。蒙内铁路作为肯尼亚近年来最大的基础设施项目之一，不仅缩短了货物运输时间，降低了物流成本，还带动了沿线地区的经济发展，成为肯尼亚贸易繁荣的催化剂。蒙巴萨每年吸引近40万名外国游客，其优美的海滩、丰富的海洋生物和世界级的酒店设施使其成为著名的旅游胜地。

在肯尼亚，这些产业正在快速发展，值得我们关注。

（1）农业科技。肯尼亚的农业是经济的重要组成部分，也是国家发展的关键驱动力。随着传统农业的生产效率备受局限，提高农业生产效率和供应链管理能力的农业科技解决方案具有巨大的市场潜力。具体细分方向比如精准农业设备，像有 GPS 导航的拖拉机和无人机，能有效提高播种和收割的准确性；智能农业技术利用物联网和遥感技术监测作物的生长状况，预测病虫害，优化灌溉和施肥，减少农药使用等。当然农业科技产品或者服务的前提都是成本要可控，不然投入产出比就不如人工划算。

（2）家用电器市场。随着肯尼亚中产及以上阶层的规模不断扩大，人均可支配收入的增长，房地产市场蓬勃发展，越来越多肯尼亚人以拥有自己的房子为荣，这催生了家用电器市场的需求，而家用电器的生产制造正好是中国企业所擅长的。

在看到肯尼亚巨大市场机会的同时，我们也要看到肯尼亚市场规模的局限性。若想抓住非洲接下来十年的人口增长红利，更多要从肯尼亚市场切入，后续考虑向东非其他市场辐射，以及向西非及北非市场拓展。

案例：非洲之王——传音的全球化之路

笔者有幸于 2021 年加入传音控股，负责旗下手机品牌在全球 60 多个国家的数字营销。传音作为中国出海企业的代表，除了在大家熟知的非洲市场达到约 50% 的市场份额，还在印度、孟加拉国、东南亚等新兴国家和地区都收获满满。那传音为何能征战海外市场，俘获海外消费者的芳心呢？笔者认为有以下核心几点。

1. 产品功能的极致本地化

发现非洲人自拍不美，就推出自拍智能美黑的功能。

发现非洲人大多有两张以上手机卡，就推出四卡四待手机。

发现非洲人喜欢外放音乐且热爱音乐文化，就推出大音量、低音炮功能。

发现非洲人很难随时随地充电，就推出充电一次、待机半个月的长续航功能。

发现非洲天气炎热，非洲人汗不离身，就推出防酸材料的手机外壳。

……

这些产品功能的推出，看似一句话就说完了，其实背后都是基于对目标市场用户的深刻洞察。从市场中来，到市场中去。做海外市场，就需要负责人亲自到一线去。如果负责人没有真正在海外生活或工作过，那么对很多用户需求会觉得不可思议，自然也就无法倒推产品创新。

2. 价格的极致性价比

从60多元人民币的功能机，到400多元人民币的智能机，传音产品主打的就是极致性价比。即使后期集团主推手机品牌向中高端转型，但极致性价比产品依然是攻占海外新兴市场的利器。

极致性价比的手机产品非常难做，到行业竞争的后期就是不停地"堆料"。什么叫"堆料"？就是产品A的相机是5 000万像素，竞品B就做到6 000万像素；产品C有3个后摄像头，竞品D就做4个；产品E是双折叠，竞品F是三折叠……诸如此类。行业竞争到最后，容易陷入同质化竞争中。企业既要满足消费者的好用、好看、还便宜的需求，同时还要保持极高的毛利率和净利润，难度系数非常大。

消费者感受到的"极致性价比"背后，实际上是传音公司对中国供应链的高度整合。传音能够依靠客单价仅60多元的功能手机持续出货并保持可观的利润率,关键在于其在中国及全球范围内建立的多元化柔性生产线。手机供应链的管理涉及多个环节,从与合作伙伴的深度定制合作、成本控制到产品结构升级,每一环节都至关重要。考虑到从国内生产到海外运输,再到终端出货,整个链条涉及多个环节,如果没有规模化效应,成本就难以压缩。因此,手机行业并非是普通资金量的企业可以轻易进入的。

3. 营销的极致本地化

从最早的买机送鸡、斗舞促销、刷墙广告,再到后来的好莱坞品牌代言人,传音的营销方式不是一成不变,而是在品牌发展的不同阶段,针对不同产品系列的目标受众,选择了不同的方式。尤其是在非洲市场已经达到约50%的市场份额,核心的营销目标是品牌高端化,抢占的又是国际手机巨头三星的市场份额,营销创新难度非常大。那传音的主要营销动作有哪些呢?

(1)线下广告投放。从肯尼亚机场到尼日利亚的户外大屏、公交站广告、机身广告等全面霸屏,让消费者觉得品牌无处不在。

(2)新品上市。新品上市的推广一直是内部营销团队的重头戏,因为每个子品牌每年大概会推广四至五款机型,所以会把营销资源、费用在新品上市时集中使用。从全球及本地的品牌发布会,到事件营销,再到广告投放等一系列整合营销传播动作都不可或缺。

(3)社媒运营。线上营销的重中之重,从主流社交媒体平台的内容运营,到广告投放,再到与本地达人(如科技评论员,本地音乐人等)合作,有效提升本地品牌声量。

(4)IP合作。根据手机品牌的产品属性和目标用户,在不同国家甄选优质IP。比如主打年轻用户的机型,会和非洲热门音乐选秀综艺节目如Nigeria Idol合作,抢占年轻人市场;主打时尚设计的机型,则会在拉各斯与本地的时装周合作，进行精准人群渗透。

（5）体育营销。因为洞察到手机用户对各大体育赛事高度关注，以及非洲用户对足球的高度关注。在非洲市场，传音作为国民手机品牌，传音选择曼城球队赞助合作，对足球赛事，则选择非洲杯进行品牌赞助，更在非洲杯期间举办 1 000 架无人机品牌秀活动等，有效提升品牌美誉度。

以上都是传音手机产品在品牌全球化和本地化中做的部分营销动作。笔者认为，海外营销和国内营销的本质没有差异，还是要回到目标消费者是谁，消费者在哪里，如何高效触达消费者并获得喜爱的问题。

4. 组织结构的本地化

传音的组织结构主要是国内团队和海外本地化团队协同作战，国内团队包括深圳和上海的双总部团队，主要是产研、GTM[1]、营销及人事、行政、财务等部门。海外地区部就是每个国家的本地化团队，主要都是由中方人员领导，带领本地员工，从渠道再到营销等，自上而下形成协同。很多本地员工都是从校招开始培养，刚毕业就加入公司，直接到不同国家轮岗历练，其中部分表现优秀者成长为区域管理者可能只需要两到三年，要的就是落地实战的经验。曾经有同事从毕业就入职传音，十多年把非洲十几个国家生活了一遍，被同事戏称为"老非洲"。海外生活的艰苦超乎想象，对不少年轻毕业生来说，生活和工作的挑战都极大，需要较强的快速适应能力。工作上，既要保证国内总部高管团队的想法落地，又要面临当地非常具体的细节执行问题。这些年轻人背井离乡，能够迅速成长，和本地员工进行协同合作，实

---

[1] GTM 指 Go-to-Market，消费品公司常见的一个职能部门，旨在规划公司如何将其产品或服务推向市场并吸引客户，对完成的产品/服务做上市规划并统筹执行。

现一个又一个国家的突破，靠的既是组织，也是信念！

无论出海选择哪个国家市场，关键点都是合规。不同国家有不同的法律和监管要求，包括商标、知识产权保护、产品质量和安全标准等。企业出海前需要了解相关的公司注册流程、资质要求、贸易政策、税收政策、产品进出口要求、行业认证标准等，不然空有策略，在实际落地执行时会遇到重重阻力。

另外，出海也存在不同的风险，比如国际关系、数据监管、反垄断监管和敏感行业禁令等，企业都要有心理准备和风险备案。出海的不确定性非常高，需要具备较强的灵活解决问题的能力。

第二篇

出海营销

第 7 章

如何写一份出海营销方案：
拿来即用的方案模板

营销讲究规划和节奏，出海营销更是如此。从产品研发到上市，中间要经历各种市场测试以及方案优化，而出海产品还需经历国际物流通关等烦琐的流程，所以，一个万无一失且保证效果的营销方案就非常重要。笔者曾多次操盘多个海外营销项目，可以说从方案到落地，中间会有 100 个坑，而这些坑，更是需要在方案策划阶段就提前避开。

在工作日常中，经常会出现这样的情况，老板和市场营销人员说："今年的新品，3 个月后要在 ×× 国进行上市和推广，你去出一份方案吧。"这个时候，稍微有点经验的营销人员就会问两个关键数据："老板，请问销量目标是多少？营销预算又是多少呢？"有多少钱，就要达到多少效果，对吧？老板说："销量目标比去年增长 20%，营销预算减少 30%。"这个时候营销人员心态已经崩溃了，但这也是会发生的工作日常。于是，营销人员只能硬着头皮开始策划方案了。

策划到底是什么呢？笔者的理解是，一个好的策划，既要懂用户洞察，又要懂竞品分析、内容创意，还要懂社媒运营，更要懂预算分配。可以毫不夸张地说，策划是营销的灵魂。

那出海营销方案和国内营销方案有何异同呢？笔者认为，底层逻辑和结构框架是类似的。但是具体的内容板块如用户洞察、内容创意和媒介选择等，需要根据目标国家市场的情况，进行本地化设计，才能让方案具备有效性和可执行性。

笔者根据海外 60 国的市场营销经验，总结出一份出海营销方案的模板，希望能帮助出海新人快速掌握出海营销策划的技巧。这份出海营销方案总共包括十大板块（见图 7-1）。

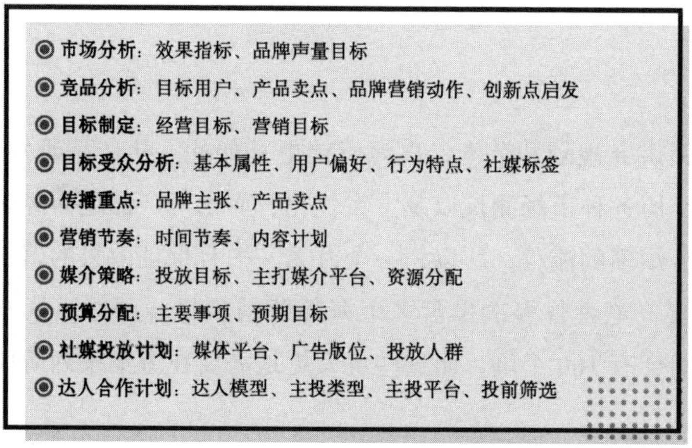

```
◉ 市场分析：效果指标、品牌声量目标
◉ 竞品分析：目标用户、产品卖点、品牌营销动作、创新点启发
◉ 目标制定：经营目标、营销目标
◉ 目标受众分析：基本属性、用户偏好、行为特点、社媒标签
◉ 传播重点：品牌主张、产品卖点
◉ 营销节奏：时间节奏、内容计划
◉ 媒介策略：投放目标、主打媒介平台、资源分配
◉ 预算分配：主要事项、预期目标
◉ 社媒投放计划：媒体平台、广告版位、投放人群
◉ 达人合作计划：达人模型、主投类型、主投平台、投前筛选
```

图 7-1　出海营销方案十大板块

下面我们来逐一看下各板块的关键点。

市场分析

市场分析这一步非常关键，其实是在企业出海前做策略规划时就要做的，它也是我们决定是否进入一个国家市场的关键参考。具体到

营销方案，需要关注的指标包括所处垂直品类的市场容量和增速，以及品牌集中度。

为什么特别强调"所处垂直品类"？举个例子，我们看到 A 国宠物市场规模高达千亿级，增速高达两位数，心想这个市场容量和想象空间太大了！但是仔细往下看，比如你做的是狗的宠物玩具这个细分品类，千亿级市场规模其实与你无关。为什么？首先大盘的宠物市场包含猫狗、水族、鸟类、异宠等，可能这里面全球的猫类市场行情在上行，犬类市场行情在下滑，还要去除掉其他与你无关的品类，比如宠物食品、宠物智能硬件等，那算下来你的垂直品类市场份额可能实际只有不到 10 亿，你作为新进入者能占领的市场空间更加有限。这就是在进行市场分析时，一定要具体到品类数据，不然会误导自己制定错误的目标和市场策略。

关于增速，很多时候我们一直想找到蓝海市场，就是去找高增速的潜力市场。但是容易忽略基本市场规模，比如一个千亿级市场每年增速只有 3%，和一个十亿级市场每年增速 13%，如果只看增速，可能觉得后者更吸引人，但是仔细一算，你知道要多少年后者才能赶上前者的市场规模吗？37.68 年！所以有时候选择蛋糕足够大的低增速市场，市场成熟无须培育，会更适合新出海玩家。

另外关于品牌集中度，如果一个国家市场的品牌集中度过高，那我们基本可以判断这个品类新进入者的机会比较少；而如果品牌集中度比较低，那新进入者的机会就比较大。我们在选择国家时，肯定优选品牌集中度低的国家。

竞品分析

竞品分析是我们在做市场分析后要进行体系化分析的一步，竞品分析要贯穿整个市场营销的全过程。不仅在营销策划前，就是日常也要时刻追踪对手的动向，做到知己知彼。关于如何做好竞品分析，有如下几种方法：

- 时刻追踪竞品的社交媒体、媒体稿件等公开信息。
- 从行业服务商侧面了解竞品动向。
- 躬身做好用户调研，了解从用户视角对竞品的产品/服务的观感和反馈。
- 亲自体会竞品购物旅程（线上和线下全链路）。
- 借助第三方行业分析报告。

这里附上一个笔者在做竞品分析时的参考模板（见表7-1），主要包括从用户、产品、品牌营销三个角度，去分析竞品的营销动作以及相应的创新点启发。

表7-1 竞品分析参考模板

	用户		产品	品牌营销						启发
	目标用户	NPS推荐值	产品核心卖点	品牌口号	品牌动作	本地化营销	线下活动	视觉风格	社媒投放重点	创新点
竞品一										
竞品二										
竞品三										

目标制定

企业出海是一个复杂性较高的系统工程，在不同阶段有不同的目标，而营销目标又是由企业的经营目标往下推导的，所以在讨论营销目标如何确定之前，要先制定企业的经营目标。以下为笔者根据出海企业在不同阶段的经营侧重点，制定经营目标的举例。

（1）初始阶段：市场测试与验证。

- 根据市场调研，确认目标市场及渠道打法，进行产品研发与出海合规等准备工作。
- 进行区域市场测试，验证 PMF 模型。

（2）拓展阶段：市场份额和渠道建设。

- 在目标市场建立分销渠道，至少与三家当地分销商建立合作关系。
- 在特定细分市场获得至少 5% 的市场份额，年营收达 x。

（3）成长阶段：产品本地化与服务优化。

- 根据当地消费者需求，完成至少两款产品的本地化改进。
- 在特定细分市场获得至少 10% 的市场份额，年营收达 x。
- 提升客户服务水平，实现 90% 的客户满意度，减少 20% 的客户投诉。

（4）稳定阶段：品牌深化与市场拓展。

- 加强品牌建设，提升品牌在目标市场的忠诚度，增加重复购买率至 60%。
- 探索并进入至少两个新的细分市场或区域市场。
- 在特定细分市场获得至少 15% 的市场份额，年营收达 x。

（5）领导阶段：市场领导与行业标准制定。

- 成为目标市场内的行业领导者，获得至少 30% 的市场份额。
- 参与或主导制定行业标准，提升企业在行业内的影响力。

出海企业确定好经营目标后，在往下推导拆解营销目标时，笔者认为有这么关键两点：

（1）分好品牌和效果指标。

- 既要有定性指标，又要有量化指标。
- 既要有总目标，又要有细化拆解的目标。

（2）两大核心标准。

- 参考之前的项目数据。
- 参考行业竞品的数据。

如果没有之前的数据，也拿不到行业竞品的数据，那只能多咨询行业内专业服务商，因为专业服务商有多品牌服务经验，有时可以给一些经验值作为参考。

这里笔者提供一个营销目标的参考模板：

（1）销量目标。

- 总销量达 x，其中线上销量占比 $x\%$、线下销量占比 $x\%$。
- 增速达 $x\%$。

（2）品牌声量目标。

- 品牌知名度，即在目标市场获得至少 $x\%$ 的品牌认知度。
- 谷歌趋势（Google Trends）的绝对值达 x，增速达 $x\%$。
- 行业前几，超越竞品 X。
- 社媒曝光量、点击率、粉丝增量、互动量等。

（3）用户/客户目标。

- 新增会员量。
- 加购物车量。

- 口碑：NPS⊖。

在实际工作中，较多企业会更看重销量忽略品牌声量，忽略潜在客群的积累。所以笔者的建议是，既要销量又要声量还要口碑，产品销量是企业生存的基石，品牌声量是建立企业的"护城河"，用户人群的触达和转化是一个长期工程。无论是什么品类产品，都会存在一个多次反复触达最终形成转化的过程，在海外市场作为新进入者更是如此，用户口碑和流量转化都需要有积累的过程。

目标受众分析

目标受众分析是重中之重，尤其是对目标受众理解的精准度，决定了一个方案的成败与否。企业在出海前，或者在刚进入海外市场时，很多时候对受众的理解是拍脑袋想象出来的，所以经常会在实际业务中出现品牌自我定义目标受众是 A，结果做下来发现是 B。比如企业高管认为我们的目标人群是一线白领、精致妈妈，结果做下来发现是三四线城市的小镇青年。那如何找准受众呢？常见的精准定位和分析目标受众方法如下：

（1）借助第三方数据分析及调研报告。

（2）与产研负责人、前线一线员工深度沟通。

（3）用户调研。

- 定量问卷调查和定性用户访谈。
- 置身于当地市场。
- 竞品用户调研：竞品用户与我们的目标用户有何区别，竞品用户对竞品产品观感体验如何。

⊖ 净推荐值，又称净促进者得分，亦可称口碑。

这里给读者一个用户画像的参考模板（见表 7-2）。

表 7-2　用户画像的参考模板

用户画像		年轻中产
基本属性	年龄	18～34 岁
	地域	一二线城市为主
	收入	月收入 500 美元起
爱好		喜欢运动、电影
		有创业精神，追求自由
消费行为特点		追求性价比、重视质量、重视线下购物体验
社媒平台关键词	Facebook	企业主、奢侈品消费者等
	Google	
	X（Twitter）	

注：右侧用户画像描述仅为举例。

根据笔者实战经验，在广告投放早期，一般会通过平台算法去匹配人群，最终通过不同的素材测试结果和电商平台的成交数据，看到实际购买用户的标签关键词，再去优化定义目标用户。这是一个不停迭代的过程，用户定义可以不止一个，尤其是有些大类目，可以覆盖全部用户。笔者也曾经推广过同样一款手机产品，在 A 国打的是中产用户，在 B 国打的是潮流 Z 时代。所以做海外市场，方法论归方法论，在实际的流量运营人群触达中可以更加灵活。

传播重点

在品牌的传播中，有一条隐形的主线，就是品牌主张；而最终外显在产品详情页和视觉传播上的，是产品卖点。两者一虚一实，又相辅相成。在企业出海中，也要根据不同国家市场的情况，去提炼品牌主张和产品卖点（见图 7-2）。这两者不是一成不变的，可以根据企业不同阶段和受众进行更新迭代。那应该如何提炼品牌主张和产品卖点呢？笔者总结了品牌主张和产品卖点的重点。

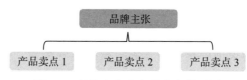

图7-2 品牌主张和产品卖点关系图

1. 品牌主张

（1）品牌主张是企业向消费者传达的核心价值和理念，它基于对目标用户人群的深刻洞察，即大多数是精神需求。举个例子，耐克的品牌口号"Just Do It"，即"想做就做"，超越了仅仅销售运动鞋和运动装备的层面，它传达了一种鼓励人们挑战自我、勇于行动、实现潜能的精神。

（2）品牌主张一般是源于用户，高于用户。举个例子，苹果的品牌主张是"Think Different"，即"非同凡想"。这个品牌主张鼓励用户跳出传统思维模式，追求创新和个性化。

（3）兼顾国际化与本土化。举个例子，肯德基的全球品牌口号是"It's Finger Lickin' Good"，可以翻译为"吮指回味，难以忘怀"，在中国市场的品牌口号是"生活如此多娇"。

2. 产品卖点

（1）公司内部。品牌营销负责人要与CEO、产品高管、产品经理、研发负责人深度沟通，了解前期产品研发的策略思考。

（2）行业竞品。与行业竞品进行产品卖点的横向对比，凸显差异化，争取提炼出绝对差异化而不仅是相对差异化的卖点。

（3）用户需求。通过分析用户行为数据，调研用户痛点、使用场景等，针对性提炼产品卖点。

通过核心品牌主张和 1～3 个关键产品卖点的提炼，最终形成如图 7-2 所示的关系图，让所有市场营销人员都做到心中有数，自然不会在后续不同的渠道中传播有偏差。根据笔者经验，企业容易在实际营销运营中，在电商运营、达人合作和信息流广告投放等传播中出现偏离，出现"唯数据论"，即只看到哪个素材数据好就一直往哪个方向做内容，久而久之出现产品卖点和品牌主张偏离的情况。笔者就曾在某职场社交平台负责品牌管理，出现过负责信息流广告投放的同事为了有高的数据转化，直接投放擦边交友素材的情况，这种做法和品牌主张背道而驰，希望大家避免出现这样的情况，否则会对品牌造成较大的损失。

营销节奏

在营销落地中，无论是国内市场还是海外市场，都会面临一个问题，就是项目各个环节一直在延期。海外市场更甚，尤其是实体消费品涉及物流报关等环节，所以需要有强把控力的项目经理。手机行业一般是 GTM 部门的同事在负责，去不停拉齐各个环节的进度，随时追踪。笔者曾目睹过一个新品在上市过程中，所有营销人员包括总部和本地团队，都准备好了所有线上、线下营销物料，花费近千万元，在所有广告投放都上市后，发现产品还没到门店展柜，导致消费者看到广告去门店购买，却没有样品能试用，从而损失惨重，这就是没有做好项目管理的惨痛教训。

那如何才能把控好一个营销项目的节奏呢？有如下几个关键点：

（1）时间规划。

- 从上线时间倒推每个任务完成的关键时间点。

- 重视执行可行性：协调各个执行环节，以免疏漏。
- 提前、提前、再提前！提前立项，提前策划筹备，提前执行，为最终落地时间和每个环节预留充足时间。

（2）营销内容计划要细化到不同平台，预留好修改和上线测试的时间。

- 线上：社交媒体平台的图文和视频素材修改测试、搜索引擎的文案上线、落地页的点击购买支付测试、广告投放素材上线都需要有审核时间，这些都需要在上市前一周完成，而不是上市当天。
- 线下：广告物料制作、产品包装材料到货、国际物流运输配送等，都是常见的容易出现延期的环节。

（3）人员分工。很多时候项目出现延期，大多是因为责任人不明确。当延期发生时，都不承认自己是责任人。所以，立项后明确每个关键环节的内部责任人、外部对接人和具体完成的时间点就非常关键。

常见的新品上市的营销传播节奏可参考图7-3。

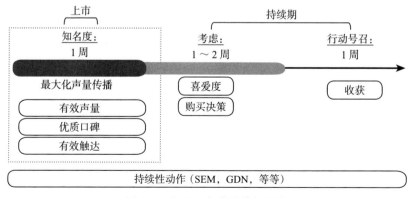

图7-3 新品上市营销传播节奏

注：该时间节奏仅为举例。

媒介策略

定好营销节奏后,下一步就是做好媒介策略。媒介策略涉及媒介选择,如 Facebook、Google、TikTok 要怎么选,资源预算要怎么分配。媒介策略的第一步是要先做好社媒分析。笔者将社媒分析分成两个维度:

(1)宏观分析。

- 国家网民及社媒用户数据:存量和增速。
- 具体到不同的社媒平台:目标用户渗透率和增速。
- 关注新兴流量平台的流量红利:内容测试、提前布局。

(2)微观分析。

- 考虑不同平台目标用户的内容偏好。
- 综合考虑内容制作成本:一般情况下,长视频制作成本高于短视频,短视频制作成本高于图片,图片制作成本高于文字。

笔者将营销中常见的媒介分成搜索平台、大众社媒和垂直社媒。大众社媒指 Facebook、TikTok 等用户体量大、人群广泛的平台;垂直社媒是笔者主观将社媒平台进行区分,主要指平台用户人群有较强的群体特征,如聚集了 Z 世代的 Snapchat、女性用户占比较高的 Pinterest、游戏用户聚集的 Discord 等。笔者将媒介策略的关键信息总结成以下模板供读者参考(见图 7-4)。

出海品牌制定媒介策略时,要特别注意以下几点。

(1)媒介选择不宜太分散。营销预算总是有限的,在执行中容易出现觉得 A 平台不错,B 平台也想试一下,因此造成资源不集中。像撒胡椒粉一样分散分配,就会导致没法达到预期效果。

搜索平台	大众社媒	垂直社媒
预算分配：x% **投放策略：核心人群转化** • 主要广告位 • 核心人群 • 投放目标：搜索指数提升、CPC 降低	预算分配：x% **投放策略：铺量** • 主要广告位 • 核心人群 • 投放目标：粉丝增量/转化加购	预算分配：x% **投放策略：精准人群覆盖** • 主要广告位 • 核心人群 • 投放目标：低成本测试、提升人群浓度

图 7-4　媒介策略

（2）测试。策略计划到实际执行中可以有调整，不是一成不变的，要以数据结果为准则进行优化迭代。尤其是社媒平台的投放非常适合进行小金额测试，根据数据结果再追加到效果好的广告投放中。

在媒介策略制定时很关键的一步，就是如何得出不同平台的预算分配。如果是跨境电商商家，是比较容易分配预算的，只要根据投资回报率（ROI）高的平台分配更高的比例即可。如果是品牌方，以品牌传播为主，需要分配一定预算比例在品牌传播上，这时候就需要平衡品牌和效果各自的占比。具体到分配品牌营销部分的资源时，笔者一般会从不同平台的几个维度去划分优先级（见图 7-5），这里以 Facebook、YouTube、Google 搜索、Twitter、Snapchat 几大媒体平台基于某品牌在某国的营销目标进行分析举例。

	受众规模	受众匹配度	媒介成本	整体
Facebook（最大化曝光）	★★★★★	★★★★★	★★★★	★★★★★
YouTube（最受关注）	★★★★	★★★★★	★★★	★★★★
Google 搜索（高质量）	★★★★	★★★	★★	★★★★
Twitter（信息源）	★★★★	★★★	★★★★	★★★★
Snapchat（Z 世代）	★★★	★★★	★★	★★

图 7-5　媒体平台优先级逻辑参考

特别注意，上述对不同平台的定义和最终的星级打分，是以特定品牌在特定国家市场为例的，存在一定的主观性。即使是同一个品牌，在不同国家，对同一个平台的评分也会不同。因为每个品牌的目标人群不一样，有可能甲品牌觉得 A 平台是两星，但乙品牌觉得 A 平台是五星，所以还是要根据具体情况而定，并非金科玉律。这里只提供几个核心的分析维度作为参考：受众规模、受众匹配度和媒介成本，这是不同品牌在预算分配中需要考虑的核心要点。

预算分配

选好媒介平台后，下一步就是做好预算分配。

（1）进行预算分配时，核心的参考数据主要包括以下几点：

- 根据年度 / 季度 / 月度目标或者项目目标进行拆解。
- 之前的投放成本。
- 行业的合作成本。

这里可能有读者会问，如何知道行业其他竞品的营销费用成本呢？一般有三种方法：通过行业调研公司、招聘该公司的前员工，或者和行业服务供应商私下交流。

（2）在分配预算时，不要将预算额度全部用完，而应预留一部分作为机动费用。

大部分营销方案在实际执行中，都会面临预算调整，并且大部分情况下预算都是不够的。营销项目落地经常会有突发情况，因此策划阶段提前预留机动费用就很关键。和前面的营销传播节奏（见图 7-3）相对应，具体到一个营销项目的传播中，按时间节奏会有不同阶段的预算分配（见表 7-3）。

表 7-3　社媒预算分配（按时间节奏）

		预热期	引爆期	持续期
时间节奏				
活动内容				
社媒内容	品牌账号内容			
	明星账号内容			
	KOL 内容			
媒介组合				
预算分配		20%	50%	30%

特别注意，这里的 20%、50%、30% 仅为举例，具体根据品牌不同阶段的营销内容进行配比，一般在引爆期（也是产品上市期）会分配 50%～80% 的预算。

在整个营销项目或者企业年度的传播预算中，常见的预算分配模板如表 7-4 所示，出海品牌可以根据实际情况调整细项内容。

表 7-4　整体营销预算分配模板（按事项）

	类目	细项	预算（万美元）	预算占比
1	内容制作	平面设计（x 张海报）		
2		视频拍摄及剪辑制作（长视频 x 条，短视频 x 条）		
3		物料制作（x 个灯箱广告物料等）		
4	明星合作	新媒体权益等		
5	发布会	策划及执行、稿件传播等		
6	广告投放	线上数字营销		
7		线下户外大牌		
8	KOL 投放	x 位 KOL 合作		
9	媒体合作	本地电视、杂志、报纸等		
10	其他	电商平台投放、机动费用等		
	总计			100%

注：该细项仅为举例，具体情况根据品牌而定。

社媒投放计划

完成预算规划后,下一步就是做具体的社媒投放计划。这里有四大关键点,也是在实际工作中容易被忽略的。

(1)内容素材和广告设置都重要。经常有企业主认为只要找到一个好的投手来负责广告设置和优化,就能把广告投放做好,其实并非如此,内容才是根本。一条好的爆款内容素材,能为企业带来成千上万的转化,所以两者都不可或缺。

(2)不同时间阶段的内容素材侧重点不一样,不能指望一套素材全年使用。社交媒体平台的广告素材有生命周期,尤其是短视频素材的生命周期更短,所以需要一直迭代海量的创意,需要出海企业不停提升生产优质内容的能力和效率。

(3)部分内容素材在不同平台是可复用的,比如短视频素材一般既可以用在 TikTok,也可以用在 Instagram 上,图文素材是 Facebook 和 Instagram 通用的。

(4)广告投放要预留内容素材修改和测试时间。在实际执行中,广告投放经常会出现没有通过平台审核,需要进行素材调整的情况,所以需要提前预留时间。

社媒投放计划这部分内容,和前面提及的目标受众分析(见表 7-2)是紧密关联的,我们定好目标受众就是为了能在广告后台筛选好受众标签。这里以一个新品上市为例,目标受众及核心创意素材计划如图 7-6 所示。

第 7 章　如何写一份出海营销方案：拿来即用的方案模板

	全球发布阶段	本地发布阶段	预售	首销及维持热度
目标	通过两场（全球及本地）直播发布会，最大化新品上市的曝光量与声量，锁定潜在兴趣受众		持续以提升品牌及产品认知度为目标	首销及维持热度，进而促进销售转化
受众计划举例	1. 中高端核心人群 2. 商务精英 3. 摄影/旅游/时尚兴趣受众 4. 高价值购物者 5. 科技爱好者 6. 竞品用户	1. 广泛受众 2. 中高端核心人群 3. 商务精英 4. 摄影/旅游/时尚兴趣受众 5. 高价值购物者 6. 科技爱好者 7. 竞品用户——品牌层级 8. 再营销受众	1. 再营销受众（社媒粉丝、视频观看及网站访客） 2. 中高端核心人群 3. 科技爱好者 4. 高价值购物者 5. 竞品用户 6. 商务精英	1. 再营销受众（社媒粉丝、视频观看及网站访客） 2. 中高端核心人群 3. 科技爱好者 4. 季节性购物受众 5. 高价值购物者 6. 竞品用户 7. 商务精英
创意素材	预热视频/海报、倒计时贴文	产品视频/海报、产品外观视频/海报、达人开箱视频	预定海报、贴文、产品视频/海报、主打卖点视频/海报	产品视频/海报、主打卖点视频/海报、产品外观视频/海报
媒介产品组合	Google、YouTube、Facebook、Instagram、TikTok			

图 7-6　整体广告投放计划

注：该社媒投放计划仅为举例，具体情况根据项目而定。

达人合作计划

在营销项目落地中,达人合作计划占据越来越大的比例,主要原因是消费者更愿意相信达人的推荐。出海品牌在进行达人合作时,有以下五大关键点需要注意:

(1)定好选择标准。其中包括基础数据(粉丝量、互动率等)、内容质量、过往案例(是否有合作过同行业品牌)。

(2)定好投放模型。投放模型主要是不同量级达人的配比,和预算也直接相关。

(3)选好主投平台。比如,是以 Instagram 的达人为主,还是以 TikTok 或 YouTube 的达人为主,不同平台的达人风格和费用成本不一样,一般 YouTube 的达人合作成本会高于其他平台,因为长视频制作的成本较高。

(4)考虑达人执行配合度。光看数据还不够,要考虑达人在合作中的配合程度,有些只能通过合作后进行打分记录,有些可以通过服务商询问。因为低配合度的达人,会导致最后的营销效果不及预期,比如内容制作质量不佳、不配合修改、不配合账号的运营、不配合附上引流链接、不配合内容授权广告投放等。

(5)定好内容角度。出海品牌要给达人一个内容制作要求,内含产品露出时长和时间要求,比如视频前3秒必须露出产品、核心产品卖点、建议的呈现方式和使用场景、历史爆款视频素材等,方便达人进行内容创作。

附上一个达人合作计划表(见表7-5)作为参考,出海品牌也能自行延展到具体的达人执行时间表。

表 7-5 达人合作计划表

	达人粉丝量级	数量计划	费用占比	预估播放量/曝光量	预估CPM	类型	主要平台
1	顶级（超过 500 万）	1				科技/娱乐/艺术/时尚	Facebook
2	头部（100 万～500 万）	3				科技/娱乐/艺术/时尚	Instagram
3	中腰部（10 万～100 万）	10				科技/娱乐/艺术/时尚	TikTok
4	长尾（1 万～10 万）	20				科技/娱乐/艺术/时尚	Instagram

注：表中的数量计划、类型和主要平台仅为举例，具体情况根据项目而定。

综上，一份好的出海营销方案，应该具备以下三个特点。

（1）可执行。广告公司有一种方案设计叫作"飞机稿"，是指广告公司为了提案或参加行业奖项申报而创作的广告，最终客户并没有买单，常见的原因是方案无法落地，要么成本太高，要么预计达不到预期，要么现有的人力物力资源等不足以执行。所以无论是甲方还是乙方，在做策划方案时，不要自认为这个创意有多好、多特别，一切创意策划都要服务于商业本身。

（2）可评估。只有可评估传播目标和实际效果指标的方案才是好方案。如果说不可预估效果，那投入产出比就无法计算，在实际执行中也会陷入钱花了、时间投入了，但最终好像没有得到什么有用的结果。如果出现这个问题，一般就是前期没有把目标指标设置好。

（3）用户视角而非品牌方视角。很多时候策划方案是市场品牌负责人和企业主在会议室里拍脑袋就把方案定了的，其实品牌方视角和用户视角有时候会天差地别，海外市场更甚。所以出海品牌在策划方案的时候，不妨先小规模测试下用户反应，比如先通过线上广告投放测试，再大规模落地执行，这样如果有偏差还可以调整优化。毕竟营销投入就跟投资投入一样，每花 1 分钱我们都希望能得到 10 元的回报。

第 8 章

B2B 出海营销实战：
如何高效赢得全球客户

跨境出海不论是在过去几十年还是在当下，仍有较大比例是 B2B 模式，参与主体既有传统的外贸企业，也有选择经销代理模式的出海品牌。B2B 模式发展到今天，企业已经不能仅满足于卖货，还要通过不同的营销方式在全球市场建立自己的品牌，打造产品溢价，这才是重中之重。

本章总结了 B2B 出海营销的八大实战方法，在了解详细的海外 B2B 营销方法前，我们需要先洞察海外买家的需求和行为变化，才能针对性地选择适合企业的营销策略，以下以外贸行业为例分享关于 B2B 国际买家的五大行为变化。

B2B 国际买家的五大行为特点变化

表 8-1 是 2023 年中国外贸最畅销国家榜，我们来看下都有哪些国家上榜。

表 8-1　2023 年中国外贸最畅销国家榜

排名	贸易伙伴名称	出口金额（亿美元）
1	美国	5 002.91
2	日本	1 575.24
3	韩国	1 489.87
4	越南	1 376.12
5	印度	1 176.81
6	俄罗斯	1 109.72
7	德国	1 005.70
8	荷兰	1 001.87
9	马来西亚	873.83
10	墨西哥	814.71

资料来源：中国海关总署。

从表 8-1 中的数据可以看出，美国依然是中国外贸出口的第一大国，而像印度、俄罗斯、墨西哥等国家，都是前面笔者提到的值得出海企业重点关注的国家市场。

B2B 出海以外贸行业为典型代表，随着这些年国际市场的变化，买家的行为特点发生了较大变化。

1. 需求萎缩，订单碎片化，大客户减少，小客户增多

这几年外贸市场买家的突出变化具体表现为购买力下降，订单不稳定，短单、小单多，长单、大单少，订单量减少。大量小企业采购商的涌入，使得 B2B 和 B2C 的界限变得模糊。即便订单总金额不变，订单需求却越来越细，客户需求的细分品类增多，SKU[⊖]增加。对于供应商而言，多一个 SKU 可能就多一个高昂的模具成本，生产流程复杂了，产品成本就变高了。

消失的大客户去哪儿了？有一部分是直接倒闭了，有一部分是转

⊖ SKU 即库存进出计量的单位，可以是以件、盒、托盘等为单位。

变成小客户了。所以作为 B2B 模式的企业，需要转变思路，只服务大客户在未来是走不通的，因为大客户随时会离开，会去选择更物美价廉的供应商。外贸企业需要两条腿走路，不然流失的小客户自然会跑到其他同行那里。服务好小客户，在未来随着经济复苏，小客户也有成长为大客户的可能性。

外贸企业可能还会觉得以往一个跟单人员，一年服务几个大客户，年均营收几百万美元，日子过得很滋润。现在一个跟单人员，最多只能服务几十个小客户，加起来营收还没有一个大客户多，那为什么还要做？

其实企业要解决的，是培养能够同时服务几百个小客户的人才，让沟通和成交环节都形成标准操作流程，提高人效，进而达到无论大环境如何变化，大鱼小鱼都能同时吃的目标。

2. 比价砍价，合同毛利率下滑

买家比价砍价的情况由来已久，只要有买卖交易存在，比价砍价就是正常现象。但近些年全球买家的比价到哪里比？不仅是在中国的长三角和珠三角进行比价，而且是和东南亚供应链比价，竞争已经演化为中国供应链和全球供应链的价格战。这直接导致外贸企业的毛利率下滑，因为如果报价高了，客户就直接流失了，所以只能被动陷入价格战。

3. 决策周期长

B2B 的鲜明特点是决策周期长。随着外部环境的变化，决策周期还有逐渐拉长的趋势，根本原因还是在于全球购买力的下滑，比如国际买家原本一年要下 10 个订单，现在只要下 2 个订单，那自然决策会更加谨慎。这就跟当下的投资市场一样，风险投资机构一年看 100 个项目，最终只下手一两个。

好消息是，外贸供应商与国际采购商之间的链路越来越短、管理模式越来越扁平化。外贸供应商还是能通过各种渠道去触达国际采购商，通过不同方式去促成成交。比如通过海外本地化服务的方式，借助第三方海外贸易服务促成交易，类似外包业务员；或者雇用当地人面对面沟通，协助企业主动开发市场，促成线下贸易的合作达成，提高决策效率。

4. 新客户信任风险提高，合同违约情况增加

外贸企业还会面临国际买家故意赖货、临时变卦修改信用证条款，以及各种运输陷阱等问题，尤其是在FOB⊖模式下，货代公司和装运延期等导致的价格变化，这些都会让外贸企业蒙受损失。解决方案有几种：一是做好充足的客户背景调查，核查客户信用情况；二是收取定金；三是合理购买出口信用保险来对冲客户违约风险；四是尽量采用CIF⊜或CFR⊜模式与新客户合作。在CIF模式下，买卖合同、运输合同和保险合同都由卖方作为主体，卖方可根据实际情况统筹安排备货、装运、投保等事项，能有效规避相应的风险。

5. 结构性需求迁移

欧美地区的部分批量采购需求从我国向东南亚国家转移，如轻工

⊖ FOB：国际贸易中常用的术语之一，全称为Free On Board，意思是装运港船上交货，指卖方在合同规定的装运港和期限内，将货物装上买方指定的船只，并及时通知买方。货物在装船时越过船舷，风险即由卖方转移至买方。这意味着，从那一刻起，货物的任何损失或损坏，买方都要自己承担。

⊜ CIF：国际贸易中常用的术语之一，全称为Cost Insurance and Freight，指成本加保险费再加运费。

⊜ CFR：国际贸易中常用的术语之一，全称为Cost and Freight，指成本加运费。

产品、农产品等。另外，成品采购逐渐转为原材料、组件采购。这些都是国际 B2B 市场正在发生的变化。

B2B 出海营销八大实战方法

针对国际企业需求的变化，B2B 出海企业如何更高效触达及转化客户呢？从营销的漏斗看，B2B 出海企业在不同阶段的关键策略以及对应的主要任务会有差异，笔者总结为四大部分（见图 8-1），企业可以根据自己的情况进行工作任务聚焦。

图 8-1　B2B 出海营销四大关键策略的主要任务

其实 B2B 营销的关键是触达和转化。对此，笔者总结了 B2B 出海营销八大实战方法（见图 8-2），接下来将逐一分享每个方法的关键点和技巧。

展会营销：最传统，但有效

展会营销看似是最传统、毫无新意的方式，但却是很多出海企业尤其是 ToB 业务企业的首选方式。因为海外展会的观展人士大多是行业内的专业人士，通过一次展会能快速对接合作的代理商 / 渠道商，是一个非常高效的路径。笔者曾合作的一个宠物用品品牌,就在国际宠物展上找到它进军日本市场的首位合作代理商,这位合作代理商每年贡献亿级的营收,目前双方仍在长期合作。与海外代理商的合作在于精而不在于多,关键在于代理商匹配的资源,包括渠道运营和售后服务等。

图 8-2　B2B 出海营销八大实战方法

另外,企业去海外参展,在中国一些城市,当地政府部门还会给企业提供参展补贴,具体可以咨询当地有关部门。通过申报参展补贴能帮企业减少一部分成本,也有一些外贸大省会组织企业集体出海参展抢订单,企业可以多留意相关信息。

出海企业还可以通过海外参展第一时间了解同行的新产品,甚至是未上市产品的动态信息,尤其很多企业新品不会在国内发布和推广,所以就存在信息差。了解竞品的新品情况,能为企业的新品开发计划提供参考。所以出海企业别只是埋头苦干,要多抬头看看竞争对手的速度。

那企业应该如何做好海外展会营销呢?关键步骤如下所述。

1. 筛选合适的专业展会

一般展会有很多种类型，比如行业展、综合展、全国性展会、地方性展会、国内展、国外展等。企业应该如何选择适合自己的展会呢？筛选方法包括这几种：

（1）看主办方。主要是评估主办方的权威性和专业度。

（2）看展会规模。要关注展会举办的年限、历届参展规模等。

（3）看展会的官网。可以看官网浏览量数据，以及官方的介绍是否专业，作为参考。

（4）看参展企业。研究往届和当届的参展企业，看有没有对标的行业竞品，巨头企业是否参与。

（5）看观展商名单。从观展商名单中看是否有目标客户企业。

（6）看媒体报道。关注与展会相关的媒体报道，看媒体的权威性，判断展会是否有足够高的关注度。

2. 提前规划

由于海外参展搭建落地的准备时间较长，所以建议企业每年都提前把要参加的展会列出清单，至少提前半年就做好规划，与主办方联系报名，以免错过参展。这一过程中要注意以下几点。

（1）位置选择。能否选到一个好的展位位置，直接影响了参展的效果。首先要考虑的是人流的行走动线，像靠近出入口的主通道、洗手间的位置客流量较高；而一些小通道、小角落尤其是有柱子遮挡的地方，客流量较少。企业参展前大都只能看到平面图，无法看到完整展会现场的实景图，所以在选择展位的时候，就要向主办方询问细节。公认的好展位包括展会的主馆、展馆的入口和出口、入口的右侧、展馆主通道的两侧、多条通道的汇集点等。但这些展位一般价格较高，位置佳、面积大的都会被知名大品牌拿下，中小企业需根据成本预算综合权衡。

（2）布展。展会的设计布展也会直接影响目标客户对企业品牌的第一印象。在展会现场的上千个展位中，客户走进哪个展位，可能在第一眼的视觉印象中就做出了决策。大多数参展企业要如何在有限的预算中，做出脱颖而出的展位设计呢？可以关注以下几个方面。

- 尽量选择开放式而不是封闭式的展位。展位尽量通透，尽量让客户无须经过封闭式的门或者墙体就可以直接看到产品。
- 风格独特、色彩亮眼。既要考虑企业的品牌色，也要尽量采用对比色或者用灯光等让整个展位更加吸睛，最低标准是 10 米开外就能识别出展位。很多时候参展人员并不是设计出身，在和设计团队沟通的时候，最有效的方法就是找到参考图，引导设计师输出独特的视觉效果。
- 展位的动线设计。内容布局要主次分明，让参观者的体验有层次，别让参观者觉得混乱无序。常见的布局包括企业介绍、产品展示、客户案例、荣誉奖项等。展示应有中心、有重点。一般来说，产品是重点，主推品和新产品要尽量放在显眼的位置，其他产品作为辅助。
- 参展物料。大多数预算有限的企业主，可能是常见的 3 米 ×3 米 =9 平方米的标准展位，仅有一个门头和有限的布展空间。一般只能摆一张桌子和三面背景墙。这个时候就需要提前准备好企业宣传手册、产品小样、客户经理的名片等，在现场向路过的客户主动派发，让参观客户能够留下印象，提高会后建立合作的概率。

（3）观展邀约。展前一个月邮件邀请，展前一周邮件确认。好不容易筹划的展会，投入也不小，作为参展商，千万不能光指望主办方的现场人流，还得在参展前提前邀约目标客户到场观展，既能维系客户关系，也能通过展会展示企业实力和分享最新的产品信息。于是一封正式的邮件邀请函就很重要，能够直接影响客户的到场率。

一封正式的邀请函一定要信息完整，同时让客户确认自己有没有时间参加，具体内容包括：

- 标题。
- 自我介绍：公司名称 + 公司主要产品。
- 邀请参与：展会名称 + 时间 + 地点 + 展位号 + 联系方式。
- 邮件签名。

需要特别注意的是，展会的时间、地点以及公司的展位信息一定要单独罗列出来，最好是附上示意图，方便客户寻找。

参考模板如下：

Please visit our stand +at 展位 + 展会名字 +in 举办展会的国家/地区.

Dear Mr./Ms./Mrs./Prof.+ Last name,

Hello. This is 姓名 from 公司名称. I'd like to invite you to visit our booth at 展会名称, currently one of the biggest exhibitions in the world in 行业. What's more, you mentioned that you can't visit our factory in 公司地址 due to the far distance.（细节）I will show the samples to you at our booth.

Information below is for your reference. 展会名称.

Date: 时间.

Venue: 地址.

Our Booth No: 展位号．

Phone Number: 电话号码．

If you wanna know more details about the exhibition, or simply need guidance to the location during 展会名称, just call me! Have a nice day!

Yours sincerely,
姓名

临近展会，记得再给之前回复参与的客户多发一封邮件，以免客户忘记观展。邮件主要是提醒客户关于展会的时间、当天的天气和展会位置等，确认好客户的来访日期，做好相应的接待准备。同时也可以询问客户是否需要帮忙安排接送车，给客户留下一个好印象。

3. 展会现场接待

展台的现场接待人员一般包括两个核心工种：一个是外贸业务员，主要是负责产品推介、客户接待与信息记录等；另一个是经常会被忽略的技术顾问角色，因为很多专业的观展客户，如果对企业的产品感兴趣，可能会在现场追问很多生产及工艺细节，包括原材料等，部分专业问题可能外贸业务人员不能很好地解答，这个时候技术顾问就能解答关于产品、生产、技术、原材料等的细节问题，提升客户对企业专业度的认可。

展会上接待客户不宜贪多，建议都要一对一交流。不要在接待客户A的同时接待客户B。即便参展工作人员不多，忙不过来，也可以先给客户A样品，给客户B产品手册，再去对接客户C，不要把几个客户拉在一起一对多地沟通接待，这样给客户的体验不好，最终可能导致一个客户都成交不了。

展会现场要快速识别客户需求。展会现场人来人往，有限的人力要在海量的客户中识别出有价值的客户并且精准匹配需求，这就非常考验业务人员的沟通能力。每个业务人员的话术和技巧各有不同，但最终目的是一样的：识别客户、筛选客户、建立信任。一般来展会观展的客户有这几种需求：来了解行业情况、收集产品信息、寻找成本更优的供应商等。那么如何在客户走进展位的短短几分钟内，快速识别对方是不是我们的重点客户呢？

（1）看名片。尽量引导客户留下名片，通过名片上的公司、职位等信息快速识别。观展客户企业有些不是特别知名、无法在当下判断的，就只能在展会后通过信息检索去筛选是否要重点跟进。

（2）通过客户的问题去识别。客户常问的产品功能、价格等，我们在进行专业回答的同时，尽量通过反问问题引导回答，从而获取有价值的信息，比如了解客户所做的国家市场、销售渠道、年销售额、客户职位、是否对采购有决定权等。如果客户的问题有付款方式、交货期等细节问题，也能从侧面说明客户的意向度比较高，属于要重点关注的客户。

（3）做好记录。在客户离开后，不管有没有留下名片，一定要及时做好备忘记录，不然很容易在两三天的展会结束后，面对一叠名片无从下手，最终可能会在非目标客户上浪费时间，也容易错失有价值的大客户。

（4）对客户常问的问题做好准备，可以提前做好标准化话术，关键内容包括以下几点：

- 报价：报价是展会上常问的一个问题。尽量不当面报价，因为很多客户是在货比三家套取价格信息。如果遇到当场要报价的客户，建议参展企业准备一份标准化报价单，同时也和客户说明定制化需求的报价需要会后具体商定，可以采用迂回策略，先给客户一个参考价格区间。同时对大客户释放出有优惠的可能，顺势让客户留下邮箱或者联系方式，或者邀请客户到公司面谈，这样成交率更高。
- 当客户说："我从没听过你们公司"时，你要保持心态平静，同时表达"那非常荣幸，请允许我向您介绍我们公司的情况，历史发展、公司规模、产线、合作客户、特色产品等"。
- 客户认为其他公司的质量更好时，业务人员在沟通中要突出差异化的产品功能、价格优势等。
- 客户认为其他公司的价格更低时，业务人员在沟通中要突出产品质量、售后服务、合作条款、生产周期等。

4. 展会传播

出海企业参加国际展会，不仅是为了在现场获得代理商、渠道商或者客户资源，还是打造企业品牌的极佳方式。所以企业不能仅依赖线下客流，还需要主动积极传播，放大参展的品牌效应。整个展会传播贯穿参展的全过程，具体包括：

（1）参展前。通过社交媒体如Facebook、领英等进行内容发布、广告投放和观展邀约，可触达更多潜在客户。

（2）参展中。企业在参展现场一定要拍摄图片和短视频素材进行线上传播，如果条件允许，最好安排摄影师拍摄精美素材。另外，企业还可以通过Facebook、YouTube、TikTok等平台直播等方式，在社交媒体进行传播，展示企业实力。

（3）参展后。企业品牌营销人员可以把展会内容做二次传播，通过自媒体如Facebook、领英等进行贴文发布，或者进行付费广告投放，以展会内容为钩子，选择线索表单搜集目标，提升目标客户获取量。另外,别遗漏主办方传播资源,参展企业要充分利用好主办方的媒体传播资源,精准触达客户群体。

5. 会后跟进客户

(1) 将客户进行精细化分类,并针对性地营销转化。

- 高意向客户。高意向客户指在展会上,就某产品一对一沟通过或者索要样品的客户,或者比较积极地分享自己信息的客户。这类客户通常是有购买意向的,只是还没有决定要从哪家买。针对此类客户,在展会结束的当天或者第二天,就要优先发送邮件,图文并茂地把客户咨询过的产品做详细介绍,并将产品的卖点、报价单等资料发送过去。在邮件中仔细地回复客户问题,比如产品是否严格遵循美国FDA[①]的要求等。由于这类客户通常都有打样、寄样的要求,所以需要及时和工厂落实打样问题,并告知客户样品进展情况、何时能寄出等。
- 潜力客户。潜力客户指在展会上参观过展位,了解了产品并留下名片,但没有正式一对一沟通过。这类客户对产品感兴趣,但还没有下定决心要购买,所以重点是要推动客户做决定,而不是强调为何要与我们合作。因为客户还没有下决定,等客户下了决定,客户才会考虑同谁合作的问题。在正式跟进前,必须先要了解更多的客户信息:做什么产品?公司规模多大?采购需求是哪些?了解完这些信息后,就可以写一封跟进邮件,挑选促销品、新品或者畅销产品,表明希望有机会合作的想法。

---

① FDA:美国食品药品监督管理局,全称Food and Drug Administration,是美国卫生与公众服务部直辖的联邦政府机构,负责监管美国国内生产及进口的食品、膳食补充剂、药品、医疗器械、兽药和化妆品、辐射类电子产品、疫苗、生物医药制剂、血液制剂等产品,以确保这些产品的安全性、有效性和真实性。

在邮件末尾，可以把公司历史荣誉、客户案例等在展会上未能让客户了解的信息都一并发送，引起客户的关注。
- 普通客户。普通客户指那些路过展位留下名片，但不怎么积极了解的普通客户。对于这类客户可以采用群发邮件的方式，发送一些主推产品的营销邮件，看看客户是否有回复，然后再根据反馈做进一步分类和再营销。
- 未观展客户。未观展客户指那些在展会前通过邮件邀请了，但实际没来参加展会的客户。针对这些客户，业务员可以做一个精美的展会盛况图片集，群发一封邮件给他们，同时也同步最新的产品信息，以引起客户的兴趣。

（2）总结跟单经验。通过几个月的跟进，如果有客户最终成交了，我们要去追溯客户是在展会的哪个环节吸引来的，成交过程中我们的跟进策略和最终促进客户购买的关键点是什么，进而在后续的其他参展中，去复制更多的成功案例。

（3）复盘输单理由。如果有客户经过跟进没有成交，要备注是产品特点问题、报价问题，还是话术问题等，只有不停地优化关键环节，才能减少失败。

广告投放：最快，但成本高

B2B 海外营销的广告投放，以线上数字广告为主，目前主要是依托 Facebook 系、Google 系、TikTok、领英等平台的数字广告投放，平台选择上和 B2C 没有太大差异，只是后台人群筛选有所不同。投放执行离不开广告设置和内容素材制作这两大动作，这点和 B2C 营销是一样的，唯一的差异是 B2B 营销的广告目标以线索表单获取（引导用户留下邮箱地址，进行后续转化）为主，所以投放过程的核心指标就是不停地优化线索获取成本。

另外在有些国家，线下的传统广告投放依然有效，比如报纸、杂志、户外大牌等，只是传统线下广告没法像数字广告一样能直接追踪效果。需要特别注意的是，B2B 企业投放线下广告时，要设置好转化路径，比如在投放素材里添加邮件联系方式等，方便更好地跟进客户。

搜索引擎营销：最基础，转化率高

B2B 企业为什么要重视做搜索引擎营销？因为通过搜索引擎渠道来的客户，都是有主动搜索行为的，所以这些是有明确需求的客户，比社交媒体平台通过广告触达的被动客户会更精准。

搜索引擎营销的主要动作就是在以 Google 为主的搜索平台进行搜索引擎优化（SEO）和搜索引擎营销（SEM）。除了有个别国家有自己本地的搜索平台（比如俄罗斯的 Yandex 等），其他搜索平台的底层逻辑都和 Google 类似，所以只要把 Google 研究透就可以了。

SEO 的特点是见效慢，但效果持久、免费。营销人员的主要工作事项包括进行网站的关键词（品牌词、产品词、品类词、长尾词）优化、内容填充、外链添加等。SEM 的特点是见效快、成本高，营销人员的关键动作则是做好搜索广告投放及优化。无论是 ToB 企业还是 ToC 企业，搜索引擎营销的底层逻辑和操作方式差异不大。

电子邮件营销：最古老，日常必备

电子邮件营销（EDM）在海外 B2B 营销的重要性，堪比国内的私域运营。国内因为微信工具过于强大，我们基本所有的工作对接都能在微信中完成，而海外不同的是，大部分工作都在邮件沟通中完成。有数据显示美国用户每天的邮箱使用时间甚至远超工作时长，由此可见一斑。电子邮件营销为何是 B2B 工作中的重中之重，最主要的特点就是它是成本最低、性价比最高的，可以给大家算下账，如果按照发1 000 封营销邮件大概 0.5% 的回复率算，单个客户的询盘成本低至 4 元，而搜索引擎的询盘成本平均约 150 元。

电子邮件营销有四大关键指标，相应的计算方式和参考数据如表 8-2 所示。

表 8-2　电子邮件营销四大关键指标的计算方式和参考数据

指标	计算方式	衡量目标	参考数据
送达率	发送成功的邮件量 / 总发送的邮件量	衡量收件邮箱地址的有效性	95%
打开率	打开量 / 发送成功的邮件量	评估用户对邮件内容的感兴趣程度	15%～20%
回复率	回复量 / 发送成功的邮件量	评估用户回复邮件的频次	0.50%
退订率	退订量 / 发送成功的邮件量	评估邮件内容对用户的打扰率	2% 以下

另外，电子邮件营销有三大关键环节，相关的操作需要在营销中特别注意：

（1）获取潜在客户的联系方式。

- 新客户拓展。其主要方式是通过 Facebook、Google、领英等社交媒体的广告投放，以线索表单搜集为目标进行内容运营和广告投放。
- 老客户资源池。在公司的历史运营中，比如线下展会等渠道积累的邮箱地址，都是重要的客户信息池。

（2）给客户打标签，制定差异化的营销策略。

- 将客户分层，针对不同渠道、不同阶段的客户，比如第一次触达和已经有过合作的客户都要进行分类标记，方便后续的第二次、第三次营销触达，并且不同分类的客户有差异化的内容策略。

- 沉睡客户唤起。在完成数据标签、距离上次发送1个月后，对之前标记为沉睡客户的邮箱地址再次发送其他内容，不停优化EDM的营销效率。

（3）触达转化。在邮件内容撰写时，通过发送有吸引力的内容，比如企业及产品介绍、活动报名、行业报告/白皮书等，吸引客户点击转化。这个阶段核心的数据衡量指标是邮件打开率、回复率。

电子邮件营销一般需要用到第三方工具来协同，主要的原因是如果自己直接发，当批量发送邮件时，就容易被系统屏蔽，导致邮件没法最终送达，而专业的第三方工具会有相应的技术手段（比如通过更换不同IP等）来解决这个问题。除了批量发送功能，第三方工具还可以满足数据追踪分析、管理收件人、个性化模板设计、自动化营销等功能需求。同时需要特别注意，在发送邮件时，有以下细节要持续优化。

（1）发送时间。不同国家在不同时间点的邮件打开率有较大差异，除了要关注各国家地区的时区，还有一些根据经验总结的高打开率时间。比如，美国是9：00～12：00，英国是9：00～10：00，加拿大是10：00～11：00，德国是9：00～10：00，西班牙是9：00～11：00（因为西班牙需要长时间的午餐），澳大利亚和新西兰是10：00～11：00。所以一般建议在当地工作时间的上午进行邮件发送，可以想象大多数人到公司的第一件事就是打开邮箱，而下午可能会伴随午饭以及各种会议导致打开率下滑。另外，17：00后尽量不要发邮件。

（2）标题。标题是直接影响邮件打开率的关键，有以下几个邮件标题撰写技巧：

- 简明扼要，利益点明确，建议在25～40字符。

- 添加号召性用语，比如"立刻点击""立刻购买""点击获取"等。
- 利用用户害怕错过的情绪，营造限时限量的紧迫感，激励用户马上打开，比如"限时折扣""限量活动""前10个回复者享有折扣券"等。
- 避免重复使用相同的标题。
- 营造专属感。根据笔者经验，通过在标题中添加用户名字，制作个性化邮件，打开率会有明显提升，比如"恭喜××（用户名）！您可享有限时五折优惠"等。
- 正式批量发送前，先做3个左右的标题测试对比，进行小范围发送，最终选出打开率高的标题再批量发送。

（3）正文内容。

- 逻辑清晰，段落明确，价值突出。常见内容要点包括合作目的、公司及产品简介、核心卖点、客户案例、引导行为（回复合作意向、样品寄送）等。
- 图文搭配组合。在邮件正文插入产品图片，能有效吸引用户，提高用户的关注度和回复率。一般建议文字占80%，图片占20%。当然比例不是一成不变的，可根据邮件内容调整。
- 避开敏感词。比如，若邮件中含"广告""0元""无成本""代理""钱""成交"等词，易被系统识别为垃圾邮件。
- 排版简洁，主次分明。
- 避免带超大附件。邮件如果太大会被系统认为是钓鱼邮件，影响打开率。首次沟通尽量不发送附件，如果一定要发，尽量避免大的附件文件。
- 用按钮替代文本超链接。根据笔者经验，按钮的点击率比文本超链接的点击率更高，所以在设计邮件模板时，文本超链接建议做成按钮的形式，最好还是对比色明显的，点击率会更高。
- 提前测试页面加载速度，不能太慢，如果出现加载太慢的情况，则需要压缩插入的图片或视频。
- 有友好的退订指示，这个是邮件的必备内容。
- 发件人的名称尽量直观，比如用公司名或品牌名，用客户熟悉的发件人可提高邮件打开率。

活动营销：最吸引客户，但需策划及过滤

B2B 营销也可以参考 B2C 的一些做法，比如活动营销的形式，无论是策划线上直播分享，还是举办线下沙龙、论坛等活动，都是吸引客户参与的主要方式。活动的主要内容一般为公司高管分享产品服务、客户分享合作案例、行业嘉宾分享行业趋势等，业务人员在现场进行关系维护、跟进客户需求动态。

策划一场活动，从前期的主题确定、嘉宾邀请、流程规划、客户邀约等，到包括筛选过滤掉其他想要来拦截客户的同行等，都需要精细化的运营和管理。

活动中要让参会客户有参与感和获得感，比如通过现场活动提问、奖品发放、社交媒体内容互动等，提升参会客户对企业服务的认同感。同时在客户参加活动后，也要及时跟进，询问客户反馈，优化活动流程。

B2B 的活动营销讲究精准，而不在于参会人数有多少，也不在于活动形式和内容创意有多花哨，因为主要都是行业内的专业客户，有时候只要一到两个关键客户，就能达到公司主要的业绩目标。

内容营销：最持久，考验内容生产的专业能力，需耐心

内容营销不仅是 B2C 企业需要重视的，在 B2B 行业中也起着越来越重要的作用，内容营销能迅速提升客户信任度，减少客户决策周期。好的 B2B 内容传播，还能让客户主动找上门，提高成交效率。笔者把 B2B 营销的内容素材分为直接素材和间接素材两类。直接素材包括产品介绍、客户案例、公司/工厂介绍的图文或视频素材等。这些素材在投放广告中起到直接引流的作用。间接素材包括数据报告、行业分析白皮书等形式的专业内容，主要目的是通过分享行业数据及洞察，树立行业标杆的专业者形象，触达行业客户。这些内容是重要的钩子素材⊖。

无论是哪类素材，都要通过自有媒体（官网、Facebook、领英等）和合作媒体（如本地媒体发布）以及付费媒体（以线索表单搜集为目标的广告投放）的多种媒介策略组合，去提升内容的传播力。

有了内容之后，关键是触达目标客户，通过运营社交媒体的内容，让客户通过搜索、私信等方式主动联系企业主，往往合作能够事半功倍，因为来的都是精准的感兴趣的目标客户。

这里特别提一下，B2B 企业除了可以在 Facebook、Instagram 等社交媒体平台进行营销运营，像领英和 WhatsApp 也特别适合 B2B 企业进行引流和转化，关键技巧如下：

（1）领英。B2B 营销离不开全球领先的职场社交平台——领英。领英区别于其他社交媒体，优势在于平台聚集了高质量的职场人群，有约 150 个细分行业，基于用户实名注册需要用户填写公司名和职位，方便企业主精准触达目标客户。领英用户基数最大的区域是美国、印

⊖ 指吸引目标客户关注企业的内容，通过此类型的内容传播，引导目标客户留下联系方式，企业再进行后续联系转化。

度、欧洲（意大利、德国、法国等）、南美洲、澳大利亚等，如果 B2B 企业的目标市场是这些区域，那千万不能错过领英营销。

在领英上做好 B2B 营销，主要通过以下三个方式：

- 运营账号内容。在领英平台运营账号内容和 Facebook 等平台类似，就是持续发布动态，比如公司、工厂、产品介绍、客户案例、展会活动等，以吸引目标客户。
- 拓人脉。拓人脉就是通过在领英搜索关键词添加好友，在平台的以下几个板块进行搜索最高效，比如搜索用户（People）、公司（Companies）、已发布贴文（Posts）、社群（Group）、活动（Events）等。
- 广告投放。领英广告投放的独特优势在于可以直接筛选行业、目标企业以及特定的岗位（比如 CEO、采购等）进行精准触达；缺点在于领英的广告触达成本相较于其他平台较高，筛选得越精准，可触达的人群数量越少。

（2）WhatsApp。B2B 的营销转化路径无论是通过什么社交媒体引流，最终都需要通过邮件或者 WhatsApp 进行跟单成交。WhatsApp 和邮件相比，除了作为与客户跟进联系的即时通信工具，还可以利用 WhatsApp 的群组功能进行拓客⊖，这个也是很多企业会忽略的，具体怎么操作呢？ToB 企业主可以通过在 WhatsApp 里搜索相关的群组关键词，加入相应的有潜在客户的群组进行引流。这和国内微信的功能略有差异，更像可以搜索到公开的 QQ 群名，然后申请加入。另外，也可以自己创建一个带有行业/品牌/品类/产品关键词的 WhatsApp 群组，比如家居行业交流群、教育干货分享群等，每天发布相应的和

⊖ 拓客是一个商业上的名词，核心就是提高售前服务、市场推广的水平，从而挖掘出潜在客户的隐形需求。

行业、产品有关的内容,并把群组公开到 WhatsApp 上,让客户主动搜索加入。同时,Facebook 也可以直接通过输入关键词来搜索添加目标客户,而且能直接导入 WhatsApp 里。

(3) Google 地图搜索获取。Google 地图有一个功能经常会被忽略,就是在地图上搜索目标企业,可以出现企业的联系方式,这可以成为 B2B 企业获客寻找线索的一个途径。除了主动搜索目标客户信息,企业也可以在 Google 地图上创建自己的信息,吸引客户主动找上门来。

合作伙伴营销:最便捷

合作伙伴营销指的是通过与一些行业机构等达成合作,帮助推广公司的产品或服务。常见的行业机构比如行业协会、产业上下游服务公司等。一般选择那些在目标国家市场有我们想触达的客户资源的机构,这个方式虽便捷,但企业需分配部分利润给合作伙伴。

比如你是做家具的,你可以加入目标国家市场的商会或者协会,当然一般需要缴纳会费,商会/协会会有相应的活动策划或者触达客户的渠道,帮助会员去触达目标客户。比如你是做出海猎头服务的,那可以和出海的财税法服务公司形成合作关系,彼此介绍客户。其他行业也是同理。

媒体公关:无法直接衡量数据效果,但锦上添花

在一些海外国家,专业媒体的影响力甚至远超政府机构。海外媒体公关分成两大工作重点,一个是内容,另一个是媒体关系。海外公关传播的内容依然离不开公司最新动态、行业洞察、数据报告等维度。大家在做海外媒体公关的时候,需要注意以下事项:

(1)海外媒体记者大部分不接受礼品,所以千万不要轻易向他们

赠送礼品，不然会涉嫌商业贿赂。

（2）软文发布通常会有广告标识。比如，署名为企业名称，或者会注明"赞助"（Sponsor）。

（3）如果企业能提供有新闻价值的内容，尤其是独家内容，就有机会获得记者的稿件署名，这是最理想的结果，但一般企业没法在稿件发布前看到终稿，媒体记者也不允许企业随意修改稿件，所以企业无法直接干预内容和角度。文章发布后，一般只接受更改事实性错误，无法改稿或者删帖。

（4）如果是附上购买链接的电商带货（联盟营销），媒体一般会明确告诉消费者，这是有佣金收入的商业合作。

（5）负面内容很难撤稿，不要对此抱有太大希望。想要减少负面影响，有效的做法就是尽快、尽多增加正面内容，让负面内容在搜索引擎上排名靠后。

（6）媒体记者的工作时间和私人时间分得很开，有合作需求记得要提前沟通，预留较长的沟通周期，即使付费合作也是如此。

（7）国内新品发布或者企业有重大事件，习惯开新闻发布会，但海外市场如美国市场，较少开新闻发布会，欧洲市场还有，所以是否开新闻发布会要根据目标市场的情况以及企业预算而定。

很多出海企业都要从 0 到 1 做海外媒体公关的建设，笔者总结了关键的三步：

（1）梳理企业基础传播信息。企业基础传播信息包括品牌及产品的核心传播点、核心价值、定位等。特别要注意，在传播中要做有价值的输出，而非软文⊖、非硬广⊜，比如行业报告和白皮书就是海外媒

⊖ 相对于硬广告而言，指由市场的策划人员或广告公司的文案人员来负责撰写的"文字广告"。

⊜ 硬广是直接介绍商品、服务的传统广告形式，通过各种传媒平台进行宣传。

比较喜欢的有价值的内容，由公司所撰写并署名发表在媒体上的中短篇文章也是常见的传播形式。

（2）建立媒介清单。媒介公关人员可以通过Google搜索，根据搜索结果的文章筛选匹配的媒体记者。一般媒体记者都分行业，比如科技、财经等。媒介公关人员可以通过职场社交平台如领英，或者通过公关公司进行批量联系，也可以通过第三方工具如Cision等联系海外媒体记者。

（3）建立和维护关系。媒介公关人员与海外媒体记者建立维护关系，核心还是要给对方提供有价值的信息，努力把记者从工作关系发展到熟人关系。根据笔者做国内媒体关系的经验，比如记者有时需要找相关的企业家或者高管作为采访嘉宾，如果正好能链接上，笔者就会引荐；再比如逢年过节问候媒体老师，记下媒体记者的生日并到期发送祝福，这些都是常见的维系方式。国内资深的媒介一般都会有一张表格，记录了合作媒体记者的一些重要信息，便于在日常沟通中拓展更多的话题。当然海外的媒介关系不一定要非常细致，只要在工作中能帮助对方解决问题，做到这一层就不错了。关系维护的本质还是交朋友，你关心朋友，想其所想，帮助其解决工作上的问题，关系自然就建立维系起来了。

B2B企业的出海营销行动计划（模板参考）

前面笔者分享了八种常见的B2B出海营销方法，其实无论选择哪种B2B营销方法，核心还是要选择适合企业发展阶段和资源的方法，进行多种方法的组合，找到快速打开当地市场的有效路径。笔者将B2B企业的出海营销行动计划总结为图8-3所示的模板，读者可以根据自己所处的行业进行调整。

> **一、基础内容物料**
> 1. 产品手册：产品卖点提炼
> 2. 官网搭建：企业简介、产品视频、客户案例包装等
>
> **二、关键营销动作**
> 1. 社交媒体营销：
>   （1）平台选择：Facebook、Instagram、YouTube、领英等
>   （2）内容营销计划：数据报告 / 白皮书
>   （3）广告投放：线索表单搜集为主要目标
> 2. 搜索引擎营销：Google
> 3. 邮件营销：数据分层、触达优化
> 4. 展会营销：筛选合适的展会，报名参展，供应商招投标，参展，传播，线索搜集
> 5. 活动营销：活动主题策划与执行
> 6. 媒体公关：梳理传播信息，建立媒体资源库，链接和维护媒体关系
> 7. 拓展行业合作伙伴：制订分成合作计划，逐一找合适的对象谈合作

图 8-3　B2B 企业的出海营销行动计划（参考模板）

从 0 到 1 是模式验证，从 1 到 100 是经验复制。B2B 企业的出海营销不需要寻求过多的创新，只要选对适合企业的几个营销方法做精做透，订单自然会源源不断地来。B2B 企业的出海营销，没有我们想象中的那么难！

第 9 章
消费品出海必选项：亚马逊运营

亚马逊平台概述

亚马逊成立于1994年7月，总部在美国西雅图，是全球最大的电商平台。2015年，亚马逊全球开店业务进入中国，旨在借助亚马逊的全球资源，帮助中国卖家抓住跨境电商新机遇，发展出口业务，拓展全球市场，打造国际品牌。截止到2024年10月，亚马逊美国等19大海外站点已面向中国卖家开放，吸引了数十万中国卖家入驻。

曾几何时，深圳卖家运营亚马逊缔造了一个又一个的财富神话，从"华南城四少"㊀到"坂田五虎"㊁，这些代表性企业大多从一两个人到仅靠几百人，就能创造年营收达十几亿甚至几十亿的企业，人效比跑赢非常多的上市公司和互联网企业。早期的深圳跨境大卖家，

㊀ "华南城四少"：是指傲基科技、赛维时代、通拓股份、有颗树四家公司。这些公司都是从深圳北站附近坂田和平湖的华南城走出的，因此得名"华南城四少"。

㊁ "坂田五虎"：是指蓝思科技、泽汇、宝视佳、公狼、拣蛋网这五家跨境电商公司。

都是靠在亚马逊"铺货"起家的,"铺货"即靠批量上架几万甚至几十万个SKU,通过多店铺矩阵运营,利用平台的自然流量进行转化。据不完全统计,截止到2024年,深圳的跨境电商企业数量超过15万家。这些跨境电商企业大多从一人一台电脑起家,办公设施都比较简单,仅靠几台电脑就将中国制造的产品销售到全球不同国家,不停刷新财富记录。直至2021年亚马逊官方的"封店潮",主要是因中国卖家的刷单行为,平台清退了几千家店,让许多卖家损失惨重。至此,中国卖家运营亚马逊从铺货时代进入精品运营时代。

亚马逊运营经过多年的发展,也发展成不同的流派。有铺货、精铺、跟卖、精品、品牌等不同做法,也有白帽玩家⊖和黑帽玩家⊖。每个亚马逊运营者既要熟知亚马逊的A9算法,又要懂选品、做素材、懂广告。甚至有不少亚马逊技术流玩家,日夜研究平台规则算法,但凡找到一个平台漏洞,比如可以将不同商品链接的评论合并等操作,就能在短时间快速推爆产品,获得可观的流量和收入。笔者和几位亚马逊卖家交流得知,早几年就布局亚马逊的大卖家,现在靠着单一产品链接,每年依然可以获得几亿级人民币的营收,主要是消费者搜索该类目关键词时,该产品链接依然稳稳地在产品展示页的第一名,这也是卖家多年积累运营的结果。而有更多的卖家,虽然每年的营收数据仍有增长,但净利率在持续下滑,净利率从之前的十几个点到现在仅有5%左右。

即使利润下滑,消费品牌在海外亚马逊市场运营,依然还是一个必选项。与中国的淘宝一样,亚马逊依然是大多数海外国家用户首选消费的电商平台。基于货架电商的搜索逻辑,运营亚马逊有几个关键

⊖ 只利用亚马逊允许的方式来推广商品,无刷单、测评等严重不符合亚马逊规则的行为。

⊖ 利用提出虚假侵犯知识产权的指控,打击竞争对手并趁虚增加销售收入。

点：选品、数据分析及物流配送等。下面逐一分享各个环节的关键运营方法。

亚马逊平台流量机制：A9 算法

亚马逊的生存之道：商品详情页面（Listing）排名决定流量。商品详情页面的排名又是由什么决定的呢？就是大名鼎鼎的 A9 算法。什么是 A9 算法？亚马逊官方把该算法命名为 Algorithm，因为刚好是 9 个字母，所以被卖家称为 A9 算法。

⊙ 延伸阅读

什么是亚马逊的商品详情页面（Listing）

在亚马逊上，"Listing" 指的是一个商品详情页面，也指该商品的链接。它展示了一个特定商品的所有信息，包括产品图片、标题、价格、产品描述、买家评论、常见问答、规格参数等。亚马逊的每件商品都有一个独特的商品详情页面，消费者可以通过这个页面了解商品详情并进行购买。

亚马逊商品详情页面的主要组成部分包括：

（1）产品标题（Title）：简短描述产品名称和关键特征。

（2）产品图片（Images）：高质量的图片，通常包括主图和多角度的副图。

（3）价格（Price）：商品的售价。

（4）产品描述（Product Description）：详细描述产品的特点、用途、优势等。

（5）产品规格（Product Specifications）：包括尺寸、重量、材质、

颜色等详细信息。

（6）买家评论（Customer Reviews）：购买者对产品的评价和反馈。

（7）问答（Q&A）：卖家和买家之间关于产品的问答。

（8）变体（Variations）：如果产品有多种颜色、尺寸或其他选项，这些变体会在商品详情页面中展示。

优化亚马逊商品详情页面是提高产品可见性和销量的关键，卖家需要确保商品详情页面内容准确、吸引人，并且关键词优化，以便在搜索结果中获得更好的排名。

亚马逊的 A9 算法是亚马逊搜索排名系统的核心，它决定了产品在搜索结果中的排序。这个算法主要考虑两个方面：相关性和性能。相关性指的是产品与客户搜索查询的匹配程度，而性能则涉及产品的转化率、历史销量、价格和客户反馈等因素。A9 算法的目标是将最相关的产品展示给用户，同时确保这些产品有较高的购买可能性。

A9 算法的一些关键因素包括：

（1）关键词相关性。确保产品列表包含潜在客户可能使用的关键词。

（2）历史销量。产品的销售历史对排名有显著影响，销量好的产品更可能获得较高排名。

（3）转化率。产品的转化率是 A9 算法考虑的关键因素之一，高转化率意味着产品更受买家欢迎。

（4）点击率。产品在搜索结果中的点击率会影响其排名。

（5）客户评价。正面的客户评价和高星级评分对产品的排名有积极的影响。

（6）价格。具有竞争力的价格可以提高产品的吸引力和销量，从而可能提高产品的搜索排名。

（7）库存水平。库存充足的产品更可能在搜索结果中获得展示。

（8）卖家权威。卖家在亚马逊上的历史表现、反馈评级和账户健康状况等因素也会影响产品排名。

此外，亚马逊的 A9 算法还可能考虑外部因素，如社交媒体上对产品的提及、外部流量和离站销售等。这些因素可以作为产品流行度和相关性的信号，可能会影响到 A9 算法对产品的评价。

亚马逊的算法一直在不断更迭。A10 算法是 A9 算法的更新版本，它在 2020 年被引入，以更好地匹配客户搜索与相关产品。A10 算法更加注重相关性，并且可能会考虑卖家权威，将卖家权威作为排名因素，涉及销售历史、卖家反馈评级和账户健康指标等。A10 算法还可能考虑产品的展示次数和点击率，以及内部销售（如"经常一起购买"推荐）对排名的影响。而最新的 COSMO 算法，则是亚马逊结合人工智能（AI），通过分析用户购买行为来构建电商知识图谱的新手段。COSMO 算法利用大型语言模型（LLM）来分析用户的搜索和购买行为，从而理解用户的潜在意图，并构建覆盖亚马逊 18 个主要类别的电商知识图谱。这种方法可以帮助亚马逊更准确地将产品与用户的搜索查询相匹配，提高搜索结果的相关性。可以简单理解为老算法的呈现结果更加统一，而新算法更加个性化，即 COSMO 算法更有利于细分类目产品、差异化产品的展现。COSMO 算法也是在 A9 算法基础上的新增，而不是替代。

对于亚马逊卖家而言，不管算法怎么迭代，核心还是要做好选品、产品描述、评价、客户服务等细节，这样才有可能获得更高流量和转化。

亚马逊运营核心：选品

选品定生死，货架电商尤其如此。选品有多重要呢？据笔者了解，许多运营亚马逊起家的商户，起初就是靠一个产品引爆的。至今在跨境电商圈，仍有尽量不要直接问对方运营什么产品的习惯，因为"选品＝信息差＝财富密码"，别人怎么能随便把财富密码告诉你呢？所以别轻易问别人要店铺链接，毕竟有的玩家擅长跟卖玩法（就是观察哪个产品爆了，上线一样的产品，然后打更低价抢占对方流量），很容易就把一个产品做烂了，最终陷入价格内卷。当然问对方做什么大品类是没问题的。

许多新手刚入行跨境电商，看到琳琅满目的商品会无从下手。如何从中选出爆款商品呢？这里就需要用到选品工具。以下分享八种常见的选品方法和工具，希望可以帮助新人提升选品能力。

（1）亚马逊热销榜单法。通过亚马逊官网的链接，官网直接展示了不同类目下销量最好的产品，可以看到热销榜的产品关键词、详情页、评价等，从而进行下一步的分析，挖掘爆款元素，提炼出"人无我有、人有我优"的差异化产品卖点。

（2）官方工具1：商机探测器。商机探测器是亚马逊官方推出的一款发掘海外消费者对新产品真实需求情况的创意选品工具，借助亚马逊大数据分析以及人工智能算法，以细分市场和搜索词为核心，帮助卖家去探索买家需求并抓住新的商机。同时商机探测器具备40多个指标构建的多维数据体系，细化到ASIN（Amazon Standard Identification Number）㊀层级，帮助卖家全方位了解商品信息，节省新品开发时间。此外，商机探测器提供热门搜索词的各项数据，节省开发高价值新品所需要的时间，降低上新的风险，同时帮助卖家优化站点流量，提升产品销量。

商机探测器在哪里查看？在卖家平台主页—增长菜单—商机探

㊀ 亚马逊标准识别号，是亚马逊网店的重要单元和组成部分。

测器。

哪些站点可以看到？截至2024年上半年，在美国站点、欧洲五国站点（英国、法国、德国、意大利、西班牙）和日本站点上线，后续会开放上线到更多站点。

（3）官方工具2：选品指南针。选品指南针是亚马逊官方为卖家定制的免费选品工具，提供目标类目各项数据指标及消费者的购买偏好。卖家可以借此了解全球选品需求、新选品推荐和类目分析等数据，轻松获取潜力选品。

该工具具备以下三个特点：

- 需求预判。提供的选品预测使用了600多个数据维度，预判商品在未来120天内的需求。
- 商品推荐。每周更新商品需求推荐并提供不同商品的机会分数⊖，精准把握目标商城的需求波动。
- 市场洞察。提供推荐ASIN在目标市场的搜索量、点击量及热门搜索关键词等重要信息，提供包括销售数量、购买转化比、价格带、颜色、材料、广告支出等在内的一系列类目数据，帮助卖家更加精准地把握目标市场情况，完成全球跨站点上新。

选品指南针的具体功能包括：

- 了解以往需求量。通过筛选商店（站点）名称、类别、商品类型等维度，了解商品在交易站点中以往的需求量。根据需求和竞争分数来排序，以便卖家查看过去30天、6个月、12个月的

⊖ 机会分数是亚马逊选品指南针中的一个重要指标，它代表了商品在目标商城的需求高低和成功销售的概率大小。该指标是通过预测商品在未来120天内的需求情况来确定的，考虑的因素包括买家浏览量、销售速度、销售转化率等多个数据维度。分数越高，意味着商品在目标商城中的需求量越大，销售潜力也越大。

高潜力类目。
- 查看行业商品定价，为定价提供参考。通过结合搜索购买比和不同价格范围的转化率，对比分类节点退货率与类目平均退货率，结合自身情况合理进行产品定价。
- 了解退货率。可以通过了解此类产品买家退货原因占比进行产品优化，降低自身产品退货率。
- 市场竞争分析。通过卖家数量、新品数量、ASIN 数量、新品 ASIN 数量及广告支出等数据帮助卖家了解目标站点的竞争情况。
- 产品卖点优化。通过观察价格、颜色、材料、尺寸、重量等柱状图，可以挖掘最受买家欢迎的产品所具备的特征，用于产品开发与卖点优化升级。

该工具的使用需满足以下三个条件：

- 卖家需要在美国、英国、德国或日本有可售的账户。
- 卖家账户为专业销售账户。
- 大体积、有毒材料、受限制的选品不在推荐范围内。

（4）第三方工具：卖家精灵。卖家精灵具备热销产品和潜力产品的分析、竞品追踪、关键词分析、产品排名监控、库存管理、未来销量预测、利润计算、广告优化、评论分析等功能。

（5）第三方工具：JungleScout。JungleScout 兼具关键词搜索及 ASIN 关键词反查功能，有助于选品分析、关键词拓展、商品详情页面优化及排名监控等功能。

（6）Google Trends 参考。Google Trends 是 Google 旗下一款基于搜索数据推出的分析工具。它通过分析 Google 搜索引擎每天数十亿的搜索数据，告诉用户某一关键词或者话题在各个时期下的 Google 搜索引擎中展示的频率及其相关统计数据。通过输入搜索字词，就可以查看该字词产品在目标区域（可细分到城市）的特定时间内的搜索热度变化，可看出有些是季节型产品（周期性变化明显）。选品时应避开搜索趋势下降的产品。同时，可以选择多个字词进行对比，优选搜索热度高的品类词。

（7）竞品店铺分析法。选取几个竞品的店铺，然后从中选出近期上架的表现好的 ASIN 进行详细分析。早期许多卖家就是用这个方法直接进行跟卖的。因为被平台流量验证过的产品，不需要再测试。而现在跟卖模式比较难复制了，笔者建议卖家可以通过分析竞品店铺的热销爆品，反推产品研发进行创新迭代。

（8）TikTok 的热门电商内容及商品。随着 TikTok 在全球市场的爆火，很多爆款产品短视频促使用户去亚马逊上搜索对应的商品，一是因为有些短视频内容没有挂商品购买链接，二是大多数用户还是习惯在亚马逊的传统货架电商平台购物，而不是直接在 TikTok 上下单。这就给了亚马逊商家可以在平台上去"截流"商品成交的机会。所以时刻追踪 TikTok 在目标国家的爆款商品榜，同时在亚马逊上创建类似的商品，就有机会获得高成交量。

上面分享的八种选品方法，是选品入门的操作方法。无论选择哪一种，都是围绕市场上现有的产品去做分析，而更高级的选品，是围绕目标市场的消费者需求去做差异化。结合前面的选品方法，举个例子，比如观察到某居家氛围灯在亚马逊和 TikTok 的销量和上涨趋势都不错，卖家竞争也不算激烈，那可以观察评论区的消费者评论，看看有没有未被满足的需求。比如产品外观或者功能点，消费者有没有哪里不满意或者有更多的期待，再去针对这个产品做微创新。比如单头灯泡改多头灯泡，单色改三色甚至十八色；或者改场景，居家改成车内,立式改软管,变成汽车装饰氛围灯,这也是创新的一种方式。从产品开发时就做差异化,才有可能在跨境电商运营中拿到更大的成果。笔者认为,运营只是手段,最终决定跨境电商天花板高低的是产品供应链。

亚马逊物流选择:FBA 或 MFN

亚马逊物流服务(Fulfillment By Amazon,FBA)指的是亚马逊将自身平台开放给第三方卖家,将其库存纳入亚马逊全球的物流网络,为卖家提供拣货、包装以及终端配送的服务,亚马逊收取服务费用。

$$FBA 费用 = 仓储费 + 配送费$$

- 亚马逊 FBA 标准计划:适用于商品尺寸不超过 144 英寸[⊖]×96 英寸×96 英寸或重量不超过 150 磅[⊖]的商品。
- 亚马逊 FBA 轻小商品计划:亚马逊 FBA 轻小商品计划是适用于快速移动的、价格通常低于 15 美元的轻小商品的配送解决方案。该计划为所有亚马逊买家(无论买家是不是 Prime 会员)提供免费标准配送服务(4~8 个工作日),将符合条件的商品配送至美国的任何地方。

卖家在入驻时就需要选择是否使用 FBA。目前 FBA 已经是亚马逊大卖家以及品牌方出海的标配。那 FBA 有什么优劣势呢?

1. FBA 的优势

(1)配送时效快。买家可享受亚马逊免费配送和加急送货。配送

⊖ 1 英寸为 2.54 厘米。
⊜ 1 磅约为 0.45 千克。

时效比商家从国内发货高很多，能有效地提高客户满意度。

（2）提高站内商品排名，增加产品转化率，从而提高销售额。选择 FBA，商品主页上会显示 Prime[⊖]标志，会给亚马逊 Prime 的会员用户优先展示。FBA 是参加亚马逊站内营销活动的必要条件，能有效提升店铺流量和产品转化。

（3）减少客服人力成本。亚马逊官方会为 FBA 的商家配置 7×24 小时专业客服，商家无须自行配备。

（4）降低物流差评。如有用户发布关于亚马逊物流的差评，商家可以申请删除，和亚马逊物流有关的差评删除率接近 100%，大幅提升物流评分和买家满意度。

（5）支持多渠道配送，卖家如果多平台运营，比如想给速卖通或 eBay 的买家发货，也可以从亚马逊仓库直接创建多渠道给买家发货。

2. FBA 的劣势

（1）费用相对偏高。一般来说 FBA 配送费用比国内发货费用偏高，但是也要看产品重量/体积对应去计算。

（2）如果通关出现问题，亚马逊不提供清关服务。

（3）灵活性差。比如，产品库存备货太多可能会导致商家积压库存；而备货太少可能会断货，进而影响商品排名。另外，卖家如果想把亚马逊仓库的产品退出来，不能退货到国内，只能退回到海外国家当地的地址，所以商家退货需要先退到海外仓，由海外仓接收货物，这增加了接收费成本。

（4）提升了一定的退货率。亚马逊的无条件退货服务，可能会产生较高的退货率。

⊖ 亚马逊提供的一项会员服务计划，它为会员提供了一系列的特权和服务，包括免费快递、特惠价格、会员日折扣等。

（5）FBA 的仓库都是亚马逊系统随机分配的，卖家不能指定仓库发货。比如，美国站美东、美西价格有偏差；分仓也会增加商家的头程物流费用。

（6）入库要求高、流程多。如果前期工作没做好（贴错标、漏贴标等），标签扫描出问题会导致货物入不了库，会使卖家遭受损失。还有就是选择使用 FBA 后，要特别注意不能有亚马逊仓库不可接收的违禁品。

如果不选择 FBA，则一般选择商家自配送（Merchant Fulfillment Network，MFN），这是指商家使用自己的资源或第三方物流服务商来完成订单处理和物流服务。商家在收到买家订单后，自行将商品从手中发货给买家，掌握从库存管理到退换货管理等全部流程。

什么样的产品不适合做 FBA，而更适合选择 MFN 呢？

（1）客单价太低的产品。根据经验，零售价格低于 8 美元的产品，不适合做 FBA。原因很简单，FBA 对每笔交易会收取基本费用，导致卖家的成本增加很多，太便宜的产品也就无利可图了。所以，如果产品零售价低于 8 美元，建议还是采用 MFN。

（2）体积太大、重量太大的产品。亚马逊经常会调整 FBA 的收费，资深的卖家会发现，体积大和重量大的产品收费是在不断增加的。如果产品很大、很重，或者是尾货清仓的，都不适合做 FBA。

（3）低动销产品。FBA 是有仓储费的，日积月累也是一笔不小的费用成本。如果一些产品存储时间超过 6 个月，那么亚马逊就会加收仓储费。所以不能把亚马逊当仓库，还是要放有高动销的产品。

（4）季节性太强的产品。季节性、节日性产品不建议做 FBA，因为做 FBA 非常依赖相对精准的销量预测，如果一个产品季节性太强，会比较难预测销量，尤其是新手比较难控制成本。库存少了，万一断货会影响店铺运营；库存多了又容易滞销，影响企业现金流。

（5）明令禁止的危险物品。

- 食品、药品和保健品：未经过美国食品药品监督管理局（FDA）认证的食品、药品和保健品。
- 危险品：易燃、易爆、有腐蚀性、有放射性等危险品。
- 侵犯知识产权的商品：如盗版书籍、假冒品牌等。
- 成人用品：涉及色情、暴力等内容的商品。
- 受国际制裁的商品：如某些国家禁止的武器等。

综上所述，并非所有的产品都适合做 FBA。对于不适合的产品，尤其是早期运营亚马逊的商家，可以选择自己走海外仓发货，先做测品，到销量稳定后，再转 FBA，这也是一个办法。

亚马逊运营关键：利润计算

跨境电商运营在启动前，先算好利润是重中之重。因为这个行业很容易陷入虚假繁荣，就是 GMV[⊖]数据很高。但是利润不高，甚至运营一年下来亏损的，也大有人在。所以，在运营前算好利润率非常关键。

亚马逊运营的利润计算，其中物流方式的选择直接影响最终的收益。应该如何选择合适的物流方式呢？笔者以美国市场为例演示。[⊜]

货物去美国的物流选择有 3 种，分别是海运（25 天，1 美元）、空运（13 天，5 美元）、快递（5 天，8 美元）。假设某商品的出厂价格为 15 美元，美国零售价格为 60 美元。

⊖ GMV：Gross Merchandise Volume 的缩写，是指在一定时间内，电商平台上所有商品的成交金额总和，包括实际成交和未支付但已下单的金额。

⊜ 时效和价格仅为举例，具体情况会有变动。

假设商品营销推广费占商品零售价的 20%，退货率为 5%，美国消费税代扣代缴所以卖家不需要计算，亚马逊佣金为 15%，FBA 费用统一为 5 美元。

利润计算公式如下：

亚马逊利润 = 售价 − 出厂价 − 头程运费 − 营销推广费 − 退货费用 − 亚马逊的平台佣金 − 税费 − 尾程配送费及仓储费

以美国市场为例，3 种物流方式的利润率情况如下：

海运：（60−15−1−60×20%−60×5%−60×15%−5）/60=25%。

空运：（60−15−5−60×20%−60×5%−60×15%−5）/60≈18%。

快递：（60−15−8−60×20%−60×5%−60×15%−5）/60≈13%。

在库存及运输时间充足的情况下，选择海运方式利润最大。大多数情况下，除非高价值商品，大多数跨境商品都是选择海运，提前将商品运送到海外。在即将断货、时间紧迫的情况下，选择空运方式保证库存供应。一般极少选择快递方式。

另外，上述计算公式里有两个较大的变量。一个是营销推广费，新品上架时，亚马逊的营销推广费占比可能达到 30% ～ 200%，上述数据是笔者按照长期均摊约 20% 计算的；另外一个是与物流相关的费用，这里的商品假定为小件商品，如果是大件商品，有许多运费核算下来会高于商品出厂价。而不同品类的售价、成本、运费、推广和退货费用都不一样，汇率也是实时变动的，会导致最终的利润率各有差异，上述推算仅供读者参考。

上述演示的是跨境电商的第一层，即利润算法。第二层，也是最经常被新手忽略的，是资金周转率。因为跨境电商做到最后，更像是做金融产品，如果做自有货盘，商品成本和海外仓储都属于重资产投入，那就需要衡量每一笔资金的收益。计算方式如下：

库存平均余额 =（期初余额 + 期末余额）/2

库存周转次数 = 销货成本 / 库存平均余额

库存周转天数 =365/ 库存周转次数

举个例子：陈老板 2025 年 1 月 1 日在国内仓库有耳机 1 500 副，年底有 2 000 副，全年销售耳机数量 10 000 副，供应商没有给账期，平台回款时效为 15 天。计算出来的几项核心数据如下所示。

库存平均余额：（1 500+2 000）/2=1 750（副）。

库存周转次数：10 000/1 750=5.71（次）。

库存周转天数：365/5.71=64（天）。

资金周转天数：64+15-0（账期）=79（天）。

资金周转次数 365/79=4.62（次）。

陈老板的耳机产品成本为 10 元，头程运费每副为 5 元，暂时没有投放广告。2025 年需要的资金成本是多少？

10 000 ×（10+5）=150 000（元）

150 000/4.62=32 467（元）

以上数据仅为案例举例，不同国家和品类的周转数据会有较大差异。根据经验，运营良好的企业在北美市场一年有 4 次以上的资金周转次数就算不错了，在东南亚大致在 6～8 次。以上内容仅供大家参考。

亚马逊运营风险防范：侵权

侵权是在亚马逊运营中极其容易出现的一种行为，尤其是像玩具等类目。侵权的处罚轻则产品下架，重则闭店、封店、扣罚保证金。不少跨境卖家就曾因为侵权吃过大亏，更有甚者，几千万的现金流被亚马逊平台扣留超过半年,这对企业来说是致命的!所以,所有做亚马逊运营的商家都不能轻视版权的问题。出海企业从出海的第一天起就要有合规思维。

常见的侵权有以下三种情况:

(1)商标权。商标里不能出现别的知名品牌词(如Disney、Barbie等)。商标侵权不仅包括在商品上使用商标,还可能包括在商品标题、描述或详情页中使用。

(2)专利权。

- 外观侵权。比如,玩具类目就是外观侵权的高发区,以毛绒玩具为例,专利申请周期大概在8~12个月,这些都是在运营前需要提前准备的。再比如,专利号D966×××涉及一个烧水壶的设计,其主要设计点包括壶身、把手、壶盖、盖子开关和烧水开关控制。如果要规避侵权,可以对这些设计点进行修改,如改变壶身形状、把手形状、壶盖设计、开关位置和形状等。
- 发明专利侵权。发明专利权是产品的某种特定功能设计的排他权。
- 实用新型专利侵权。实用新型专利侵权涉及产品的结构和形状。

(3)版权。

- 图片素材侵权。
- 产品设计本身侵权。
- 商品详情页的文案侵权。

跨境电商卖家应该如何规避侵权呢?一是提前注册商标、版权、专利(发明和外观);二是借助工具提前进行检索,排查外观侵权等风险。

如果已经收到侵权提醒，可以通过查看邮件来源，确认是平台扫号还是权利人维权。平台扫号通常会收到来自亚马逊的通知，而权利人维权则可能收到法院或法律机构的通知。收到侵权提醒，先自查是否侵权，将产品信息（包括标题、描述、图片等）与涉及的专利进行比对，检查是否存在侵权行为。这两者的对应解决方案如下：

- 平台扫号情况。如果确认未侵权，可以向亚马逊提交申诉材料，说明情况并请求恢复账号或解除限制。卖家要提供能够证明未侵权的证据，如产品来源证明、专利无效证明等。
- 权利人维权情况。大部分卖家倾向于与权利人协商和解，支付一定的和解金以撤销起诉。卖家联系权利人，表达和解意愿并探讨解决方案。如果卖家认为未侵权且愿意承担应诉的风险和费用，可以选择应诉，聘请专业律师代表、准备应诉文件并收集证据。

第 10 章
出海 DTC 品牌运营必备：独立站

随着中国品牌出海之战愈演愈烈，部分跨境电商从业者从以前的亚马逊运营转战为独立站运营。目前跨境电商出海有两大模式：平台电商（如亚马逊等）运营和直接面向消费者（Direct-To-Consumer，DTC）运营。据不完全统计，超过一半的中国出海企业已经或正在开启独立站运营，独立站运营在出海营销中的重要性由此可见一斑。

什么是独立站

独立站指的是企业自己建立品牌官网，直接面向消费者运营，网站整体的域名选择、视觉效果、商品种类、价格水平等都是品牌自主决定并落实在官网站点内的。这个和国内营销最大的不同在于，虽然国内许多大企业都有官网，但大多只是作为企业品牌展示，销售转化都还是放在电商平台，而海外独立站则承载了商品销售的主要职责。

那国内为什么没有独立站模式呢？相信读者朋友也能感受到，国内目前以货架电商和内容电商为主,几大头部电商平台占据了市场的绝大多数份额,消费者已经形成购买习惯。即使有些国际大牌在国内有独立站,但销售数据惨淡,从而经常看到某某大牌入驻淘系平台[一]等新闻。海外亚马逊作为头部电商平台,它的产品品类和国内淘系相比,供给端并没有足够丰富,毕竟背后依托的供应链资源不一样,而且国外用户对在品牌官网下单有一定的习惯养成和信任度。

独立站运营与货架电商平台运营的优劣势

对于电商商家来说,独立站运营与平台电商运营如亚马逊等相比,有什么差异和优劣势呢?具体分析见表10-1。

表10-1 亚马逊平台运营和独立站运营的差异和优劣势对比

	区别	平台商家	独立站
1	成本	亚马逊北美站专业卖家月服务费39.9美元,抽佣8%~17%	Shopify月费29~299美元,抽佣0.5%~2.0%
2	毛利率	竞争内卷、消费者比价,毛利率逐渐走低	定价权较高,客单价和毛利率均较高
3	退货率	退货率较高	退货率较低
4	自主可控性	低,平台风控严格	高
5	流量难度	平台流量红利逐渐减少,流量成本逐渐攀升	自主广告投放引流难度大,成本高,相对适合高毛利产品(广告费和销售额的比例可达1:3);但流量天花板高
6	运营难度	平台运营模式成熟,对卖家资金和团队专业性要求低	既要运营商品还要站外引流,对综合运营提出较高要求;不受制于平台规则,可自主调整营销模式
7	推广效能	广告会造成同页面价格竞争	推广具有独立性
8	数据积累	无法获得消费者的详细数据,无法转换为私域流量	获得一手数据,可将数据留存在商家端,实现数据的二次利用
9	复购率	重复广告会带来无沉淀的新客	有会员沉淀,客户转介绍带来自然流量

[一] 淘系平台是指阿里巴巴淘宝体系部门和产品,包括天猫、淘宝、聚划算等。

从表 10-1 可以看到，两者各有优劣势，笔者建议企业在时间、精力允许的情况下，对两者都进行布局深耕，当然前提是所在的国家市场的消费者有在独立站进行消费的习惯。

独立站顶流希音的案例分析

说到独立站运营的案例，那就不得不提到依靠独立站运营起家的中国出海品牌希音，其主要运营品类从最早的服装，逐渐扩展到了宠物用品、美妆、配饰、鞋包、泳衣、童装、家居、男装等十几个热门品类。而希音能够大获成功的原因，笔者认为有以下几点：

（1）极致的性价比。畅销款商品售价为 5～25 美元，比亚马逊的客单价更具有吸引力。

（2）行业天花板级别的上新速度。日上新超过 3 000 件。

（3）极致的柔性供应链。"小单快返"⊖100 件起打板，倒逼供应链的快速反应。

（4）销售渠道。除了独立站，也发展成 app 载体的电商平台。

希音为何能受海外消费者欢迎，主要的营销方式包括：

（1）网红营销。早期通过给网络达人寄送免费服装、派发优惠券等方式，鼓励其分享种草⊖，拍摄短视频，实现极低成本的口碑传播。

（2）广告投放。在社交平台大量投放广告，实现从曝光到转化，从种草到收割的一体化营销。

（3）重点面向学生群体，推出联盟返佣计划，吸纳年轻会员。

⊖ "小单快返"是企业小批量多批次生产产品，增加供应链弹性，并快速应对市场变化的生产模式。

⊖ 种草，网络流行语，本义即播种草种子或栽培植物的幼苗，后指专门给别人推荐好货以诱人购买的行为。

（4）通过线下营销活动如快闪店等，进行产品展示，鼓励用户试穿，打造品牌声量。

正是极致的供应链管理和营销组合拳，让希音大杀四方，在各大巨头的眼皮底下成长起来，实现了高达千亿级的年销售额。

独立站工具鼻祖：Shopify 概述

说到独立站运营，就离不开独立站的工具鼻祖 Shopify。Shopify 是一家加拿大公司，它的特点就是用户支付一定费用就可以利用工具自有的各种主题模板，快速建立自己的网上商店。无须会写代码，即可快速生成网站。

Shopify 比较适合三类团队：平台卖家转型独立站、传统制造型企业打造出海品牌、超级个体想做跨境电商。对第一类群体而言，平台电商增长放缓，需要转型独立站增加引流获客，开启品牌电商之路；第二类传统企业和第三类超级个体有类似的需求，就是想多一个渠道进行产品销售，但一般都没有技术团队，也不熟悉建站系统。Shopify 正好满足了这三种群体的需求。

独立站如何搭建和选品

如果想做独立站运营，需要做什么呢？这主要包括以下五大步骤：建站前准备、正式建站、选品优化、站内运营、发货售后等。每一步要进行的事项大致如图 10-1 所示。

在独立站搭建运营全流程中，选品和运营是关键环节。选品定生死！若选品成功，则独立站运营已成功 90%。选品的重要性，在运营亚马逊、独立站还是其他平台中，都是一样重要的。无论在国内电商平台还是海外电商平台,"品"永远是电商运营的关键基础。那选品有什么关键点呢?如果是新手,建议选择流量大、周期性弱(不受季节性影响)、需求高的品类,同时考虑体积较小、物流成本可控、利润率能有所保证的产品。另外,独立站尽量不要上亚马逊平台有的标准化产品,即我们经常讲的"标品"。因为标品消费者比较容易比价,也有价格的心理预期,不太适合独立站运营这种高毛利、高营销费用的模型。

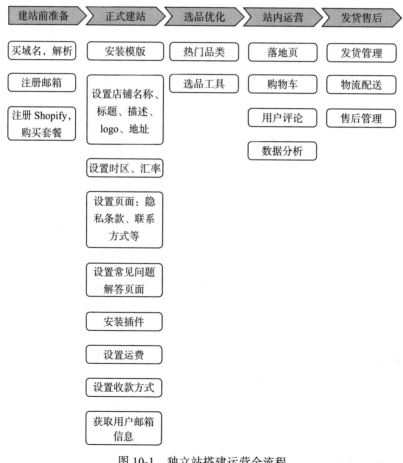

图10-1 独立站搭建运营全流程

独立站高效引流方法

独立站另外一个运营的关键,就是引流了。引流的本质,其实还是营销漏斗模型的层层转化。在独立站运营的场景下,不同营销漏斗层级对应的目标和受众如图 10-2 所示。

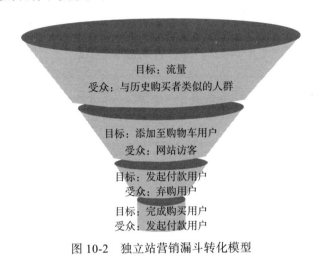

图 10-2 独立站营销漏斗转化模型

独立站引流主要靠广告投放,就是通过 Facebook 系和 Google 系的广告投放,这也是独立站的弊端,广告投放占比会较高。根据不同品类,一般广告费用占比约 30% ~ 50%,这也是在选择是否运营独立站时,需要看产品的毛利率是否有足够的空间运营独立站的广告投放模型,不然非常容易出现亏损或者空有 GMV 数据但是没有利润的情况。花钱的优点就是快。电商广告主通过测品、测素材、测数据、测广告版位等,只要内容和产品都到位,就能跑出好的 ROI。笔者经常遇到的问题,就是在独立站运营引流的过程中,有没有不花钱的方式?当然有。比如 Facebook、Instagram、TikTok 的账号主页简介、评论区、社群运营等,都是可以通过优质内容去吸引用户转化的渠道。所以在实际运营中,付费加免费的打法要结合使用。

第 11 章

上市即打爆——品牌出海新玩法：海外众筹怎么做

海外众筹作为一种新型的营销方式，正受到越来越多出海企业的关注和青睐。通过众筹，出海企业不仅可以在海外市场快速建立知名度，还可以提前获取资金和市场反馈。那么，如何开展海外众筹？本章将向读者介绍海外众筹的优劣势、主流平台、成功案例、筹备流程和营销注意事项，让你轻松掌握海外众筹的新玩法！

据中研普华产业研究院的报告显示，2023年全球众筹市场销售额达到了928亿元，预计在未来几年内，这一市场规模将继续保持高速增长，到2030年有望达到1 967亿元，年复合增长率（CAGR）为11.2%。⊖中国已超过美国成为全球众筹最大参与者。众筹模式在国内并未兴起，大多数国内企业和消费者对此比较陌生，主要原因是国内的消费品供给端过于饱和，电商平台竞争充分，消费者对众筹这种预付款形式接受度不高，并且用众筹方式购买商品后，等待期可能长达3～6个月，国内消费者对此是没有太大耐心的。反倒是海外，尤

⊖ 中研网，"2024年众筹行业市场发展现状及未来发展前景趋势分析"，2024年5月8日。

其是发达国家，消费者会因为一个技术创新功能或者高颜值产品外观而愿意在众筹平台上购物下单，即使该产品是新品牌，海外消费者也愿意付费支持。

什么是众筹

众筹，指的是通过"团购+预售"模式，项目方在众筹平台上向用户展示创意、募集资金，进而完成市场验证和营销推广。

出海企业或者个人进行海外众筹的优点主要包括以下几个方面。

（1）能快速筹集初始资金。众筹吸引出海企业的主要原因就是产品可能还没生产出来，只靠设计图，就可以对外预售。只要能吸引用户下单购买，哪怕产品的实际到货时间是3个月后也可以，这就给了早期项目一定的资金回笼和产品生产的时间。项目一旦众筹成功，可以募集的资金甚至可高达千万美元，可能远超其他销售渠道。

（2）积累种子用户，完成项目冷启动。

（3）验证产品与市场的匹配度（PMF）。

（4）根据用户反馈进行产品功能迭代：众筹能让品牌方提前测试消费者反馈，预测后续的产品销量，反推产品生产，同时迭代优化产品。

（5）吸引外部渠道资源，有些企业端的合作伙伴如代理商资源等也可能通过众筹品牌主动与项目方联系合作。

两大众筹平台

目前全球有两大主要的众筹平台——Kickstarter和IndieGoGo，分别创建于2009年和2008年，总部都位于美国。以Kickstarter为例，最早是源自一个连接项目方和支持者的平台，早期创业者通过该平台为自己的创业想法筹集资金，像说唱歌手 Lil Dicky 就曾为自己的唱片发行筹集资金，支持者获得的回报包括 Lil Dicky 的签名、唱片、周边纪念品等。后来 Kickstarter 慢慢成为网络游戏的发行地，游戏发行方会在 Kickstarter 发布创作的游戏，支持者可以获得游戏的内测机会等。再到后来，许多高科技产品以及独特设计类产品也开始在 Kickstarter 上流行起来，科技公司将其变成了产品预售的重要渠道。Kickstarter 平台方对上线的项目要求是全球首发，并且需要项目方提供产品是 100% 原创的相关资料证明。

项目众筹四大阶段

一个众筹项目从筹备到落地，一般需要超过 60 天，和国内做营销活动的筹备时间周期和事项大体一致。具体包括以下四大阶段。

（1）前期准备。前期准备包括竞品分析、众筹机制设置、梯队定价、平面及视频宣传物料制作。

（2）预热期。众筹项目虽然最终在众筹平台成交，但早期蓄水的流量主要是通过几大社交媒体平台的宣传，包括达人合作、广告投放、社群粉丝运营等动作，吸引对该产品感兴趣的目标用户。

（3）上线推广期。这个阶段主要是项目上线、运营互动、售后跟进。

（4）后众筹期。这个阶段主要是再营销，针对之前通过广告投放触达的感兴趣但未购买用户，进行再次触达。

众筹成败两大要素：选品和营销

决定一个项目众筹成败与否，有两大核心要素，一个是选品，另一个是营销。

在选品层面，从平台的热门项目看，用户大都青睐高科技、创新、创意类产品。

在营销层面要关注两点，一个是内容，另一个是渠道。内容宣传物料主要包括产品详情页和产品视频。营销方式主要包括众筹平台站内推广、社交媒体运营（Facebook、Instagram 等）、社媒广告投放（Facebook 系和 Google 系为主）、达人测评（YouTube 等）、媒体报道、邮件营销等。

在实操中，众筹的机制和梯队定价也是吸引用户参与与否的关键，一般会设置 2～3 层的回报供用户选择，可以理解为就是设置不同的产品组合优惠包，从低到高依次如超级早鸟价、两个以上的套装组合价等，基本类似电商平台的定价策略。另外，众筹项目方一般会先上线 Kickstarter，看看项目募资效果如何，再决定要不要上 IndieGoGo。

众筹案例：3D 打印机产品 AnkerMake M5

我们来看一个案例，3D 打印机品牌 AnkerMake 于 2022 年在 Kickstarter 上线 M5 产品（见图 11-1），创造了平台 3D 打印机在当时的最高众筹记录。AnkerMake 也是我们熟知的出海品牌，其依托充电宝产品起家，入局 3D 打印机类目，这是企业有计划地进行品类多元化的布局。AnkerMake 自然不会错过众筹这么一个极佳的推广方式。众筹平台天然适合电子消费品推广，用户对科技创新型产品青睐度较高。那这个项目是怎么大获成功的呢？

从产品卖点上，该产品主打快于同类产品 5 倍的打印速度、AI 高清摄像头实时监控打印进度并自动调平、磁吸平台、触摸屏等功能，成功与竞品差异化而突围。AnkerMake M5 在项目众筹前，就进行了充分的营销预热，包括达人测评和社群粉丝运营等，积累了种子用户。项目上线期间也追加了广告投放，包括在 YouTube 和 Instagram 上进行视频营销，持续将流量引流到私域社群，最终实现社群人数超过 40 万人的亮眼成绩。正是 AnkerMake M5 在公域引流加私域转化的组合拳打法，使得产品在上线 24 小时内筹款金额就突破 250 万美元，最终实现总众筹金额 888 万美元的破纪录战绩！AnkerMake M5 的众筹项目操盘和营销方式，都值得其他想要探索众筹渠道的出海品牌参考借鉴。

图 11-1　AnkerMake M5 产品图

众筹风险

众筹模式虽然有诸多优势，但也存在一定的风险：一是创意容易被窃取；二是项目容易发起失败。要规避这两个风险，就需要在项目上线前，申请相关的商标和专利等，以及降低项目筹集资金的目标额，以免因达不到目标额而导致发起失败。

海外众筹作为品牌出海的一个新玩法，非常适合产品力过硬、有扎实营销功底的企业。出海企业即使不把海外众筹作为出海营销的主要方式，偶尔去众筹平台看看热门项目，了解海外用户的需求偏好，相信也能给出海企业的产品研发、选品、营销带来许多启发！

第三篇

出海运营

第 12 章

品牌出海，如何玩转海外社交媒体，为企业引流获客

　　海外数字营销是品牌出海的必备动作，也是占据多数企业主最大营销预算的营销方式。国内和海外的社交媒体环境不同，所采用的媒介策略和方式也有差异。出海营销人除了需熟悉海外社交媒体平台，还需要针对不同营销方式制定差异化的运营策略。

　　目前海外数字媒体营销包括三大核心方式：内容运营、广告投放和与达人合作。

全球社媒用户趋势分析

　　根据 We Are Social 和 Meltwater 联合发布的《2024 年全球数字统计报告》显示，全球移动互联网用户量在 2024 年 1 月达约 56 亿（占全球总人口 69.4%），同比增速为 2.5%，增速呈放缓趋势。全球社交媒体用户达 50 亿，同比增速为 5.6%，全球社媒平台进入存量竞争状态。

2023 年全球用户在互联网上平均花费时间约 6 小时 40 分钟 / 天，其中在社交媒体上的平均花费时间约 2 小时 23 分钟 / 天，这越发说明出海品牌进行社媒营销的重要性。

海外 13 大社媒平台对比

海外有这么多社交媒体平台，在确定运营优先级的时候，需要先了解不同平台的特点和用户特征。笔者把常用的 13 大社媒平台筛选出来，分类如下文所述。

截至 2024 年 4 月，根据 Statista 的数据，海外五大主流社交媒体平台的用户概况如表 12-1 所示。

表 12-1　海外五大主流社交媒体平台用户概况

社交平台	平台特点	用户数据	用户特征	受关注领域
Facebook	全球最活跃	月活跃用户 30.6 亿	平均年龄 31 岁；男性用户占 56.5%，女性用户占 43.5%	娱乐、新闻、品牌账号内容等
YouTube	用户最爱长视频平台	月活跃用户 25 亿	用户超 1 亿，主要集中在印度、美国、印度尼西亚、巴西、俄罗斯和日本等国家	娱乐、音乐、游戏等
X (Twitter)	最自由	月活跃用户 6 亿	年收入在 3 万美元以上的美国人中有 85% 使用 Twitter	新闻资讯等
Instagram	最受年轻人青睐	月活跃用户 20 亿	60% 以上用户年龄在 34 岁以下；女性用户占 51%，男性用户占 49%，印度用户最多	时尚、美妆、购物、音乐与舞蹈、职业与教育、美食、健康等
TikTok	互动率最高	月活跃用户 15.8 亿	18 岁至 24 岁的用户占 43.7%，年轻化特征明显	娱乐、游戏等

截至 2024 年 4 月，根据 Statista 的数据，海外六大热门垂类平台的用户概况如表 12-2 所示。

表 12-2　海外六大热门垂类平台用户概况

社交平台	平台特点	用户数据	用户特征	受关注领域
Pinterest	图片社交，海外版小红书	月活跃用户 4.9 亿，18～34 岁女性为主；家庭收入较高；主要集中在美国、加拿大、澳大利亚、新西兰和欧洲等地区	女性偏多；看重颜值	消费决策：家居、服饰、美妆、3C、时尚用品等
Snapchat	Z 世代社交	月活跃用户 8 亿；13～24 岁年轻人为主	00 后，年轻自由	游戏、娱乐、时尚、3C
LinkedIn	职场商务社交	注册用户 10 亿；25～34 岁职场人	职场商务人士、企业决策者	职场职业
Telegram	私密社群管理	月活跃用户 9 亿；男性占 6 成；主要集中在印度、印尼、巴西、美国、德国、马来西亚、俄罗斯等国家	重视隐私	互联网、科技、技术开发、web3、金融投资
Discord	在线聊天室	月活跃用户 1.9 亿	喜欢闲逛闲聊	游戏、web3、教育、音乐、科学、娱乐
Reddit	海外贴吧	月活跃用户 12 亿；美国用户居多	自由，热衷参与讨论与表达	科技、游戏、金融投资、体育

截至 2024 年 4 月，根据 Statista 的数据，海外两大热门即时通信工具的用户概况如表 12-3 所示。

表 12-3　海外两大热门即时通信工具用户概况

社交平台	平台特点	用户数据	主要国家区域	主要功能
WhatsApp	海外版微信	月活跃用户 20 亿	180 个国家和地区	即时通信
Messenger	客服助手	月活跃用户 13 亿	印度、巴西、墨西哥、菲律宾、越南等	即时通信

相信读者看完会对不同平台的差异化有大致的感受。在实际营销运营中，建议海外营销人员可以多刷一下产品，会有更直观的感受，

提升网感才能更熟悉平台的用户偏好和运营技巧。

媒介策略五步法

企业面对这么多的海外社交媒体平台，资源和精力又是有限的，那应该如何选择社媒平台，有效分配资源呢？笔者总结了媒介策略五步法（见图 12-1）。

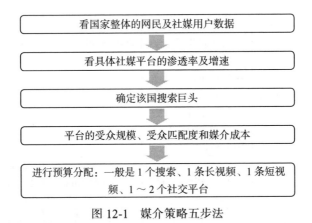

图 12-1　媒介策略五步法

这里以某品牌在尼日利亚市场，如何选择主打媒介平台，进行媒介规划举例。

搜索流量端，可以看到 Google 在该国的主导地位不容置疑。这基本就可以判断在尼日利亚，搜索平台要重点布局 Google。而其他平台比如 Facebook 在受众规模和成本上有较大优势；YouTube 作为头部长视频平台必须覆盖；X 在当地颇受用户欢迎，是新闻热点资讯的第一浏览平台；Snapchat 相对人群量级小一些，但是是一个值得尝试的覆盖 Z 世代的平台。笔者根据平台的目标受众规模、受众匹配度、媒介成本因素，制定了媒介平台打分表（见图 12-2）。

	受众规模	受众匹配度	媒介成本	整体
Facebook	★★★★★	★★★★★	★★★★	★★★★★
YouTube	★★★★★	★★★★★	★★★	★★★★
Google Search	★★★★★	★★★	★★	★★★★
X	★★★★	★★★	★★★★	★★★★
Snapchat	★★★	★★★	★★	★★

图 12-2　媒介平台打分表（示意）

最终，笔者根据媒介平台打分表，推导出适合品牌的最优媒介组合，并进行相应的预算分配（见图 12-3）。

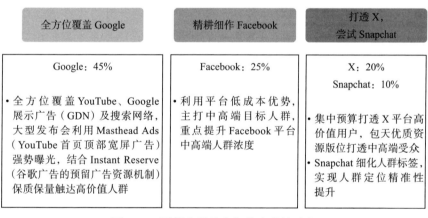

图 12-3　预算分配及主打策略总结示意

这里没有提到 TikTok，不代表说不运营 TikTok。主要是这里的媒介策略重点为规划广告投放预算，而 TikTok 尚处于可以靠短视频内容去获取免费自然流量的阶段，所以暂时不用规划投放预算。

另外需要特别注意的是，推导出的结论仅代表某品牌在尼日利亚的媒介策略，里面含有主观因素，不适用于所有品牌，请勿照抄，建议只参考推导逻辑。这里的逻辑更多是品牌营销逻辑，如果是电商运营，则主观因素会更少，仅需根据不同平台的获客成本，就可以直接推导出在不同平台的费用投入。这里不做过多展开。

海外社媒运营：内容营销创作方法

目前海外的主流社交媒体平台，无论是以图文为主的Facebook、Instagram，还是以短视频为主的TikTok或以中长视频为主的YouTube，品牌方在进行内容运营时，重点在理解：素材决定一切！素材决定了点击率、转化率、认知度、投放成本。

如何能制作出爆款内容素材呢？有五大关键点。

（1）因地制宜凸显产品卖点。比如同样一款手机，在A国突出待机时间长，在B国突出有五年的售后质保，核心还是基于目标市场的消费者需求来定。

（2）参考模仿爆款内容。社交媒体平台不变的逻辑就是"爆过的会再爆"，所以持续关注平台及竞品的爆款内容就很重要。参考模仿爆款内容不是抄袭，而是去拆解和模仿爆款内容的结构，比如创作手法、文案模板、视觉重点、拍摄方式等。

（3）部分国家内容素材可重复利用。如果企业出海涉及多个国家，比如在美国用过的爆款内容素材可在加拿大重复利用，因为具备一定的文化相似性。

（4）蹭热点。蹭热点是全球社媒运营不变的真理。蹭该国家/地区当下的热点话题、热点人物等，能借助用户对热点话题、热点人物的关注度，搭上平台流量的便车，快速在短时间内获得关注，节省广告投放成本。

（5）重视营销时间节点。祝福型节点如母亲节、父亲节等，内容素材可融入温情元素，打"情感牌"；假日型节点如圣诞节、新年等，主推应季产品，吸引用户购买；消费型节点如黑色星期五、返校季等，主推折扣，刺激消费者购物。

在进行海外社媒的内容营销时，要特别注意以下几点：

（1）讲好品牌故事。企业品牌塑造并非一日之功，社媒运营日常主动宣传品牌精神、讲述创始人故事等，都能有效提升品牌好感度。

（2）传递好产品卖点。如果是品牌官方生产的内容，则重点围绕新品上市、消费者的使用场景、使用教程等；如果是达人合作的内容，则可以是开箱内容、达人测评、使用教程等。

（3）持续与用户沟通互动。互动是社交媒体平台运营的重点。常见的社媒互动形式可以是促销活动、节日话题、热点话题、趣味互动、抽奖活动、用户生成内容征集等。

海外广告投放：执行方法、效果评估

海外数字营销的预算分配中，广告投放一般会占较大比例，目前有两大执行方式：自投和代投。

（1）自投就是品牌方自建投放团队，自己开设广告账户，直接和媒体方沟通。但媒体方的销售一般只对接大客户，所以如果是投放额度较小的团队，自投会出现的情况就是没有平台的人员对接，出现问题只能自行解决。常见问题比如社媒账号被封、广告账户被封、广告没有通过审核等。自投模式比较适合具备较强管理能力的企业，目前海外投放的人才相对稀缺。市场上专业的投手基本都有自己擅长的平台，会做Facebook的不一定能做好Google，会做Google的不一定擅长Facebook，也就是说团队需要拆到Facebook、Google等不同平台的广告投放优化师进行招聘和管理。当然，如果是全平台都擅长的人才，自然是市场所稀缺的。

（2）代投指的是通过找专业代理商进行服务。代理商根据客户的投放预算，配置服务团队。常见的团队配置结构为"客户经理+策划+投放优化师"。代理商一般会收取服务费，金额通常是广告投放额度的一定比例。如果投放额度足够大，通过代理商合作，还会有投放的返点/返货。代理商一般会分一代代理商和二代代理商，对应的返点/返货也不一样。这里的返点/返货指的是，比如广告投放消耗金额满100万美元，可能会返回5%的广告金额到广告账户上，广告主可以继续投放，这也是平台为了鼓励广告主增加广告投放消耗的一个策略，相当于用100万美元买到105万美元的广告投放价值（数据仅为举例）。

找代理商进行代投合作，要特别注意的是品牌方需要实时监测投放效果。因为品牌方需要对转化负责，而代理公司更多时候是为广告消耗值负责，品牌方需要的是有转化的消耗。如果没有在过程中进行监测优化，就容易出现广告投放出去了，钱也花了，但是没有转化效果或者转化率低下的情况。

进行海外数字广告投放的关键点在于广告账户、受众人群、内容素材和转化成本的设置。要想得到好的广告投放效果，需要精细化运营和长期的数据积累，需要经过成千上万条广告的投放测试和不停优化。

海外达人营销：达人合作四步法（附合作沟通模板）

根据eMarketer的数据显示，2023年全球达人营销市场规模约达577.2亿美元，较2022年增长了27.6%。⊖

⊖ eMarketer，"The Global Media Intelligence Report 2023"，2023年10月30日。

不同于国内直播电商如火如荼的形式,目前海外达人纯佣金合作的非常少,达人合作更倾向于品牌营销——以收坑位费为主,也就是拍摄一条视频或者发布一条图文,进行报价合作。

长尾达人(粉丝量级低的)有部分能接受产品置换合作。希音早期就通过提供时尚产品,与大量的长尾达人进行置换合作,为自己赢得大量的曝光。但这个方式需要品牌方与海量达人一对一沟通洽谈。

目前部分国家/地区出现了一些MCN机构,但大部分达人都是个体化经营,所以需要品牌方点对点沟通合作。海外商务沟通以邮件沟通为主。所以建议品牌方制定沟通的标准化流程,这样批量与达人沟通合作时才能提高沟通效率。

笔者根据之前负责不同品牌的运营经验,总结出不同阶段企业的达人合作策略(见图12-4),整体分为测试期、热销期、爆发期和衰退期。

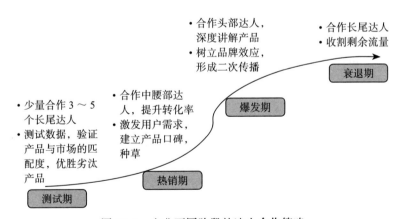

图12-4 企业不同阶段的达人合作策略

在做达人营销前,出海企业首先要明确目标,是为了品牌声量还是产品销量?

出海企业常见两大营销目标及其对应形式如下所述。

（1）增加品牌曝光。达人不表明销售意图，通过穿戴商品、开箱测试、与品牌联名出新品等植入方式展示产品，一般是短视频形式居多，达人甚至不挂商品链接。这类营销目标适用于包包、鞋子、饰品、服装等品类。品牌为达人提供一口价的内容创作费用，达人不对商品销售结果负责。这种形式一般适用于大中型品牌。

（2）直接引导销售。达人直接传播产品销售信息，通过图文、短视频或直播形式挂商品链接，达人直接用自身流量带动产品销售，商家和达人进行分佣，像 TikTok 平台的短视频及直播带货达人大多是以这种方式为主。

出海企业与合作的达人进行结算的方式有两种：纯佣金和固定一口价费用，也有将这两种结算方式相结合，具体需根据品牌需求和达人可接受的情况而定。常见的达人营销内容形式包括生活视频博客、口播种草、资讯科普、专业测评、产品开箱视频等。

海外达人营销是个精细活，从选择达人到合作执行的每一步，都会直接影响最终的效果和转化。笔者给大家总结了海外达人营销合作四步法，可以在实际工作中运用。

（1）达人筛选。

- 确定基础标准。主要的基础筛选标准包括达人的国家/地区、类别、语言、粉丝量级、年龄、合作价格、粉丝互动率、历史播放量/浏览量、主要运营平台等。
- 将符合基础标准的多位达人进行横向对比，主要数据维度包括粉丝量、互动率等。
- 将精选出的达人进行纵向分析，主要包括达人的销售转化率、发布贴文的互动数据、真实粉丝占比、粉丝画像等。
- 达人历史合作案例分析，主要是考量该达人与品牌调性的契合度，包括商业内容生产质量、种草转化率、评论区是否有真实用户咨询等。

（2）合作前沟通。

- 确定与达人的沟通方式，一般是点对点沟通（通过直接发送邮件邀请达人）或者通过工具（比如 TikTok 后台或第三方工具平台）快速批量沟通。
- 梳理标准化沟通话术，包括产品介绍、合作邀请、询问置换可能、询问报价、品牌露出的细节需求等。

这里附上一个常见的与达人建联沟通的模板，供读者参考：

Hey [博主名], I have been following your profile on（YouTube or TikTok 等媒体平台）and really love your inspirational posts showing your[博主类型，美妆/数码/时尚等] journey. My name is [名字] and I work for [公司名]. We sell（商品名），for（目标人群）. Since you are passionate about sharing your [博主类型，美妆/数码/时尚等] journey, I thought I would reach out to see if you would be open to testing our product and doing a collaboration together! Let me know if you are interested and I will send more details! Thanks! [姓名]

（3）合作中执行。与达人合作执行中主要包括这些环节：寄送样品、脚本审核、修改反馈、发布数据监测、评论区引导等。需要特别注意的是，达人合作负责人要创建数据文档进行记录，除了备注联系方式，还需要标记追踪不同达人的合作进度和效果，备注后续是否继续合作。另外，达人合作配合度也同样重要，因为有些达人可能会中途变卦不合作或者内容发布不准时等，影响合作效果，这些同样需要进行备注。这些都是品牌管理的重要资产。

还有一个在实际操作中会经常被忽略的细节，品牌方前期要与达人谈好所合作内容的授权，要允许品牌方后续将达人创作的素材用于广告投放中。经过多次实践表明，达人创作的素材在广告投放的转化率都会远高于品牌自己创作的素材，因为内容原生感更强，可看性更高，用户的信任度也更强。要知道一条好的爆款素材是可遇不可求的，既然已经大费周章与达人建立合作，就一定要将内容素材多次重复利用。这是笔者想重点强调的，在数字营销中，内容运营、达人合作和广告投放这三大方式是相辅相成的，而不是互相割裂的。

（4）投后分析。针对单次合作的内容，进行数据分析的核心维度包括每千次展示成本（CPM）、投入产出比（ROI）、内容质量等。

海外数字营销是品牌出海人的必修之课，无论是侧重内容运营、广告投放还是达人营销，这三种方式都不是孤立的，都是相辅相成的。最终的流量导向都要回到品牌自身的增长上，才能成就全球化品牌，而不是昙花一现的流量品牌。

第 13 章
Facebook 内容营销和广告投放全攻略

Facebook 平台概述

Facebook 是出海社交媒体运营离不开的头部平台。社交媒体平台 Facebook 创办于 2004 年,从属于 Meta 公司。Meta 公司旗下的社交产品包括 Facebook、Instagram、WhatsApp、Messenger 等。截至 2024 年 4 月,Facebook 全球用户超过 20 亿,集中分布在美国、加拿大、印度、巴西、印度尼西亚、菲律宾、墨西哥等国家。Meta 的年报数据显示,2023 年来自中国的广告收入贡献了 137 亿美元,占总收入的 10%,此前仅占 6%,说明中国出海企业在 Facebook 的投资金额在不断增长。

作为全球领先的社交媒体平台,Facebook 有以下五大特点:

(1)用户体量大。全球用户约占全球人口总数的 1/4。

(2)集中移动端。90% 以上的用户通过手机登录。

(3)使用率高。重要出口国家的使用率高达 90%。

(4)年龄分布广。趋向全民,适合全行业、全品类。

(5)信息浏览量大。用户平均每天浏览的信息量达 300 英尺长(约 91 米)。

Facebook 内容营销的四大关键步骤

如何在 Facebook 平台进行内容营销呢?笔者总结了四大关键步骤(见图 13-1),下面我们逐一来看每个步骤相应的关键技巧。

- Facebook 公共主页创建与完善:主页安全养护,如防封、申诉等
- Facebook 内容发布:内容运营八大方向、本地化八大要素等
- Facebook 涨粉及互动提升:涨粉六大技巧、互动提升三大方法
- Facebook 群组:运营八步法

图 13-1　Facebook 内容营销的四大关键步骤

1. Facebook 公共主页创建与完善

Facebook 公共主页是用户对品牌的第一印象,主页打造的好坏直接影响转粉率。Facebook 公共主页创建主要包括以下几大部分。

(1)命名:一般是品牌名。

(2)头像:一般是品牌 logo。

(3)背景图:品牌主视觉海报图、产品图、折扣图等,可定期更新替换。

(4)简介:包括一句话介绍公司产品/服务、品牌口号等。

(5)官网链接:可设置官网链接,引导用户跳转。

新手运营 Facebook 账号经常会遇到的问题就是内容违规,账号被

封禁，这会导致所有的时间投入和努力都前功尽弃。账号为什么会被平台封禁呢？主要是出现了疑似营销号、机器人行为，虽然我们运营的目的确实就是为了品牌营销。那应该如何规避呢？这里笔者总结了几个注意事项。

（1）避免刚注册账号就发布内容：先浏览一段时间其他账号的内容。

（2）避免短时间高频操作：比如短时间内大量进群、大量发送消息，大量加好友，特别是新号。

（3）避免频繁更换设备和网络。

（4）避免群组内违规行为：不要一次创建过多群组、添加所有好友、发送过多重复内容。

（5）主页行为需慎重：不要给太多主页点喜欢（Like）。

（6）内容原创：无论是文案、图片，还是视频，都不要抄袭。

2. Facebook 内容运营八大方向和本地化八大要素

新手社媒运营人员会陷入不知道如何保持每日更新、提高转粉率和互动率的问题。这里有一个关键点就是要让内容更多样化。笔者总结了 Facebook 的四种贴文形式：

（1）文本：纯文字或者链接。

（2）GIF：动图。

（3）图文：简洁明了，多用于展示产品。

（4）视频：不宜过长（建议 1 分钟以内），内容以产品全貌、生产过程、使用场景、品牌故事等为主。

Facebook 内容运营常见的八大内容方向如图 13-2 所示。

社媒运营的特点就是内容短平快，所以只要日常运营中，将不同的形式和内容方式进行排列组合，就能创作出不同的优质内容。

图 13-2　Facebook 内容运营常见的八大内容方向

　　Facebook 高质量的文案撰写是社交媒体营销成功的关键因素之一，一个清晰、简洁的文案能够有效地向目标受众传达品牌信息或产品特性，能够迅速抓住用户的注意力，建立品牌与用户之间的情感联系。那如何写好 Facebook 的贴文文案呢？笔者认为有以下四大注意事项。

　　（1）字数不要过多，建议在 180 字符以内。

　　（2）学习优质文案，拆解并模仿行业头部企业/竞品爆款贴文的文案结构。

　　（3）表达口语化，不要过于书面化；可以添加数字、表情、疑问、感叹等，让文案更加生动活泼。

　　（4）发布时添加#标签，一般是 1～4 个，比如品牌标签、行业品类标签、话题标签、活动标签、节日标签等，让系统更好识别内容主题，将该内容推荐给感兴趣的目标人群。

　　这里分享一个案例，如图 13-3 所示。

　　日常在看到爆款（互动数据高）的贴文时，可以参考上述的方式进行拆解练习。需要特别注意的是，贴文，尤其是广告投放素材添加行动号召非常关键！

- 标题：How to Quickly Switch to Tech Careers?
- 标题：如何快速切换到技术职业？
- 正文：3.1 million tech professionals are required in 2023! ××provides free career guidance and peer mentorship to help people jumpstart their careers in tech. Start now despite age, degree status,or background in tech.
- ☑ Find the right tech field using our skills assessment tool
- ☑ Stay motivated and committed with free peer guidance and mentorship
- ☑ Get matched to top Bootcamps
- ☑ All from home
- Take the Quiz 👉 www.×××.com
- 正文：2023年需要310万名技术专业人员！×× 提供免费的职业指导和同伴辅导，帮助人们在科技行业快速起步。无论年龄、学位或科技背景如何，都可以立即开始。
- ☑使用我们的技能评估工具找到合适的技术领域
- ☑通过免费的同伴指导和辅导保持动力和承诺
- ☑与顶级训练营配对
- ☑全部在家
- 参加测验 WWW.×××.com

抛出疑问
通过数字展示市场需求
直接阐述解决方案

价值点显现

行动号召引导

图 13-3　文案案例解析（投放类）

另外，社媒营销的内容一定要本地化，才能打破语言和文化障碍，提高用户参与度。很多出海企业的营销运营人员大多在国内，或者对海外市场的文化理解不深，那如何能快速生产出具备本地化特点的内容呢？笔者在图 13-4 中总结了内容本地化的八大要素，在具体的内容创作中，可以通过拆解运用其中的部分元素，快速生成本地化内容。

就内容本地化而言，举几个例子。比如在做印尼市场的时候，笔者发现印尼社会整体的家庭观念强，于是在营销传播中，可以增强家庭场景，比如家庭团聚、给亲人送礼等，同时体现当地语言、本地化节日、传统服饰以及标志性元素。比如在日本市场，如果品牌是面向女性用户，那年轻、活泼、可爱、粉嫩的元素在日本全年龄的女性消费者中都受到欢迎，是一个不会出错的风格选择。同时，日本的动漫文化盛行，在有些内容营销中，也使用动画手法、动漫人物（注意不要侵权）进行创作，更能引起关注。再比如泰国市场，相信有不少读者知道泰国广告以想象力丰富、戏剧化剧情而闻名。所以如果是在泰国做视频营销，做剧情内容效果更佳，可以通过反转的情节，增加幽默和搞笑元素。泰国当地的用户更偏好色彩缤纷的设计，产品视觉海报可以尽量采用高饱和的色系，会更受消费者关注。同时，泰国用户价格敏感度也较高，内容营销素材要突出折扣优惠，转化效果会更佳。

图 13-4　内容本地化八大要素

3. Facebook 涨粉六大技巧和互动提升三大方法

在 Facebook 运营过程中，困扰广大运营者的问题就是涨粉了。尤其是 Facebook 的自然流量越来越少，即使很多时候内容有一定的曝光，也很难转化成粉丝关注。那如何快速涨粉呢？笔者在图 13-5 中总结了六大技巧。

除了涨粉，互动提升也是社媒运营的关键指标，只有有效激励用户互动，才能与用户更好沟通，建立用户关系。那如何提升Facebook的互动率呢？笔者总结了以下三大方法。

邀请好友赞主页：
好友的其他好友会看到这个操作（相关性高；适用于早期）

其他社交媒体引流：
比如YouTube、TikTok等内容引流

线下引流：
门店设置台卡，商品盒添加卡片，附上主页二维码，吸引用户关注

广告投放：
广告后台直接有投放增粉的目标，不同国家的增粉成本不一样，成本和国家的经济发展水平呈正相关

活动策划：
比如转发关注有奖等

与其他品牌官方号或者达人合作，@对方、相互引流

图13-5　Facebook涨粉六大技巧

（1）及时回复用户评论。在贴文底下回复用户评论，能让用户与品牌有更好的连接，让用户有被官方翻牌的喜悦感，这也会形成示范效应，进而吸引更多用户在评论区互动。

（2）抽奖活动。运营方可以定期策划抽奖活动，常见机制如关注、评论和转发就有机会获得××礼品，吸引用户互动。

（3）直播活动。Facebook Live也是目前品牌营销的主要方式，直播的互动性相较于其他内容形式会更强。

- 常见主题：品牌发布会、线下活动、行业嘉宾分享交流等。
- 运营流程：直播前发布预告，吸引粉丝预约；直播中发布贴文以及将直播信息发送至社群小组，吸引粉丝参与；直播后剪辑精彩片段，以短视频形式进行二次传播。

- 注意事项：直播前要进行网络及设备测试；直播中需要安排运营人员管理评论区言论，以免出现负面评论或者竞争对手的恶意干扰。

4. Facebook 群组运营八步法

根据 Facebook 平台数据显示，超过 18 亿 Facebook 用户每月至少在群组中活跃一次，就跟微信用户每天至少都会在一个群里活跃一样，群组运营是一个不容忽视的阵地。对于品牌方而言，Facebook 群组运营的价值包括这几点：

- 品牌早期冷启动和长期发展都需要核心种子用户和长期忠诚用户的留存和传播。
- 社交聆听：品牌方可以在群组里调研了解用户对现有产品的反馈，以及对新产品的建议，帮助品牌方优化产品开发。
- 粉丝交流阵地：通过建立活跃的社群氛围，让粉丝可以相互交流，找到兴趣圈层，进而有利于社媒账号内容的互动率提升。
- 用户分析与洞察：通过分析活跃成员的画像，了解用户从哪些渠道转化而来，喜欢在什么时间段发布内容，帮助运营者优化运营细节，提升互动数据。
- 客户服务，提升复购：用户会经常在群组中寻求使用帮助，官方负责人可帮助解决问题。社群的成员也可以互助，分享解决方案，进而提升产品留存率或者复购率。

想要做好 Facebook 群组运营，笔者总结了这关键八步：

（1）创建 Facebook 群组，将其添加到公共主页。

（2）设置群名、简介、背景图。群组命名常见的形式是"品牌名＋通用兴趣词"。需要特别注意的是，因为平台搜索入口也可搜索到群组关键词，所以为了最大化地吸引用户关注进群，尽量要添加用户常见的、会主动搜索的关键词作为群组名。如果是本地的群组，建议添加地理位置，这样系统会推荐给本地用户。

（3）邀请成员进群。新群创建后，先邀请同事/好友进群，增加群组人气。

（4）设置入群问题。比如，是不是用户/客户；用什么产品；为何要加入等。

（5）制定群规则。群规则包括对不当言论的限制，禁止发布违法、低俗、暴力等不良内容，尊重隐私，严禁广告等。规则可放置在入群申请处，用户同意后再审批进群，减少后面的管理成本。

（6）制订群内容运营计划，促进成员参与互动。

- 群组运营人员要提供对用户有价值的内容，如文章、图片、视频等，以吸引受众的关注和参与，而不要完全是品牌广告。
- 定期发起低门槛的话题，鼓励用户参与。比如，周一欢迎新成员加入，周三发起一个热点话题讨论，周五鼓励大家分享本周的成就等，提高群组互动。
- 与群组成员互动。群组运营人员可在群里@用户，及时回复评论，或私信用户，提高用户的参与感和忠诚度。
- 提供专属优惠和福利，让成员有专属感。比如折扣码、免费试用等，以吸引群组成员的关注和参与。

（7）定期策划群活动。群活动是有效提高成员互动的方式，常见活动主题如线下用户活动、会员日等。

（8）群组数据分析，优化群管理。群组运营者在日常运营中要关注后台的数据看板，即群组洞察，并进行相应的优化，核心关注的数据维度包括：

- 群人数变化幅度。
- 互动量。
- 通过及拒绝人数。
- 群活跃时间。
- 活跃成员数。
- 群组粉丝画像分析,比如性别、年龄、国家城市等。
- 活跃成员排名。

第 14 章
Google 的流量玩法

Google 的平台生态

  Google 作为全球互联网巨头，也是大部分出海企业必须投入运营的平台。根据笔者经验，在 Google 上的费用投入，会远超其他社交媒体平台。主要的费用支出除了 Google 搜索，还包括 YouTube 的视频营销。因为搜索是关键流量入口，就跟在国内做品牌营销离不开百度一样，Google 搜索是大多数国家的搜索流量入口。另外，因为 Google 公司旗下的 YouTube 又是占据用户时长的头部视频流量平台，并且 YouTube 和 Google 是共用一个广告后台的，所以一般也会把 YouTube 的营销费用算到 Google 里面。

  Google 公司成立于 1998 年，旗下产品包括 Google 搜索引擎、Google 广告平台、YouTube、云计算平台、Android 操作系统、Chrome 浏览器、硬件、虚拟现实产品等。其中 Google 搜索引擎覆盖了 200 多个国家和地区，长期稳定在全球访问量前三名，占据全球搜索市场份额的 90% 以上。Google 主要的搜索服务包括网页、图片、音乐、视频、地图、新闻、问答等。

什么行业需要做 Google 营销呢？笔者的答案是：全行业。无论是 B2B 企业，还是互联网、电商、旅游、教育、金融等行业。尽管 Google 营销的成本在大多数情况下会高于其他平台，但从回报角度看，笔者认为 Google 营销依然值得投入。接下来笔者将重点分享关于 Google 的搜索引擎，主要包括搜索引擎优化和搜索引擎营销。

Google 的搜索引擎优化

什么是搜索引擎优化

什么是搜索引擎优化（SEO）？SEO 的全称是 search engine optimization，指根据 Google 搜索引擎的排名规则对网站进行优化，使网站的内容、结构、链接等尽可能符合 Google 的排名规则，从而在 Google 搜索结果中获得相对较高的排名，以获得更多的流量和曝光。这一过程可以简单理解为 "Google SEO = 站内优化 + 内容 + 外链"。

为什么要做 Google 的搜索引擎优化

为什么要做 Google 的搜索引擎优化？主要有以下三个原因：

（1）搜索引擎优化有利于吸引潜在客户。通过优化网站内容、关键词、外部链接等因素，提高品牌在搜索引擎中的排名，使得更多的潜在客户和用户能够找到品牌。因为寻找产品或者服务时，搜索工具依然是大多数用户的首选。

（2）当企业在搜索结果中排名靠前时，有利于增加品牌的知名度、信誉度和用户满意度。试想一下，当用户在搜索相关关键词时，

A 公司出现在首页，和没有出现在搜索结果的 B 公司相比，哪个公司信任度更高？那肯定是 A 公司。

（3）当精准客户主动搜索到企业时，这有利于提升产品和业务销售。通过提高品牌在搜索引擎中的排名，能够吸引更多的潜在客户和用户，当客户通过搜索进来企业主页后，可能会主动留下联系方式，从而增加企业产品的销售和业务合作机会。

Google 搜索引擎优化的优缺点

Google 搜索引擎优化的优点是持续性强、能沉淀累积数据、优化成本低、排名较为稳定、可增加用户信任感、点击不扣费、无须担心点击成本；而相应的缺点则是优化时间长、排名不确定性高、新站点的优化时间结果最少需要半年时间。

影响 Google 搜索引擎优化效果的关键因素

Google 搜索的算法一般每年会更新几次，但无论算法怎么更迭，不变的是平台一直强调的网站内容质量和原创性。SEO 会影响网站排名，那影响 Google 搜索引擎优化效果的关键因素又有哪些呢？笔者在图 14-1 中总结了五大关键要素。

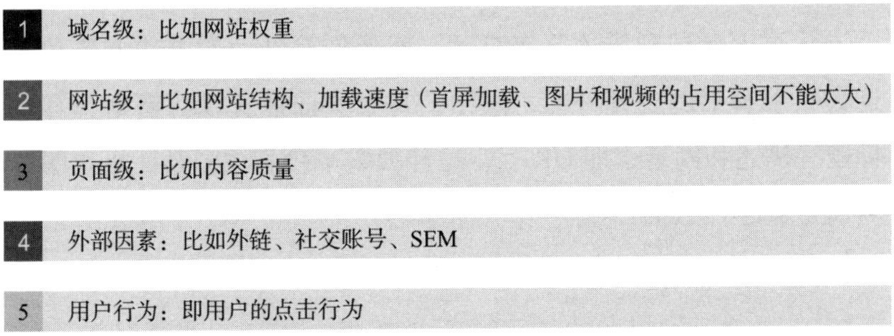

1	域名级：比如网站权重
2	网站级：比如网站结构、加载速度（首屏加载、图片和视频的占用空间不能太大）
3	页面级：比如内容质量
4	外部因素：比如外链、社交账号、SEM
5	用户行为：即用户的点击行为

图 14-1　影响 Google 搜索引擎优化效果的五大关键要素

我们经常说优化网页，那么具体优化什么，就是上面的这五大关键要素，从整体域名的选择是否简短易记、便于用户搜索（域名后缀首选 .com 而不是 .cn 或者 .vip 等，前者会让用户感觉像官网，更能与用户建立信任），到网站结构是否让用户有顺畅体验，每个子页面的图文、按钮等细节是否排版合理，再到网页添加的外链是否能增加网站的权重等，都是需要持续优化的网页细节。

整体而言，一个好的网站结构有这几个特点。

（1）导航要清晰直观。网站要易于浏览，就像走进一家商场，你希望指示牌清晰，不需要绕来绕去就能找到你想买的东西。网站也应该这样，导航要直观，一般会在网站的顶部或侧边栏放一个菜单，让用户可以轻松找到他们需要的信息。

（2）网站目录要有序。想象一下家里的书架，书都按类别整齐摆放。网站的目录也应该这样，按逻辑组织，比如"娱乐""教育""新闻"等分类，这样用户可以很容易地在不同类别间切换，找到他们感兴趣的内容。

（3）内部链接要清晰。这就像是在一本书里，不同的章节需要通过目录或页码相互联系。网站的每个页面也应该与其他相关页面有清晰的链接，这样不仅可以帮助用户方便地浏览，也能让搜索平台更好地理解网站内容，获得更多的流量。

（4）页面标题和描述要有意义。就像你看到一本书的书名和简介就能大致了解书的内容一样，网站的每个页面也应该有清晰、有意义的标题、描述和网址，即 URL[一]，这样搜索平台和用户都能迅速明白这个页面是关于什么的。

（5）设计要适应不同设备。网站设计时应该测试在手机、平板和

[一] URL 是一种用于标识和定位互联网上资源的字符序列。

电脑屏幕是否都能获得一致、方便的浏览体验，不要出现页面变形或者无法正常跳转等情况，这就需要"响应式设计"。

Google SEO 的关键词优化技巧

关键词在整个 Google SEO 中非常重要。关键词设置得好，能提高排名，吸引免费流量，提高转化率，同时增加网站权威性。

如何做好 Google SEO 的关键词优化呢？这里有两个核心动作，一个是找关键词，另一个是埋关键词。我们来分别看看它们的操作技巧。

1. 找关键词的技巧和步骤

（1）使用 Google 搜索框自动联想功能。把关键词放入 Google 的搜索框中，可以发现一些和该关键词相关的短语。平台显示的都是高搜索量的词，所以可以直接抄作业，记录相关搜索框展示的靠前的词。

（2）查看竞争对手都在用的关键词、在区域市场的搜索量、趋势等，可以借助工具 Semrush、Keyword Everywhere 等。

（3）使用 Google 关键词计划师（Google Keyword Planner，GKP）。GKP 是 Google 广告后台的一个工具，主要是为 Google SEO 提供关键词参考。其主要功能包括发现新关键字，获得关键词的搜索量和趋势预测、竞争程度、价格预估等，对 SEO 工作有很大的帮助，但前提是需要开设 Google 广告才能查看到。GKP 的查看路径是"Google 广告账户—工具和设置—关键词计划师"。

2. 网站埋关键词的六大主要位置

找好关键词之后，更重要的一步，就是要在网站的不同位置都埋好关键词，如图 14-2 所示，具体包括这六大位置。

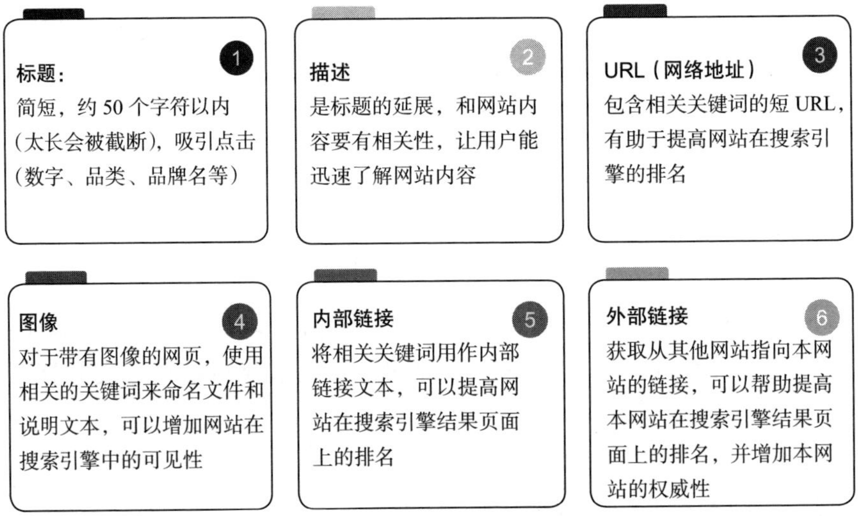

① 标题： 简短，约 50 个字符以内（太长会被截断），吸引点击（数字、品类、品牌名等）

② 描述： 是标题的延展，和网站内容要有相关性，让用户能迅速了解网站内容

③ URL（网络地址）： 包含相关关键词的短 URL，有助于提高网站在搜索引擎的排名

④ 图像： 对于带有图像的网页，使用相关的关键词来命名文件和说明文本，可以增加网站在搜索引擎中的可见性

⑤ 内部链接： 将相关关键词用作内部链接文本，可以提高网站在搜索引擎结果页面上的排名

⑥ 外部链接： 获取从其他网站指向本网站的链接，可以帮助提高本网站在搜索引擎结果页面上的排名，并增加本网站的权威性

图 14-2　网站埋关键词的六大主要位置

这六大主要位置都需要埋多个关键词，并进行反复优化，根据数据结果进行关键词替换。这是一个要持续进行的工作。

Google 的搜索引擎营销

搜索引擎营销（search engine marketing，SEM）。可以简单理解为"SEM= 网站基础搭建 + 付费广告投放 + 优化调整"。

那如何在 Google 做好搜索引擎营销呢？我们先要对 Google 系的广告产品有基础的了解，包括 Google 搜索、YouTube 视频、Gmail 邮箱和 Google 展示广告（GDN）四大产品。前面三个产品大家可能比较熟悉，最后一个 GDN 可以理解为 Google 网盟。Google 整合了超过 200 万个网站和应用程序，让广告主可以通过 Google 的广告后台直接投放和触达这些网站和应用平台。

了解了 Google 系广告包含的四大产品后，我们需要理解 Google

广告展现的底层逻辑，才能让我们在 Google 的营销获得更优的效果。Google 广告展现的本质，是竞价排名，那广告主投放的广告位置是由什么决定的呢？我们来看图 14-3。

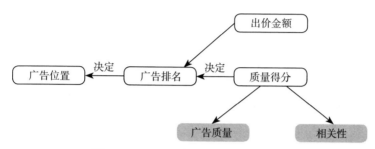

图 14-3　Google 广告展现的底层逻辑

通俗点说，决定广告位置的因素有两个：一是广告质量得分，即我们通常说的广告素材的好坏；二是出价金额。如果素材做得不错，点击率很高，但是出价很低，也有可能排名靠后；如果素材做得很差，点击率很低，但是出价足够高，有可能排名还可以，两者都会有一定的权重。决定广告内容质量得分的因素，除了广告质量，还有"相关性"，标题、描述文案等内容都要和网站的主体内容高度相关。

理解了 Google 的广告展现的逻辑后，我们来看下在产品展示端，Google 的四大广告形态，如图 14-4 所示。

图 14-4　Google 的四大广告形态

下面我们逐一看下四大广告形态的广告位置、广告形式和特点。

（1）搜索广告。

- 广告位置：Google 以及搜索合作网络的搜索结果中看到的

广告。

- 广告形式：主要是文字和链接。
- 特点：制作简单、转化率高、费用高。

（2）展示广告。

- 广告位置：展示到 Google 及 Google 联盟（GDN）的第三方网站上、YouTube 视频、Gmail 邮箱中的广告。
- 广告形式：文字、图片（可以是动图）、视频（展示在 YouTube 上）。
- 特点：流量覆盖广，可以定向选择媒体（价格更高），具备丰富的展现形式，可以是静态图片、动态图片、视频等。

（3）发现广告。

- 广告位置：Google 首页、YouTube 首页、Gmail 和 Google 发现等位置。广告主仅需设置一个着陆页网站[⊖]、至少一张图片、一个 logo 以及最多五个标题和五个广告内容描述，Google 将使用机器学习为潜在客户提供标题、描述和图像创意的最佳组合及最佳展示位置。
- 广告形式：图片、简短文字、视频。
- 特点：发现广告的原生体验感更强，发现广告是以信息流的形式自然地融入用户的浏览体验中的，类似于用户在社交媒体上看到的内容，是根据用户的搜索历史、兴趣和行为特征等因素

⊖ 着陆页（landing page）：又称落地页，是指用户通过点击广告、搜索结果、社交媒体帖子或其他链接后到达的第一个网页。着陆页通常是专门为特定的营销活动或广告系列设计的，目的是引导用户进行特定的动作，比如填写表单、购买产品、下载资源或注册服务。

自然呈现的，不会打断用户的行为。

（4）购物广告。

- 广告位置：在 Google 搜索框中直接搜索产品时，或者在 Google 的购物板块进行商品搜索时出现的广告。
- 广告形式：商品信息。
- 特点：适合消费品电商以及本地零售商向附近的人展示商品信息等。

Google 广告在企业营销中会占据比较大的预算，而整个广告生态的学习也是由浅入深的，在实践中不断优化。由于本章篇幅所限，就不深度延展，大家大致了解即可。如果读者朋友对此感兴趣，可以关注笔者的相关课程，那里有更详细的分享，你也可以自己开一个广告账户，在后台小金额地尝试下，学习效果会更佳。

第 15 章

YouTube 的视频营销全攻略

在开始第 15 章之前，笔者先解答几个关于 YouTube 营销常见的问题，让读者朋友对 YouTube 营销有一些直观的了解。

（1）什么时候需要优先做 YouTube 的营销运营？当传播素材以视频为主，并且国家市场的目标人群使用 YouTube 的比例高和在线时间长时。

（2）B2B 营销也可以通过 YouTube 实现吗？完全没问题。YouTube 基于 Google 的广告生态，能够触达精准的企业端用户，只要前期圈定匹配的目标人群，内容素材是适合与企业沟通的，也能通过获取客户线索表单等方式去完成触达和转化。

（3）YouTube 的广告投放有什么特殊之处？YouTube 被 Google 收购后，纳入 Google 的广告生态系统，所以投放 YouTube 的广告是在 Google 的后台操作，也就是学习 YouTube 的广告投放，需要先学习 Google 的广告体系。

YouTube 为何值得布局

YouTube 创办于 2005 年 2 月，由美国华裔陈士骏等人创立，让用户观看、分享及下载影片或短片。2006 年 11 月，Google 公司以 16.5 亿美元收购了 YouTube，并把其当作一家子公司来经营。截至 2024 年 10 月，YouTube 覆盖全球 130 多个国家、80 多种语言。

YouTube 堪称全球头部视频平台，而视频又是品牌营销必备的内容形态，因此 YouTube 的视频营销也是海外数字营销的必备。

YouTube 为何能持续吸引创作者加入

要理解为何 YouTube 从创办至今，内容流量依然保持稳定增长，就要先理解为什么 YouTube 平台一直能持续吸引优质创作者加入。所有的媒体平台，都离不开活跃的用户。用户为什么来？是因为这里有他们喜欢的内容。内容由谁生产？YouTube 的内容是由来自全球的内容创作者生产的。创作者为什么来 YouTube 而不去其他平台？这就要提到 YouTube 创作者的五大收益来源。

1. 广告收益

YouTube 平台与创作者对广告收益进行分成，分成比例是平台 45%、创作者 55%（数据截至 2024 年 10 月）。

YouTube 创作者收入计算公式：创作者收入 = RPM × 播放量 /1 000。

可以简单理解为，视频质量越高，看广告的人越多，分到的广告收益也就越多。

这里有一个关键数据 RPM，指的是每千次展示收入。YouTube 创作者的 RPM 有所差异，原因主要是以下几点：

（1）地域性。人均 GDP 越高的地方，广告 RPM 越高。

（2）频道领域。离钱越近的领域例如金融、理财、电商、房地产等广告单价越高，用户价值越高。

（3）视频时长。视频长度达到 8 分钟以上时，可以插入更多的广告，这通常可以带来更高的 RPM。有实验表明，10 分钟以上视频的广告收入是短视频的 3 倍。但并不是简单地说视频越长，RPM 就越高。观看时间是影响广告收入的一个重要因素。用户观看视频的时间越长，看到广告的机会就越多，从而创作者可能获得更高的收入。如果视频内容不吸引人，观众可能在广告出现前就离开了，这反而会降低 RPM。因此，创作者需要平衡视频长度和内容质量，以保持观众的参与度。

（4）广告主预算。广告主在不同时间，包括节日、节点的投放预算不一样，比如在黑五购物节、圣诞节等，一般 RPM 会比较高。

2. 电商带货

YouTube 创作者可以在主页简介、评论区等位置添加带货链接，引导粉丝转化，进而赚取佣金，直播带货也同理。另外，YouTube 上线了 YouTube 小店功能，创作者除了可以有第三方商品的链接，还可以直接开通 YouTube 小店，上架自己的商品到 YouTube 小店进行销售。

3. 会员收入

创作者根据运营情况，可以设置会员专属视频内容，赚取会员收入。

4. 打赏

创作者可以赚取用户打赏。YouTube 平台的打赏金额在不同国家有不同的金额设置，比如美国分别是 2 美元、5 美元、10 美元和 50 美元。YouTube 将从用户打赏创作者的金额中抽取 30% 的分成。

5. 品牌合作

品牌方通过邀请 YouTube 创作者进行广告内容拍摄和发布，进行商务合作，YouTube 创作者可从中获得商务费用。

YouTube 推荐算法

在了解 YouTube 的运营技巧前，我们需要先了解下 YouTube 的推荐算法，才能从平台视角理解什么样的视频内容能得到平台的推荐。笔者把 YouTube 的推荐算法总结为"机器学习 + 人工智能"。看似复杂的推荐算法背后，其实是创作者发布视频内容后，YouTube 后台算法推荐的五大关键动作，依次如图 15-1 所示。

5. 个性化推荐：根据用户的历史行为和当前情况，进行个性化推荐
4. 排序：将视频热度（点赞、评论、分享）高的视频，结合新鲜度排序
3. 相似度计算：根据用户的特征，计算出与其兴趣相似的视频和频道
2. 特征提取：通过分析数据，提取出用户的兴趣、偏好等特征
1. 数据收集：用户的观看历史、搜索历史、点赞、评论、分享行为

图 15-1　YouTube 后台算法推荐的五大关键动作

从上面这五大关键动作我们可以看到，YouTube 后台算法是会根据创作者发布的视频内容，提取相关的数据，去匹配对此内容感兴趣的用户，并且给创作者的视频进行打分排序，质量高的视频能获得更多的展现曝光。因此我们要尽量在视频拍摄和发布时，在标题、文案、标签等方面尽量去匹配系统的算法推荐，就有可能获取更多的流量。所以 YouTube 运营的重点还是内容！内容！内容！

一条视频内容最终呈现在用户面前，离不开 YouTube 的五大推荐位，如图 15-2 所示。

图 15-2　YouTube 五大推荐位

读者朋友只要清楚所发布的视频内容，在这些位置能被用户看到就可以了。

YouTube 内容运营七步法

理解了 YouTube 的创作者激励和平台推荐算法后，要启动内容运营又应该从何下手呢？笔者在图 15-3 中总结了关于 YouTube 运营的七大关键步骤。

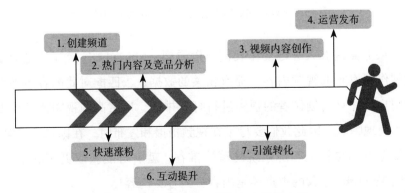

图 15-3　YouTube 运营的七大关键步骤

下面我们来逐一看看每一步应如何具体操作。

创建频道

创建 YouTube 频道时，以下是一些重要的注意事项：

（1）创建 Google 账户。由于 YouTube 属于 Google，你需要一个 Google 账户来创建 YouTube 频道。建议为业务创建一个专用的 Google 账户，尤其是如果需要与团队成员或合作伙伴共享访问权限时。

（2）频道头像。一般品牌账户以品牌 logo 或产品图为主。

（3）频道名称。一般是品牌名。

（4）频道简介。频道简介可以是一句简洁的品牌口号，介绍自己是谁、能给粉丝带来什么，介绍频道内容和品牌故事等。

（5）添加外部社媒链接。

（6）主页上方频道横幅。需要特别注意的是，横幅的图片设计需要将关键信息居中展示，配色字体与内容风格保持统一。另外，频道横幅的背景图可引导跳转至以下链接：

- 关注站外社交媒体如 Facebook、Instagram、TikTok 等。
- 下载 app。
- 官网。

（7）选择国家/地区。如果目标受众主要在某个特定国家，选择该国会更好地定位和吸引这些观众。一旦运营者为 YouTube 频道选择了国家/地区，将无法更改国家/地区，所以请在创建频道之前认真考虑。

热门内容及竞品分析

在创作 YouTube 视频前，无论是品牌号还是个人号，都建议先分析平台热门内容和竞品/对标账号的视频内容，从封面、选题、标题、文案、视频时长、视频节奏、视频前 3 秒 /10 秒、视频结尾、文案、视频场景画面、剪辑手法、评论区运营等维度进行全方位的分析，取其长处。若是新手运营，相信拆解分析 30 个账号后，再动手做内容，更多内容细节和流量转化能做得更好。同时可以借助以下工具，快速抓取平台的热门内容和竞品账号，提升热门内容及竞品分析效率：

（1）YouTube 平台热门内容分析，可通过 YouTube 的热门趋势板块查看 YouTube 热门视频，了解用户时下关注的热点和受欢迎的内容。

（2）竞品账号分析。可借助第三方工具 TubeBuddy 进行数据分析。关于竞品 / 对标账号的数据分析，一般会包括播放量、视频量、互动率、30 天内数据变化、标题关键词等维度。如果是企业号，还可以分析竞品账号的热推达人有哪些，再跳转到热推达人的视频内容，去学习达人的内容创作技巧。

视频内容创作

为什么经常看到别人的视频有百万播放量，你苦苦生产的视频却数据惨淡？其实就是内容创作的环节出了问题。视频创作是个精细活，文案比别人差 10%，画面比别人差 10%，剪辑比别人差 10%……最终加总就会只有别人百万分之一的效果。

笔者总结了创作优质视频内容的八大关键技巧，希望有需要的读者能对照着优化内容。

（1）确定目标受众。内容需要契合受众的需求和兴趣，比如定位对科技感兴趣的人群、定位海外华人、定位都市白领等。人群受众不同，整个视频语言和表达方式都会有较大差异。内容本身是筛选人群的最优方式。

（2）保持品牌一致性。通过体现品牌标识、品牌色彩和品牌音效/配乐等方式，以便观众能够在日常内容中联想到品牌，如果是个人博主也同理。

（3）提供有价值的内容。品牌号或者个人号通过在视频内容中提供解决问题的方法、分享专业知识和经验，可增加视频的分享率。当然在一般情况下，严肃的专业内容流量会不如娱乐内容，所以做知识内容时，尽量要轻松愉快些。

（4）提升视觉和听觉效果。通过在后期剪辑中添加动画、特效和音乐等，提高视频的可看性，能有效增加观众观看时长。

（5）黄金3秒开场。这是所有视频的创作宗旨。开头一定要把最吸引人的内容前置，比如引人入胜的故事、有趣的配乐和冲击力强的画面等，努力提高视频的完播率。在创作视频时，较多新手创作者经常会从自己的角度去考虑视频的完整表达，考虑叙事的严谨性等，但是很多时候，观众只看到视频的前3秒就决定是否要看完全部了，所以在开头留下钩子很重要，不然后面的内容做得再精良都没用。

（6）制定故事框架。在脚本中制定一个故事框架，如生活场景、环境背景等，使观众能快速代入角色。视频中一定要使用简单的、口语化的文案表达，以便观众能够轻松理解和记忆。

（7）结尾引导用户行动。在视频结尾，通过文案和博主口播，引导用户订阅频道、互动转发、Google搜索品牌、点击购买产品或访问网站等，增强视频内容的营销转化。

（8）吸睛的封面设计。YouTube的视频封面设计非常重要，这直接决定了点击率和播放量。YouTube视频封面的点击率平均在10%左右，低于5%属于点击率较低，5%～10%属于普通，10%～15%属于还可以，15%～20%属于比较优秀，高于20%属于非常好。一个好的视频封面设计，主题要突出，将关键文字和数字放大，有人物露脸的封面图点击率一般会更高，更能真实体现出视频的内容。视频封面的设计视觉冲击力强、色彩搭配和谐也很重要。另外，视频封面风格尽量保持统一，有利于提升账号的转粉率。系统会自动生成封面图，但建议还是自行设计，凸显主题。如果一开始不知道怎么确定封面图风格，可以参考平台热门内容和竞品账号的封面图风格，拆解构图元素等，进行模仿创作（注意不是抄袭）。

运营发布

运营 YouTube 账号的过程中，从账号设置到内容发布，每个环节都会影响流量推荐，需要特别注意以下几点：

（1）选定合适的播放类别。发布时系统会有下面这些选择，运营者可以根据自己的内容方向选择合适的播放类别，有利于系统识别感兴趣的目标用户，推送给匹配的人群。播放类别包括：

- 宠物和动物。
- 电影和动画。
- 公益和社会活动。
- 教育。
- 科学和技术。
- 旅游和活动。
- 汽车和其他交通工具。
- 人物和博客。
- 体育。
- 喜剧。
- 新闻和政治。
- 音乐。
- ……

（2）标题添加关键词。标题中添加关键词很重要，因为 YouTube 的流量有相当一部分是来自用户搜索。标题建议添加搜索量高的词，同时注意标题一定要和视频的主体内容紧密相关。以下提供品牌号常见的标题模板所包含的关键词供读者参考，读者可自行调整顺序进行排列组合：

A（关键词、长尾词）+ B（材质、属性、功能、参数）+ C（行业术语、专有名词）+ D（自造词、品牌词）

（3）视频描述添加关键词标签。在视频描述部分，因为系统只会展示 2～3 行文字（约 100 个字符），所以前两句话要介绍视频的重要内容，并且尽可能多添加关键词标签。标签是让系统算法去识别对这个内容感兴趣的用户。最佳的标签数量为 5～8 个，建议使用"通用标签+主题标签+重点标签"相结合的方式。

- 通用标签：至少包含一个能够描述视频内容关键词的标签。
- 主题标签：用于描述视频主题内容的标签，例如视频中出现的名人、品牌、位置等。
- 重点标签：视频的话题内容标签。

（4）视频源文件名添加关键词。算法会查看视频的源数据，所以视频源文件的命名，也记得添加相关的关键词，这点经常会被运营者所忽略。

（5）定期发布内容。定期发布视频，最好日更，其次周更。如果是发布频次不稳定或者长期不发布视频的账号，会被系统降低权重，影响推荐流量。

（6）添加卡片功能。添加卡片功能，用户看完视频后会连着推荐该频道的其他视频，有利于提升同一频道下不同视频的播放量和账号的转粉率。卡片出现在视频的右边，有 6 种，分别是频道、链接、公益、打赏、投票和播放列表。

（7）添加字幕。YouTube 是全球平台，视频观看者有可能来自全球不同国家/地区。运营者可使用平台的自动翻译功能，方便不同语言的观众观看，提升播放量。通常字幕会包含视频内容的关键词，有利于提升视频内容在平台的搜索权重。

（8）创建内容合集。创建内容合集是当账号发布的视频有多种细分主题时，可以将视频内容进行分类，方便观众根据自己的喜好，去浏览和收藏播放列表。运营者创建内容合集后，会在主页展示。品牌号常见分类方式是按照产品系列、品牌活动、节日节庆等进行分类。

快速涨粉

现在运营 YouTube 的涨粉难度越来越大，尤其是新号。一是因为平台的推荐算法不像 TikTok 会给到免费的初始流量，在早期阶段更多是需要靠 YouTube 博主本人进行引流，或者靠广告投放的烧钱模式才会有曝光；二是因为 YouTube 发展到现在，内容供给端的创作者已经足够饱和，而用户数并没有出现大规模的增长，所以新的内容创作者较难突围。但我们在运营过程中，仍然有一些细节技巧，可以帮助我们快速涨粉，具体包括：

（1）在视频画面添加引导关注按钮。

（2）在频道背景图添加引导关注按钮。

（3）与其他 YouTube 博主合作共创视频或互相推荐，吸引他们的粉丝关注。

（4）将 YouTube 内容分享到其他社交媒体及私域社群，引导关注。

但上面说的都是一些操作技巧，核心还是内容！内容足够有价值，转粉率自然就会高。

互动提升

为什么要重视互动数据？因为互动率会影响视频推荐及频道权重，所以在运营过程中，要鼓励和引导用户点赞、评论和分享。具体的互动提升有四大技巧，包括：

（1）在视频内容内引导评论，可以通过提出问题、征求意见或建议等形式。

（2）运营者发布视频后，可在评论区发布评论并置顶，通过类似提问的形式，引导用户互动，同时要及时回复用户评论。这点很重要，也是经常会被忽略的。

（3）创作互动内容，例如采用投票、抽奖和问答等形式。

（4）定期举办 YouTube 直播活动。直播形式能与观众进行实时互动，提高观众参与感。

引流转化

在 YouTube 有两种引流方法。一种是在新号起号过程中，从站外不同渠道引流到 YouTube，增加视频的播放量和账号的转粉率。那么，从站外哪里引流至 YouTube 呢？常见渠道包括社交媒体（如 Facebook、Instagram 等）、企业官网、博客和论坛、新闻媒体报道、问答社区（如 Quora、Reddit）等。另一种是在 YouTube 账号运营起来后，服务于商业目标，从 YouTube 引流到站外，把流量引流到电商或者官网等进行转化。如何从 YouTube 引流到站外转化呢？有以下几种方式：视频发布时在视频详情的文案描述、评论区等位置添加链接，账号背景图添加按钮，开通 YouTube 小店的功能。

第16章

如何抓住TikTok的流量风口

TikTok平台概述

TikTok作为全球增速迅猛的短视频平台，截至2024年10月，已经覆盖超过全球150个国家、70种语言。其中美洲、东南亚、中东分别是目前活跃用户最多的地区。据研究机构YipitData数据显示，2023年TikTok全球电商GMV约为136亿美元，其中东南亚贡献超90%。⊖ 而消息称TikTok Shop 2024年的年度GMV目标为500亿美元，相较前一年翻倍，其中2024年美国电商市场的目标是175亿美元，由此可见美国市场的重要性。

根据时光机理论，不同国家同一事物的发展有先后顺序，某个东西在A国先验证了成功，那也可以在未来复制到B国。不少布局TikTok的企业主或者个人，正是看中TikTok就像之前的抖音，流量

⊖ 跨通社，"贡献超90%GMV，东南亚强势拉动TikTok业务增长"，2024年2月2日。

持续增长，商业闭环持续完善，新进入者仍有较大红利机会。

抖音的商业模式，都值得在 TikTok 上再做一遍！

TikTok 的用户有这几个特点：年轻化、使用时长高、消费力较强、消费需求旺盛。过去几年因为抖音独特的流量模型，对国内的商业模式有极大的颠覆式创新。除了直播电商的兴起，还有个人 IP 的势能，让许多传统的线下生意搬到线上，在短视频和直播引流后，获客成本大大降低，更诞生了许多"超级个体"。笔者认为，随着短视频流量的变革，未来个人与公司的边界将更加模糊，一个人可以是一家公司。玩好流量，极少的人可以产生远高于原本上千上万人公司的效益。

无论个人还是企业，目前运营 TikTok 有以下六大变现方式。

（1）广告。当账号运营到一定粉丝量之后，会有品牌主的广告宣传合作，这个变现方式适用于个体达人、垂直账号矩阵、海外 MCN 机构。

（2）电商。电商带货，作为达人可以添加第三方的货盘链接，直接获取佣金收益，也可以自己开设商店，售卖自己运营的商品。

（3）服务。通过视频或者直播方式，为在线课程、咨询服务或者线下门店如餐饮、美容美发等本地生活业务导流。

（4）流量变现。游戏或者应用类的互联网产品推广，需要找到匹配的网红博主合作，为其增加产品的下载安装量。

（5）娱乐打赏。主要是娱乐类型的主播，通过直播形式，获得用户的在线礼物打赏，进而将礼物变现。

（6）平台补贴。按视频播放量获得平台补贴，如创作者基金。

TikTok 为什么能吸引不同的创作者加入，这和平台的推荐算法相关。目前平台是有一定的免费流量，这点是 Facebook、YouTube 等其他平台不具备的。大家要知道流量就是钱！那作为运营方，目前在

TikTok 平台如何获取流量呢？有以下两大核心方式。

（1）免费流量：

- 短视频。
- 直播间。
- 小店。
- 评论。
- 好友私信。
- 主页简介。

（2）付费流量：

- TikTok Ads 广告。
- 达人推广。
- 其他引流。

所以我们在实际运营中，要尽快抓住目前免费流量的红利，在产品的不同位置为我们的业务引流，必要时也可以辅以一定的付费流量，加速成交转化。

作为运营者，可以说无时无刻不在期待我们的视频能爆。那怎样的视频能爆呢？我们需要切回平台视角，去理解 TikTok 的流量推荐机制。TikTok 的每条短视频都是在图 16-1 这样的一个倒三角流量池里层层递进的，能否让短视频内容获得下一个层级的推荐，核心取决于内容的完播率和互动率。

如果要问什么行业、品类适合 TikTok 平台？笔者的答案是：全行业都可用 TikTok 平台再做一遍！

根据抖音的发展经验，适合运营 TikTok 的行业包括：

（1）互联网应用。比如，社交、游戏、工具等领域的互联网应用。

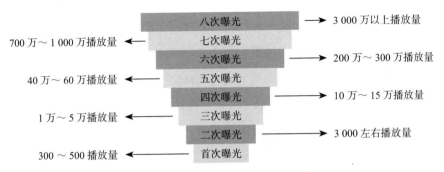

图 16-1　TikTok 倒三角流量池推荐模型

注：具体的播放量数值并非绝对值，在不同国家会有差异，只要理解内容播放量是在后台获得层层递进的推荐就行。

（2）电商。消费品类产品以中低客单价为主；新奇特、冲动消费类产品转化更佳。

（3）B2B。比如，制造业工厂、外贸公司等，以引流拿线索为主，再转私域，如邮件沟通促进成交。

（4）本地生活。比如，餐饮、零售、美容美发等行业，引流到线下成交。

（5）教育行业。比如，打造名师 IP，售卖在线课程或者一对一咨询服务。

TikTok 运营过程非常考验创作者的心态。根据笔者本人以及学员的经验，大多数创作者先后会经历这么四个阶段：

（1）无流量，无变现。

（2）有流量，无变现。

（3）有变现，无流量。

（4）有流量，有变现。

所以，运营 TikTok 的心态一定要好。流量是基础，在运营过程中要时刻追踪单条视频和整个账号的数据变化，分析对比每个指标对应的视频数据，对应数据好的指标要进行复制迭代。运营者要关注的核心数据指标如下。

（1）完播率。完播率是指视频内容被完整观看的比率，它是衡量视频内容吸引力和观众参与度的重要指标之一。完播率计算公式为：完播率＝完整观看视频的次数／视频总播放次数×100%。开头前3秒是影响完播率的关键，用户可能只需要3秒来判断是否要看下去，这就是常说的"黄金3秒"。很多时候，我们一直在规划剧情线，起承转合，甚至希望视频的每一帧都接近完美。殊不知其实在短视频流量平台中，每条无论是制作费100万元还是随手拍的视频，平台给到的初始曝光流量都是平等的，用户的耐心基本不会超过3秒。如果开头太拖沓，大部分用户就会离开；如果亮点都藏在视频中后段，大多数用户都划走了并不会看完整条视频，也看不到所谓的亮点。所以短视频的开头千万不要拖沓，要快速切入、亮点前置。同时可在视频中用文案、贴纸等小技巧引导用户完成点赞、评论、转发或看完视频。比如在视频文案和视频开头、结尾写到"Surprise at the end（结尾有惊喜）"等来提升完播率。切忌视频时间不要过长，除非视频内容质量极高，新号早期内容为8～15秒比较适合。

（2）播放量。播放量是短视频运营过程中的基础指标。完播率和互动率都决定了播放量，播放量是结果。那如何提高播放量呢？根本还是回到提高完播率和互动率本身，还是内容、内容、内容！内容的细节又回到开头黄金3秒、画面、文案、剪辑、表现力等细节的加乘。

（3）平均观看时长。平均观看时长是由完播率延展出来的一个指标。一条具备高观看时长的优质短视频一般会有这样的特点：3秒吸引、8秒转折、15秒转粉。在创作的时候我们可以套入这个模板。

（4）转粉率。我们经常看到一个爆款视频，直接给一个账号带来几万甚至几十万的新增粉丝，所以，粉丝增量和播放量之间是呈正相关关系。另外，关注比①越高，说明账号内容转粉率高。转粉率高的账号，要么为粉丝提供情绪价值，要么为粉丝提供专业价值。想要提升转粉率有什么技巧呢？比如一个系列分成两个视频，即上下两集进行发布，可采取这样埋下钩子，引导用户关注。这就跟电视剧一样，每集埋下一个悬念，让观众期待下一集的更新。另外，通过设置吸引人的视频封面，尤其是IP账号，可以设计成统一的视频封面风格，去吸引用户的关注转粉。

（5）点赞率。点赞行为一般是在用户表示认同、有趣好玩的情况下发生的。如果要提升点赞率，最基础的技巧可以是采用贴纸、文案等进行引导。如果是带货号，就需要商品本身的使用功能能充分体现用户的痛点、槽点、关注点，从而转化为用户自发的点赞。

（6）收藏率。收藏行为主要是因为用户觉得内容有价值，对用户有用。比如很多教程类视频，用户有一种"收藏即学会"的感觉。用户总感觉自己收藏了，以后要学习可以再翻找回来看，虽然很多时候大多数人并不会再看。所以，可以通过比如"记得收藏，不然后面找不到"这样的文案去引导用户收藏。

（7）评论率。这是互动率相关的最重要的一个指标。评论率高的短视频，平台会给予流量激励，把视频推荐给更多评论区的相似用户。所以有时候我们会发现，有些博主的视频内容角度会有意去引导对立话题、争议性话题，激发用户站队讨论，又或者更激进地抛出一个会被大多数用户反驳的观点，引发用户在评论区谩骂，即所谓的"黑红也是红"。由于平台现阶段无法完全识别评论的正反面，更多看的是评论量。其他提高评论率的技巧，比如标题引导，通过在标题中留下

---

① 关注比＝粉丝量/点赞量。

二选一类型的疑问句，即"你更喜欢纽约还是旧金山？"，让用户能低门槛（无须较多思考）参与评论。博主也可以在视频发布后，在评论区首发评论，比如"你又是怎么看，可以留言""想加入的扣1，想找工作的扣2"，引导用户评论。同时，博主要注意及时回复用户留言。另外还可以在视频发出后，用小号在评论区留下精彩、有趣的评论，和国人一样，外国人也很喜欢"神评论"。

（8）转发率。可以回忆下，上一次你分享给家人朋友的视频，是什么内容？无非是具备实用学习价值，又或者是社交货币（有趣好玩，能成为谈资）属性的内容。我们自己在创作短视频的时候，可以反问自己，如果看到别的博主有这样的短视频内容，你是否愿意转发分享？在品牌营销领域有个关键的指标，叫净推荐值（Net Promoter Score，NPS）⊖，它是一种衡量顾客忠诚度的工具，用来衡量顾客将品牌或产品推荐给他人的可能性。试想下如果你愿意把一个产品自发推荐给亲朋好友，一定是对该产品满意度非常高的。那回到短视频内容，转发率就很像 NPS，它代表了用户的最高认同，也是互动率指标里面难度最大的一个。

运营 TikTok 账号前，还有非常重要的一步是：竞品/对标账号分析。做竞品分析的重点包括哪些呢？

- 研究在相同用户的账号里，用户喜欢看什么类型的内容？
- 对方是如何进行引流和变现的？

那怎么找到优质的同类目的竞品/对标账号呢？常见有以下三种

⊖ 净推荐值于 2003 年提出，它基于一个简单的问题："在 0 到 10 的范围内，您有多大可能性向朋友或同事推荐我们的产品或服务？"，了解用户有几分的意愿愿意把产品推荐给亲朋好友，1～10 分打分，9～10 分为推荐者，7～8 分为中立者，0～6 分为批评者。为什么这个指标很重要，因为它代表了用户最高的认同。

方式：

- 通过 TikTok 的搜索框直接查询品类关键词。
- 主动关注竞品账号，点赞评论，不断地刷内容，每天保持刷 1 个小时以上，持续 3～5 天，系统会推荐更多的相似账号。
- 借用第三方数据分析平台，通过长尾关键词寻找竞品账号。

需要特别注意的是，在确定竞品/对标账号时，如果你运营的是一个新账号，要侧重关注"低粉爆款号"。什么叫"低粉爆款号"？就是那种粉丝量在几千到几万，注册时间不超过 1 年，但是有一两条播放量破百万的账号，我们可以重点模仿爆款内容以及该账号的定位等。另外，不要关注太多百万粉丝量起的账号，为什么？因为当你还在新手村的时候，直接对标头部选手，参考价值不大，并且百万粉丝量的账号，大多数是有时间窗口的，可能就是在两三年前开始运营的，当时平台的内容竞争没有那么激烈，所以早期账号相对好做，比较容易突围。在不同的时间点，即使你的内容创作能力和质量能达到百万粉丝量的网红级别，也不能达到同样的内容播放量和粉丝量级，因为平台的用户转粉行为会越来越难，增粉成本也会越来越高。

确定好竞品/对标账号后，下一步就要做账号的具体数据分析了，笔者总结了四大要点：

- 对方的爆款内容都是怎样的？内容方向、风格、结构、节奏、剪辑手法、拍摄画面等是怎样的？
- 对方在产品和品牌的传播及露出，在账号和内容上都是如何体现的？
- 对方怎么将用户引流到 TikTok 之外的流量池，如独立站、WhatsApp 等？
- 对方最终如何有效转化用户进行消费、支付？

建议运营者将上述的分析维度都通过表格进行细致的分析呈现，通过相应的文字备注和截图等加强记忆，以便在后面进行内容创作和账号运营时学习模仿。

TikTok 运营决策：国家选择

笔者经常会收到粉丝朋友的问题，就是问应该选择哪里运营？确实在开始 TikTok 的运营前，选择国家是非常关键的。不同的企业或者个人，这个问题的答案都不一样。但笔者一般会建议重点考虑这几个维度：用户量、TikTok 在该国的社媒渗透率、电商是否闭环（就是企业主可以开通小店功能）以及你的品类。如果是做户外产品，美国是非常有吸引力的市场；如果是做低客单、跑量型产品，笔者会建议优选东南亚市场；如果是做娱乐直播，中东是不错的市场，因为用户付费能力强。同时也要理解，如果是电商，在不同的国家市场运营，资金量要求也会不一样，尤其是品牌方，囤货成本也不一样。所以选择国家市场，共性因素和个性因素要综合平衡考虑。

还有一个关键因素，就是不同国家的政治不确定性，具体包括该国政府对 TikTok 所代表的短视频娱乐平台以及电商平台是否欢迎。当然很多时候我们对这个因素比较难预判，唯一可以做的，就是多国家、多平台运营以规避风险。因为无论不同国家对 TikTok 的态度如何，用户对娱乐内容和电商消费的需求基本面是不变的，即使 A 平台不在，也会有 B 平台来承接需求。而全球社交媒体和电商平台，其实不会有较大的变动，说白了就是来来去去那几个平台。因为社交和电商平台都不是一般的新进入创业者能快速超越前面巨头的，具有规模效应，所以无论是作为达人方还是作为品牌方，我们只要抓住几个头部平台，同时在时间精力允许的情况下，布局新兴、高增长的平台即可。核心还是内容创作和账号运营的能力，只要这两个关键能力还在，无论平台怎么更迭，我们依然可以获取流量和高转化回报。

另外一个运营 TikTok 的国家选择策略，就是跟着平台的节奏走，比如可以通过公开招聘信息，了解到 TikTok 平台在新开国家市场的计划，提前布局该国的账号运营。TikTok 目前处于全球跑马圈地的状态，新开国家市场的选择都是经过内部多重策略讨论以及实际落地可行性评估的。在新开设国家市场，平台一般会给创作者和入驻商家流量扶持。比如 TikTok 的广告投放曾经给过高额的 1∶1 补贴，什么意思？就是广告主投放 10 万货币单位，平台给返回 10 万货币单位的广告金额，这相当于白送！当时有很多小店闭环的商家在这一波补贴中快速起量，将产品和店铺运营打爆，像这样的信息差问题在跨境运营中非常常见！当然平台在新开设国家市场的不确定因素也非常大，比如笔者在 2024 年年初询问 TikTok 内部高层人员计划新开设哪些国家市场，对方给笔者列出了几个，但是优先级不好说，是否能全部落地也说不准，因为这里面的影响因素较多，复杂性超越了我们的想象。然后，笔者到年底发现，实际新开设的国家市场，和年初的计划也有一定的差异。但做海外市场就是这样，拥抱变化、不断加强内容创作和账号运营能力，才是我们唯一能做的事情。

TikTok 运营四大方式：短视频、直播、与达人合作、商品卡

运营 TikTok 前，要提前规划好核心的内容运营方式，这基本都离不开短视频、直播、与达人合作、商品卡。关于这四个运营方式的差异和优劣如下所述。

第一个 TikTok 运营的方式是短视频。短视频是基础，企业自运

营账号，短视频形式有利于积累粉丝，同时在有小店闭环功能的国家，可以直接做成交，实现品效合一。劣势是用户在 TikTok 平台上，更愿意关注达人号，而非品牌号。所以品牌号相对于达人号，涨粉的难度会更大，这就需要靠新奇特的内容突围。好消息是，目前 TikTok 用户观看短视频的时长远远大于直播，不比国内抖音，其大多数电商成交行为都需要通过直播承载。所以，通过 TikTok 短视频进行运营涨粉或者电商成交，都能有较快较好的反馈。在一般情况下，短视频的创作成本比直播的运营成本低许多，这也是现阶段要重视 TikTok 短视频内容创作的原因。

第二个 TikTok 运营的方式是直播。关于直播，目前在 TikTok 运营中不是必选项，需要看具体的国家，尤其有些国家用户还没有形成观看直播以及在直播间消费的习惯。但是从大盘看，直播的流量和电商 GMV 增速都较快，在部分国家（比如美国等）提前布局直播的一些玩家也尝到了甜头。所以，有国内直播运营经验的团队，基本上可以凭借经验降维打击。切忌，不可完全照搬国内的直播形式，尤其是国内的一些逼单、憋单的促销套路，欧美国家用户不一定买单。虽然说喜欢高性价比的产品是全球用户统一的心理，但是欧美国家的用户还是更看重产品的质量以及品牌的故事，直播间给了这样的时间可以去讲好产品和品牌故事，不一定都要像国内的短平快直播节奏那样。

除了短视频和直播，第三个运营 TikTok 的方式就是与达人合作。企业主或者货盘方通过 TikTok 的达人合作去起量，这是目前品牌或者白牌⊖产品运营 TikTok 的最优选择。比如希音刚开始出海时，也是通过给海量的 TikTok 达人寄送衣服样品，通过合作的达人生产批量的短视频内容，为品牌早期在平台获取基础流量。TikTok 的达人营销策

⊖ 白牌是品牌的相对概念，又被称为"无品牌"，指的是没有品牌和商标的产品。

略，对于出海品牌来说，不仅局限在早期阶段，也会持续覆盖整个品牌在海外市场的拓展阶段，这是一个长期策略。企业主需要更换迭代，与不同的达人合作，达人也需要通过不同的产品合作去将粉丝流量变现，双方是一个双向奔赴的过程。对企业主来说，达人营销既可以实现品牌宣传，也可以提升产品销量，为什么企业主不能不重视TikTok这个平台，就是因为TikTok真正实现了品效合一，产品销售闭环。粉丝天然对达人的喜爱和信任高于对企业品牌的，这也是通过与达人合作，转化率会高于企业主运营自己官方号的原因。

随着平台更加重视商城的搜索流量，也衍生出第四种方式——商品卡的流量玩法。商品卡指的是类似货架电商的逻辑，商家靠提高商品链接的搜索权重，在商城板块获得流量转化。目前这个玩法还不是主流，更多是平台运营的一种补充方式。因此，还是以前三种流量为核心。前三个运营手段做得好了，商品卡也会有自然流量转化，四者是相辅相成的关系。

TikTok运营如何快速涨粉

当TikTok账号启动运营后，无论有多少重要的运营指标，相信所有运营者从主观角度最在意的数据还是粉丝量，每天最惦记的一定是怎么快速涨粉。这里笔者总结了以下几大涨粉技巧。

1. 完善账号主页简介

账号主页有多重要？账号主页直接影响用户的第一印象、转粉率和跳转率。回忆一下，当你看到一条吸引你的短视频，是不是下一步可能会点进去看看作者的账号主页，然后再判断要不要关注他？如何完善账号主页呢？有这么核心两点：

（1）头像：品牌号建议用 logo；电商带货号用商品；IP 号用个人照片。

（2）简介：用一句话说明价值；可引导用户添加 # 品牌标签，@ 官方互动；设置官网跳转链接。

2. 主要国家内容发布的"黄金时间"

选择在目标国家的黄金时间进行发布，能让内容获得更高的播放量。表 16-1 是部分国家的黄金时间参考，但具体也要根据自己的行业和产品进行测试调整。

表 16-1　TikTok 主要国家的内容发布黄金时间

国家	当地时间	北京时间
美国	12:00～16:00 19:00～23:00	00:00～04:00 07:00～11:00
日本	13:00～23:00	12:00～22:00
泰国	12:00～21:00	13:00～22:00
俄罗斯	14:00～23:00	19:00～04:00
巴基斯坦	14:00～20:00	17:00～23:00
土耳其	14:00～20:00	19:00～03:00
越南	09:00～11:00 16:00～20:00	10:00～12:00 17:00～21:00
巴西	15:00～17:00 21:00～22:00	02:00～04:00 08:00～09:00
印度尼西亚	09:00～12:00 15:00～18:00	10:00～13:00 16:00～19:00
墨西哥	13:00～17:00 19:00～20:00	02:00～06:00 08:00～09:00
加拿大	10:00～18:00	22:00～06:00

3. 使用热门音乐，但需要注意版权

流行音乐自带流量，特别是在视频中添加最近特别火的音乐，观

众观看视频的时间会更久，视频爆的概率会更高，账号权重也会更高。另外，尽量使用 TikTok 自带的音乐。与国内不同，国外对音乐版权的保护非常严格，很多在国内能使用的音乐，在国外都是被禁止使用或禁止用于商业用途的，所以如果是品牌号要更加注意，避免侵权。

4. 在评论区引导用户互动，及时回复评论

一个账号一天可以回复上百条评论，新号最好能用完这些指标。用户可能会对你的评论进行回复，这对加热视频有很大帮助。

5. 文案表达口语化

文案要符合当地表达习惯，最好能引起共鸣、评论、争议等。比如可以使用一些网络常用的口语化表达：

$$LoL = laughing\ out\ loud\ /\ lots\ of\ laughs（大笑）$$
$$WTH = what\ the\ hell（怎么会这样）$$
$$OMG = oh\ my\ God（天呀）$$

6. 使用匹配的热门标签

热门标签自带流量，视频发布时在文案内添加标签，让系统匹配对该标签感兴趣的人群。在发布视频时，点击添加标签，系统会显示较火的热门标签和挑战标签等，也可以在 TikTok 搜索栏搜索热门标签。

视频发布时，标签甚至比文案更重要，一般建议添加 3～5 个 # 话题标签。为什么标签这么重要呢？标签对账号运营有什么价值呢？主要有以下几点。

（1）给自己账号、视频打标签，获得算法精准推荐。添加标签

的主要原因是为了迎合 TikTok 的算法机制，让视频得到更多的曝光流量。TikTok 是交互式算法，用户有他的喜好、憎恶、地域、性别等标签，我们运营的账号也有类目、地域等内容标签，账号越垂直，TikTok 推送的用户越精准。因此我们要对账号、视频打标签，算法就会帮我们找到目标群体，同时由于内容符合目标群体的喜好，所以更容易获得更多的播放量和粉丝量。

（2）给用户打标签，挖掘潜在粉丝人群。用户如果对某个主题或者话题感兴趣，他就会搜索该标签，如果视频使用了该标签，视频内容就有可能被他点击观看。如果在视频中添加热门话题标签，内容还可以被收录进相应词条的"发现"页面，可以蹭该话题的热度，享有该话题的长尾流量。比如，TikTok 视频中添加了 #眼线教程（eyeliner tutorial），那该视频也将归入 #eyeliner tutorial 的主题标签底下。同样，如果使用热度很高的趋势标签，视频内容也会享受到趋势标签的流量曝光。

（3）进入标签流量池。如果你在 TikTok 上使用 #eyeliner tutorial 标签，你的视频将纳入该标签下。如果在 TikTok 上搜索 #eyeliner tutorial 时，想学习如何画眼线，你的视频就会出现在搜索页面，就会增加你的视频的曝光率。

（4）创建自己的流量池。刚看到这个标题时是不是会诧异，流量池是 TikTok 的，我们怎么也可以创建自己的流量池？比如，名人可以创建自己的姓名标签，品牌可以创建品牌标签。举个例子，国内美妆品牌花西子在 TikTok 上使用的品牌标签是 #florasis，也是品牌自行创建的。创建标签后，官方号或者合作的达人发布视频时，都带上 #florasis 的标签，就形成了花西子专属的品牌曝光流量池，用户如果对这个标签感兴趣，点进去后，就可以看到相关的历史视频，同时也方便系统去识别对这个话题标签感兴趣的用户，把视频推荐给更多有相似兴趣的用户。

TikTok 的话题标签使用有以下几点注意事项。

（1）对标优秀玩家。TikTok 运营者可以参考同行对标账号使用的标签。当账号还在早期起号时，最好的策略就是学习模仿。看优秀账号是如何使用标签，从数量到范围、频率等对照研究。但不建议学习头部玩家，特别是蓝 V 账号，要学习"低粉爆款"账号。为什么？因为头部玩家的自然流量太优秀，有些带蓝 V 的账号是官方邀请入驻的，会有平台流量扶持，作为新号参考没有任何意义。

（2）流量视频的标签使用策略。使用一些大词[⊖]、热搜词和搜索上升趋势词。运营 TikTok 一段时间后，可能会感觉所使用的标签就那么几个，因而会把自己限定在固有的标签里，这时候就需要去发掘其他标签的潜在粉丝。

（3）标签数量。标签数量建议添加 5 个左右。

（4）遵守平台规则。不要使用违规词，不要使用无关或重复的标签。如果照抄别人的文案，会影响视频播放量和账号权重。

7. 在视频内容引导观众互动

完播、点赞、评论、转发、观看时长都关系到视频和账号的权重。可使用文案、贴纸、特效、表情包等引导观众看完视频并点赞、评论、转发。互动率高了，播放量就上去了，自然粉丝量也会上涨。

8. 矩阵化运营账号

为什么要做矩阵化多个账号？因为做一个账号曝光量是有限的，多账号同时运营，可以提高运营效率。通过批量化发布视频，让每个账号爆的概率变大，将获取的流量价值最大化，因为哪个视频会爆本

⊖ 流量大但不精准的词。

身就是一个随机概率事件。在实际运营中,还很容易出现账号流量限制、网络等问题,会有废号的概率。所以,如果只做一个账号,相当于把鸡蛋都放在了一个篮子里,很容易辛辛苦苦运营几个月后,出现账号被限流或者被封禁的情况。

举个例子,假设某鞋子的公司品牌名为 Mumu,那么可以根据不同的产品线和目标用户,在 TikTok 上面建立多个矩阵账号,名字可以是:

- kid-Mumu。
- adult-Mumu。
- shoes-Mumu。
- official-Mumu。
- sports-Mumu。
- sneaker-Mumu。
- Airmax-Mumu。

需要特别注意的是,如果是同样的视频内容,没法同时发布到不同国家,因为 TikTok 平台本身有查重机制。所以,做矩阵号运营时,既要将账号内容进行差异化,又要降低拍摄运营成本,这就很考验剪辑的能力。

在运营过程中,也要特别注意做好 TikTok 关键词的 SEO。这样用户在 TikTok 上搜索关键词时,就能够触达所有铺设好的相关账号,最大化获取流量,尤其是搜索流量,这相当于品牌霸屏的效果。

TikTok 电商的底层逻辑

运营 TikTok 电商,要先清楚货架电商和内容电商的区别。传统的货架电商，指的是以亚马逊和国内淘宝为代表的电商平台，用户有主动搜索行为。要做好货架电商的运营，更多是需要优化商品详情页、搜索关键词、广告投放的平台运营能力。而内容电商，指以 TikTok 的短视频和直播电商为代表的平台运营。内容电商主要是通过创造和传播优质内容来吸引消费者，进而激发消费者的兴趣和购买行为。要做好内容电商的运营，更多是需要较强的内容输出能力。这两者对运营团队的关键技能要求有本质的区别，前者更考验数据分析能力，要算好账，到最后都是广告投放、ROI 能到多少的问题；而后者更考验内容创作能力，一旦内容爆了，就能获得平台的免费流量奖赏，很多时候是广告投放无法比拟的效果。

TikTok 为何能成为估值千亿美元的平台，笔者认为还是在于平台构建了一个非常精妙的人货场模型，如图 16-2 所示。

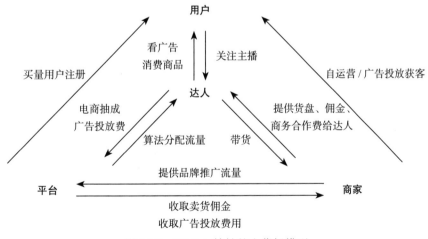

图 16-2　TikTok 精妙的人货场模型

在这个模型里，平台靠达人创作内容吸引用户，用户在平台观看内容，并完成商品购买。商家给达人提供货盘、佣金和商务合作费，达人从商家端赚取收益，又从平台端获取粉丝。而商家同时也需要投放广告，去放大自己的商品销售量和品牌声量，形成多方共赢的生态。因为达人能名利双收，所以愿意持续创作内容，也会不停有新加入的创作者达人去丰富内容供给，用户的停留时间会持续增长，消费习惯也会逐渐养成，平台最终收入也会持续攀升，形成良性增长。这是TikTok区别于其他内容平台，能把电商生态闭环做得如此完善的核心原因，其他平台但凡有一端没法持续运转下去，就会陷入增长瓶颈。

想入局TikTok电商，主要有以下四种模式。

（1）全托管模式。如果你是工厂，有货源，但是不擅长做运营，平台目前有全托管的合作方式，在美国、英国、沙特阿拉伯等国家开放合作。在该模式下，工厂仅需把货物供给TikTok平台方，进行商品填报、寄样品和备货生产，由TikTok平台方负责店铺运营、仓储、配送、退换货、售后服务等环节。商品也仅需发到国内仓库。该模式下，作为工厂卖家，相当于把货卖给TikTok，所以供货价需要有优势。据笔者了解，平台方运营人员核价时，会去对比同类商品在1688和亚马逊上的价格，进行打折核价。该模式下，工厂卖家没有最终的定价权，一切是由平台进行定价的。

（2）达人带货，也就是通常说的挂小黄车。这个模式适合个体想要入局TikTok或者MCN机构旗下孵化了批量达人。这个模式运营者侧重在专注做好账号内容，按照目前的平台规则（可能会变化），账号达到1 000名粉丝就可以开通挂商品链接的权限，也就是可以在平台进行选品，创作短视频或者直播挂商品链接带货，平台会自动结算，达人收取商品的佣金费用。该方式投入较小，风险较低，收益也较为可观，比较适合新人入局尝试。

（3）跳转独立站，也就是通常说的"半闭环"模式。TikTok半闭环电商是指TikTok在一些国家还没有开放小店功能，电商企业主没法把商品直接上架到平台，或者是一些商品类目没法上架到TikTok小店，需要用户跳转官网独立站进行购买支付。因为跳转独立站属于站外第三方链接，所以用户购买支付转化率会低于 TikTok 站内的小店。笔者通过小范围调研得知，TikTok 引流独立站，做得好的转化率也就是在 0.004% 左右，即 10 万次产品曝光，会有 4 个订单，以上数据可供读者参考。

（4）TikTok 小店运营，也就是通常说的"全闭环"模式。TikTok 全闭环电商是指在一些国家已经能实现将商品上架到 TikTok 小店，用户直接在平台站内直接完成支付购买。根据笔者经验，目前 TikTok 小店的视频展现转化率的均值在千分之一左右，也就是 1 000 次播放量会有 1 个人下单购买，这个数据水平与亚马逊等主流电商平台的站内流量转化持平，是前面提到的跳转独立站的转化率的 25 倍。所以如果是目标国家有小店闭环功能，建议企业主开通 TikTok 小店，然后将商品上架到小店进行运营销售。

无论是选择哪种方式开启 TikTok 的电商运营，核心的运营数据都离不开：

$$GMV = 流量 \times 转化率 \times 客单价 \times 复购率$$

其中：

$$流量 = 曝光 \times 点击率$$

所以在 TikTok 的流量池里，最终还是离不开自己生产内容或者通过与达人合作爆款内容，去促成成交转化。

TikTok 电商选品

无论是货架电商还是内容电商，关键都是"品"。笔者认为在

TikTok 的电商运营中：赛道判输赢，产品定生死，素材决胜负！

TikTok 电商的选品原则总结为三个字就是：新、奇、特。这体现在视频画面中就是内容要具备强冲突、强刺激、强对比和"可视化表达"。因为无论是短视频还是直播场景，都是需要在较短时间内吸引用户停留和下单，将观众转化为品牌用户，所以产品的卖点、使用场景在产品研发阶段，就要提前构思好，确定哪些点是适合在短视频或者直播场景中进行演绎的。

如果是企业品牌方，公司产品基本都是特定的品类，那在运营 TikTok 前，需要核心考虑的就是该产品在目标国家市场是否需要进行产品功能的调整，或者如果是多 SKU 的企业，可以选择产品的优先级和主推产品。

如果是个人运营者，就尽量选择"蓝海品"。什么叫"蓝海品"？即"高需求、低供给"的产品。那如何判断产品是"蓝海品"还是"红海品"呢？有这么几个维度，看相关的话题热度，以及平台上现有的产品供给，比如一个品类的话题内容高达几亿的播放量，但是平台产品供给不过百，那就是一个低竞争、高需求的"蓝海品"。

在 TikTok 的流量池里，不同产品有不同的生命周期，如图 16-3 所示，比如爆量品，周期可能只有 15 天，然后就会出现跟卖，销量下滑。爆品，一般在 3 个月之后，就会开始进入下滑期。只有品牌产品，才能有更长的生命周期。

所以产品在追求爆单、爆量成为爆品的同时，也要努力成为消费者心中的品牌产品，才能在流量池里获得更长的生命周期。

九大选品因素

如何进行选品呢？笔者认为，选品的关键三步如下：

- 第 1 步，选择国家：国家市场决定竞争难易。

- 第 2 步，选择品类：品类决定销售规模。新市场 / 小市场优先选择大品类；老市场 / 大市场优先选择小品类。
- 第 3 步，选择产品：产品决定成功概率。

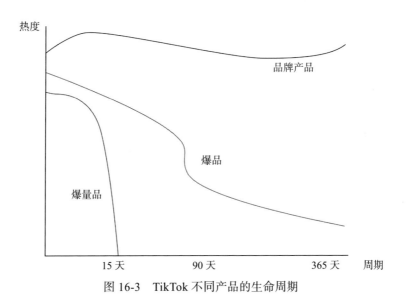

图 16-3　TikTok 不同产品的生命周期

接下来我们看看选择具体产品时需要重点考虑的几个因素：

（1）价格区间。笔者建议 TikTok 电商产品售价在 10 ～ 60 美元，价格不能太高。10 ～ 60 美元是比较适合新手的区间，10 美元以下的产品利润太少了，60 美元以上的产品大部分消费者较难在短视频或者直播间进行冲动消费。2024 年上半年 TikTok 美国的成交商品平均售价在 20 美元，可供参考。

（2）物流配送。新手早期避免选择过重、过大的产品，这个不局限于 TikTok 电商，适用于所有的跨境电商。因为过重、过大的产品除了产品成本比较高，跨境物流成本也很高。过重、过大的产品会增加跨境运输成本和海外仓储成本，并且要考虑运输过程出现损坏的现象。

（3）客户体验。客户体验和物流配送时效直接相关，即配送时间不能太长。一般如果能把配送时效缩短到 3～5 天，客户好评会大大增加。所以，为了保证配送时效，自营 TikTok 小店电商需要提前把货品运输到海外仓。如果是选择带货，也尽量优选本身货品已经在海外仓的，这样能提升配送时效，客户的体验感较好。

（4）市场空间。尽量找到市场体量足够大，符合目标市场特点的产品。早期入局 TikTok，尽量不要选择太偏门的产品，因为现在 TikTok 平台的商品供给还没有那么饱和。所以建议新手优选市场体量大、搜索量高的产品，可以选择有个别功能微创新的差异化产品突围。

（5）注意规避侵权。TikTok 广告对产品版权的审核非常严格，产品一旦涉及侵权会无法投放。所以在选品阶段，尽量避开侵权产品，比如大牌仿品。

（6）目标用户。选品需要考虑 TikTok 平台用户年轻化的特点。根据 Marketing Charts 的数据统计，50% 以上的 TikTok 用户年龄在 18～34 岁，所以选品要符合海外年轻人的需求。

（7）消费行为。选品要找让用户冲动消费的产品，不要卖那种消费者买之前还需要问问闺蜜、问问朋友的东西，稍微一问、犹豫一下，产品就卖不出去了。运营者要选那种消费者看了短视频或者直播就想问怎么买、一刻都不想等的产品。

（8）价格敏感度。产品的重要程度也是选品时需要考虑的一个点，产品越重要、越刚需，价格敏感度就越低。同时，产品的替代品要少。因为替代品越多，价格敏感度就越高，替代品越少，价格敏感度就越低。另外，产品的独特程度要高，越独特，价格敏感度就越低。产品的用途越专一，价格敏感度就越低。因为用途多的产品可以满足不同消费者的需求，那就能覆盖更广的用户人群。再者，产品转换成本越高，消费者的价格敏感度就越低。

(9)尽量选择非标品。"非标品"就是一件产品和别的产品的可比性很低,在消费者心中没有一个锚定的价格,且很难比较,那么价格敏感度就会降低。比如珠宝玉石,价格可高可低,那运营者的利润空间就会较大。

13 种选品方法

前面讲了一些选品的关键维度,接下来分享下具体的选品方法,笔者总结了 13 种 TikTok 的选品方法,读者可以根据自己的情况选择其中的 2～3 种组合应用。

(1)数据调研选品。数据分析在选品中非常关键,TikTok 电商选品可以参考不同平台的数据维度。

- TikTok 平台本身的销售排行榜。
- 货架电商的榜单,比如亚马逊、速卖通等平台。
- 独立站,比如 Shopify 的一些热销品。
- 垂直电商,如 Etsy(专做手工产品的电商平台)的爆品。
- 众筹平台上有很多新奇特的产品,可以去看看爆款的众筹项目。
- 通过 Google 趋势去看该关键词在该国家的搜索量和趋势增速,以及看看该产品是否为季节性产品(新手尽量避开季节性产品)。

当然,这些榜单都只是参考,因为有可能在 A 平台卖得好,在 B 平台不一定畅销,还是要结合 TikTok 平台的特点来,不能直接照搬照抄。

(2)文化风俗选品。不同国家或地区,在风土人情、购物偏好、节日特点及消费习惯等方面都不一样,用户偏好差异非常大,因此 TikTok 选品一定要做到本土化,千万不能拿中国市场的理解去做本土化产品的选品。举个例子，我们可能想象不到，美国美妆市场的"美黑产品"非常畅销。

（3）热点事件选品。有一些电商产品是热点性较强的。如果按照热点事件选品法，就比较考验运营者的信息敏感度、热点嗅觉及快速反应能力。运营者需要关注近期的热点新闻、体育赛事、网红产品等，并结合自身条件和资源进行考虑。

（4）供应链资源选品。如果运营者有自己的供应链资源优势，比如与国内专做出口的工厂合作，工厂能提供稳定、高质量且符合TikTok平台要求的货源，并且货物已经在海外仓，这也是一个不错的选择，当然核心还是产品要符合目标国家市场的需求。供应链的关系只是第一步，长期合作最终还是要靠订单量维持的。

（5）兴趣爱好选品。兴趣是最好的老师。兴趣不同、爱好不同，选品的敏锐度和结果就不同，需要在产品的细分类目上去深入研究。比如一些人对3C产品感兴趣，另一些人则对家居产品情有独钟。同样是喜欢家居产品，有人对床垫有深入研究，有人则在酒柜上投入了更多精力。笔者认为，跨境电商发展到今天，有机会的类目基本都是大品类下的细分类目，就跟2000年做家居类目和2024年做家居类目，同样都有卖家能做得不错，但是2000年的爆品可能是北欧风软体沙发，2024年的爆品可能是意式极简电动智能沙发（仅为举例）。所以，选择自己感兴趣的类目，持续钻研和深耕，每个类目都有自己的存活空间，只是市场空间大小而已。

（6）季节变化选品。比如，冬天就卖热水袋、暖宝宝、电热毯；夏天就卖扇子、遮阳帽、玩具水枪等。但不建议新手做季节性选品，因为容易把控不好节奏，一旦滞销就会产生巨大损失。一般是经验丰富的跨境电商玩家，才会用到这种选品方法。新手还是建议选不受季节限制的产品，以免有较大的库存压力。

(7) 标签好物选品。通过在 TikTok 上刷感兴趣的类目标签，收藏爆款产品视频和标签，TikTok 平台算法会把你定义为购物偏好人群，从而推送更多的平台好物。在这些 TikTok 好物中，再找到相应的灵感和素材，从而助力自己的 TikTok 选品。

(8) 价格维度选品。兴趣电商平台销量高的产品，价格都不会很高。用户在刷 TikTok 时，看到自己感兴趣的产品，价格能接受，就下单了。如果价格相对比较高，用户可能会到亚马逊、速卖通等网站比价，订单极有可能流失。

(9) 视频展示选品。运营者要优先选择适合通过短视频展示的产品，TikTok 平台爆品的突出特点一定是适合视频演绎的。极强的视觉冲击、直观的使用场景、产品使用前后的强烈对比等，都是适合视频演绎的内容角度。举个例子，Stanley 这个百年保温杯品牌为什么会突然爆火，就是有消费者拍出了在汽车爆炸后，保温杯里面的冰块仍冰透凉爽，真实强烈的画面反差，有效地突出了产品卖点。

(10) 爆款周边选品。爆款周边选品也称产品拓展选品，即根据自身销量比较高的产品，进行周边产品的延展、优化、升级，或者是该产品的配套产品、互补产品、替代产品等。

(11) 展会渠道选品。各类国际展会每年都会涌现很多新品，其中一些也成为 TikTok 平台的热销爆款。运营者可以关注线上及线下的各类展会，找寻其中蕴藏的机会，这也是与供应商建立良好关系的绝佳方式。不过，通过展会渠道进行选品，在时间及金钱等方面的成本要高于其他选品方法。

(12) 垂直细分选品。通过垂直细分方向选品，有这几个维度：按产品类目垂直细分、按消费人群垂直细分、按解决方案垂直细分。举个例子，如果是按产品类目垂直细分，可以采用树状思维导图形式，不断深挖某个大类目，挖到下面的二级类目、三级类目甚至四级类目等。前面说的兴趣爱好选品,也是要结合垂直细分选品的方法进行。

(13)节假日选品法。根据 TikTok 目标国家市场的节假日进行相应的选品,比如黑色星期五、网络星期一、圣诞节等大促活动。好处是,产品爆发力很强,有时日出百单、千单都很容易。缺点是一旦选错产品,就会造成滞销,给卖家带来不小的损失。因此,节假日选品是把双刃剑,必须量力而为。

无论使用哪种选品方法,选品的关键都不是照抄,而是要举一反三,从爆款产品背后看到产品的核心元素、载体,再去做组合创新。

TikTok 小店运营

TikTok 小店是用户在 TikTok 站内可以完成支付闭环的商家工具,商家在后台具备商品发布、数据分析、物流履约、财务结算、营销推广、平台客服等工具功能。目前 TikTok 小店不同国家不同类目有不同的入驻要求,可以以个人或公司的身份申请,公司申请需要营业执照,部分类目是定向邀请制的,具体要求也在随时变化,详情可以咨询平台招商人员。TikTok 小店入驻后,需要缴纳保证金,不同类目的保证金也不一样。

TikTok 小店在不同国家的功能也不一样,比如英国小店是可以一店卖全球的,有些国家地区还没有小店闭环功能,只能外跳其他电商平台(亚马逊或者独立站等),外跳的转化率会比站内小店的闭环成交率低。所以企业出海要重点运营 TikTok 时,需要充分考虑在该国是否有小店功能,因为有小店的成交转化率会高非常多。同时自营小店要求商品要在海外仓,从而保证物流配送的及时性。

TikTok 平台根据不同品类,会收取 5% 左右的佣金,部分国家的部分品类为了鼓励商家入驻，在特定时间会有免佣金、新开播商家包邮等活动政策。

运营 TikTok 小店，可以简单理解是前后台的闭环，前台引流获客，后台交付转化，如图 16-4 所示。

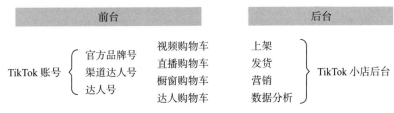

图 16-4　TikTok 小店前后台

运营 TikTok 小店，除了日常销售，还要注意不同国家/地区的电商大促时间点，这里举一些国际通用的节日和适合的品类作为参考：

- 1 月新年大促（New Year Sale）：适合包包、服饰、3C 产品等。
- 2 月情人节大促（Valentine's Day Sale）：适合服饰、珠宝首饰、鲜花、DIY 私人订制等。
- 5 月母亲节大促（Mother's Day Sale）：适合饰品、家居用品、珠宝首饰、鲜花、DIY 私人订制等。
- 6 月父亲节大促（Father's Day Sale）：适合饰品、健身用品、手表、汽车用品等。
- 7 月盛夏大促（Summer Sale）：适合美食、泳衣、美妆、太阳镜等。
- 8 月银行假日大促（Bank Holiday）：适合美酒、美食、生活娱乐等。
- 9 月开学季大促（Back To School Sale）：适合文具、服饰、图书、美妆生活等。

- 10月万圣节大促（Halloween Sale）：适合服饰、蜡烛、水晶、美妆等。
- 11月双十一大促（Double 11 Sale）：万物皆可促。
- 11月黑五大促（Black Friday Sale）：适合服饰、3C、家居等。
- 12月年终狂欢大促（Holiday Season Sale）：适合年货和服装造型等。

如何打爆 TikTok 直播

在 TikTok 直播的流量池里，主要分为娱乐直播和电商直播。娱乐直播以娱乐公会和娱乐主播为参与主体，一般以聊天、唱跳表演等形式为主，主要是给用户提供情绪价值，靠用户打赏进行变现，一般企业较少涉及，这里不做过多延伸。这里我们主要探讨企业或达人的电商直播。

笔者从行业调研了解到，2023 年 TikTok 在美国的 GMV 核心构成比例大致如下：短视频占 70%，商城占 25%，直播占 5%。由此可见，2023 年直播在整个 TikTok 中的占比仍不是很高，电商的成交还是以短视频为主。当然在不同国家市场各部分的比例都有差异。2024 年随着平台对直播板块的流量扶持，以及创作者纷纷试水直播带货，TikTok 的电商直播增长非常迅猛，直播场均 GMV 突破 10 万美元就已经可以跻身头部主播，这个数据和国内抖音单场直播 GMV 动辄过亿元仍相差甚远。根据国内抖音的发展情况，直播将成为电商 GMV 占比过半的主要形式。所以，在运营海外 TikTok 时，不少企业主或者达人也都会提前布局直播。和国内抖音类似，直播也需要流量的储蓄。根据国内经验，一个主播或者一个团队要成功把一个直播间做起来，需要 3 个月的时间。目前海外 TikTok 的周期可以更短：一是因为有部分国内的团队之前已经积累了经验，可以将国内运营经验部分复制到 TikTok 直播；二是海外直播的竞争还没有那么激烈，能够持续坚持直播的主播比例较低。许多外国主播仍没有意识到直播电商的威力，也不愿意把直播带货佣金作为主营收入，更多还是希望通过接品牌广告合作，这个阶段更像几年前的抖音。

直播四要素

如何做好一场直播？和短视频一样，直播也是无数细节加乘的结果。行业经常说电商运营主要是"人、货、场"，那直播也同理。笔者认为主播、选品、话术脚本和流量是直播的关键四要素，具体内容如下所述。

1. 主播

品牌方或者运营者需结合货品及品牌定位，寻找形象气质与产品相符的主播。主播的能力考量维度包括两方面，一方面要有沟通力、感染力、引导力；另一方面要有相关经验，能较好地介绍及展示产品卖点。

如果海外市场的经济越发达，越不能光靠低价去吸引用户，而是要更多去讲好品牌故事和产品价值，这点和国内直播一直在打的低价促销还是有比较大的区别的。所以，找到能够讲好产品、又有观众缘的主播就非常关键。海外主播行业没有国内这么成熟，新手主播需要有专业的培训指导，有一定的培养周期，而优秀的主播更是稀缺资源。

笔者与海外电商 MCN 和娱乐公会负责人交流得知，海外主播和机构/公会的合作关系更多是松散的非排他的关系，无法实现和国内

MCN 模式类似的与达人合作的强绑定关系。海外电商形成这种局面有几个方面的原因：一是主播更多认为自己是个体，主观意愿上不愿意被公会/机构所约束限制；二是即使机构和主播签了协议，还是有较大的违约风险，而且一旦出现违约情况，比如主播自己出来单干，一些国家的法律在实际执行时可能会偏向本国主播，而很多机构 MCN 负责人的华人身份就会较为被动。

2. 选品

如果是达人，选择产品合作时，优选在海外仓的产品，因为配送时效有保障。如果是企业主，要选择适合短视频、直播呈现的产品，设置好直播产品组合，一般是"引流款+利润款+新品"的设定。

3. 话术脚本

用户在观看直播的过程中，下单购买的决策时间较短，所以主播提前准备好直播全场和单品讲解的话术脚本就很关键。这个脚本不需要一字一句都提前写好，而是需要包含核心的开场话术、讲品话术和结尾话术。其中讲品话术是关键，每个产品大概包含 3~5 个核心的卖点和使用场景，主播进行口语化地表达以及产品试用展示，同时可以借鉴国内的促单话术，营造"优惠仅限今天"的抢购氛围，利用用户害怕错过的情绪，提升直播转化率。

4. 流量

TikTok 运营者刚开始直播时，通过"人、货、场"的不同细节优化，去最大化获取自然流量，直至直播流量稳定后，再考虑适当进行广告投放，去撬动公域流量杠杆。

TikTok 电商直播常见的三种内容形式

1. 品牌直播间／店铺直播

品牌直播间／店铺直播就是最常见的直播形式，指专门为某一特定的品牌或店铺的产品进行直播。在此类型的直播中，不建议有太多 SKU 的直播产品，每款产品都建议主播亲身试用，在直播间给用户展示使用体验，发挥导购的作用，帮助消费者排雷避坑，这有助于用户对直播间产生信任感。直播中着重介绍品牌新品、爆款、利润款，让消费者对品牌形成初印象，让消费者知道如何下单购买，随后再慢慢加大 SKU——这点很关键。现在海外 TikTok 的消费者还没有在 TikTok 形成购买习惯，相当大一部分消费者也不知道怎么购买支付，所以在直播间要不停进行基础的说明指导。

2. 探厂走播

探厂走播指的是实拍工厂环境和生产过程，是 B2B、B2C 模式下企业展示工厂实力的硬核大招。这个形式比较适合传统的外贸工厂，能让海外商家和消费者觉得直播间产品是一手货源，增加信任。通过探厂走播，工厂也可以清理库存，促进新品销售，增加销量，获得潜在的大客户订单。

3. 展会现场直播

展会现场直播形式也适合 B2B 企业。通过直播企业的展会现场，由网红博主现场带货，与展会嘉宾互动交流，增加直播间流量，展示企业新品。该形式适合多平台同时开播。

TikTok 直播前、直播中、直播后的运营技巧

相信看到这里，各位读者对 TikTok 直播的关键要素和形式有了初

步的概念,那到了具体的直播运营环节,又有哪些执行技巧需要注意呢?笔者把整个直播流程分为直播前、直播中、直播后,相应的要点如下所述。

1. 直播前运营技巧

(1)人员安排。设置好人员分工,一般基础配置是3人,包含主播(直播间讲品销售和吸引粉丝关注)、助播(配合主播,场外音营造氛围、递商品、轮替商品手卡、上下架商品等)、运营(数据监测、广告投放等)。

(2)主播沟通。在直播前一周,商家需要和主播沟通直播商品的卖点介绍,直播商品上架时间和顺序,并和主播核对直播脚本,在时间允许的情况下,在直播前一天进行直播测试彩排。主播需要提前试用产品,熟悉商品讲解话术,包括产品卖点、价格机制(赠品等)、讲品物料等。

(3)货品选定。直播前两周,选定好直播间的产品组合,一般包括"引流款+主推款+利润款+新品",并使用打折、秒杀等促销形式,吸引用户停留和关注,促进直播间转化。

(4)场景布置。在直播前一周,布置好直播场景,因为直播场景不仅直接关系到用户的停留时间,也是观众对企业品牌最直观的视觉印象,企业需要重点关注:

- 设备。应选择清晰度较高、对焦较快的拍摄设备,收音设备建议为主播配备麦克风/小蜜蜂。
- 背景。直播背景画面建议以简洁、明亮、大气为主,根据主播及直播内容进行背景风格设置。
- 灯光。建议将"三点布灯法"运用在直播的布景中。"三点布灯法"在电影、电视制作以及摄影中被广泛应用,是影视照明中的基础技术之一,一般包括主光源、辅助光源和轮廓光。主光源通常放置在摄影机镜头轴线 45 度的位置,并处于被摄主体的头部以上高度。辅助光源用于控制反差,填充由主光源造成的阴影区域,使画面更加柔和。辅助光源通常放置在摄影机镜头轴线的另一侧 45 度位置,与主光源相对。轮廓光的作用是将主体与背景分离,帮助凸显空间的形状和深度感。轮廓光尤其重要,特别是在主体和背景颜色相近时,如果没有轮廓光,它们容易混为一体,缺乏区分。轮廓光通常是硬光⊖,便于强调主体轮廓。

- 测试。直播现场经常会出现各种各样的问题,所以必须要在开播前进行测试,确认所有设备运行正常,没有网络卡顿、无法收音等影响观众体验的情况出现。

2. 直播中运营技巧

(1)直播内容分配结构参考如表 16-2 所示。

表 16-2 直播内容分配结构参考

	模块	分钟
1	热场	2
2	产品 1 讲品	15
3	促品	5
4	产品 2 讲品	15
5	促品	5
6	产品 3 讲品	15
7	促品	5
8	循环	60

⊖ 指光线的照射方向明确、阴影边缘清晰、对比度高的照明效果。

（续）

	模块	分钟
9	结束	5
	总计	127

上述时间分配仅为大致参考，运营者可以根据自己的产品数量和主推产品，灵活调整相应的时长安排。不变的是，直播间用户停留时长平均只有几十秒到几分钟，所以讲品的内容一定是循环的。

（2）运营节奏。短视频有"黄金3秒"法则，直播也类似，有"开场10秒"吸引力法则，所以主播开场时，要向进入直播间的观众快速说明直播间优惠，如买赠活动、抽奖、秒杀等，并简要概述直播间商品品类，如服装、美妆等。在直播过程中，主播进行产品介绍时节奏把控要得当，既要和用户有足够的互动，又要能保证展现产品优势，并引导用户成交转化。直播结尾要简单复盘所有产品，对下次直播进行预告，引导用户关注。

（3）客服配合。客服在直播过程中需要对直播间的买家咨询问题进行解答，并且注意中奖用户的核对和奖品发放等问题（如有）。

（4）主播讲解。主播讲解的核心包括介绍产品和互动，这两者都不可或缺。首先主播需要对产品有深入的了解，才能够更好地理解产品卖点。介绍产品核心要从消费者的使用场景和痛点出发，初级主播只是在卖产品，进阶主播会卖产品价值，也就是常说的有"塑品"（塑造产品价值）能力。

直播运营的核心数据除了成交转化，还有一个就是用户停留时长。如何提升用户停留时长呢？主播可以通过分享自身经历、推出砍价活动等方式，拉近自己跟观众的距离。同时可以设计不同的互动活动，提升互动率和停留时长，常见的互动活动如下：

- 截屏抽奖：通过直播间评论（如发送订单号、评论暗号）进行截屏抽奖。
- 抢拍活动：告知商品库存有限，引导用户快速抢拍下单，营造直播间紧迫感。
- 弹幕评论：用好弹幕评论，可以营造抢购商品的氛围。例如设置成"下单××号宝贝，××号宝贝限时折扣"等强促销转化的话术和内容，刺激转化。在介绍商品时，也可提示下一个商品即将出现，为新品做铺垫。

3. 直播后运营技巧

直播后进行数据分析复盘，是非常关键的一步。每场直播至少需要花 30～60 分钟进行复盘总结，这也是被大多数主播及运营团队忽略的一步。具体要分析什么呢？主要有以下几点。

（1）流量来源。分析该场直播主要的流量来源，优化引流方式。

（2）人均停留时长。运营者可对比不同场次的直播间人均停留时长，进行直播间货品的选品和排品及互动话术内容的优化。

（3）评论。总结直播间观众互动提问主要的共性问题，并在下一次直播中将相关问题的回答加入直播脚本。

（4）订单转化。对比分析直播间订单转化率，进一步优化产品介绍与互动话术，同时可以替换掉转化率差的产品。

（5）售后和推广。售后团队要按时发货（最好在 24 小时内，保底在 48 小时内），及时处理退换货等售后问题，保证消费者合法权益，为品牌以及店铺积累良好的口碑。

娱乐出海案例：去东南亚开娱乐公会

笔者的一位师弟之前是某知名互联网公司的娱乐直播运营，早在2021年就带着百万人民币到海外去开 TikTok 娱乐公会，在当地租赁办公室、招募团队和达人。他与笔者分享了自己的生意经。以下是笔者的访谈实录，希望能帮助到想了解 TikTok 娱乐公会生意的读者朋友。

Q：目前你们运营了哪些国家的娱乐公会？

A：泰国、越南、英国、日本、美国等。

Q：你们运营的海外娱乐公会营业收入和利润如何？

A：现在每月几个国家总流水加起来有几千万元人民币，净利润在300万～500万元人民币，净利润率在20%～25%。平均一个地区月流水为40万美元，表现好的单个达人月流水大概为6万美元。不同国家的利润不一样，这取决于平台的激励政策，比如英国有20%的激励，平台会给新娱乐公会一定的激励政策。

Q：目前平台和机构、达人三方的分成机制是怎样的？

A：达人拿50%（如果有线下服务会扣10%，比如到我们的场地直播），平台50%，机构主要挣平台的任务激励，大概为8%～15%。

Q：投入如何？主要包括哪些投入？

A：早期单一国家地区投入成本为30万～50万元人民币，基本用1个月快速搭建团队，顺利的话4个月实现收支平衡，6个月后开始盈利。成本主要是办公室租赁费用和人工成本，以越南为例，当地员工的人工成本在350美元/人/月。我们在一些国家会选择和当地的机构合作，对方提供办公室和一定的达人拓展资源，从而减少我们早期的投入成本。运营到现在，也有亏钱的国家市场，比如英国、日本，主要是这些国家的人力成本和管理成本比较高。之前在一些国家的拓展中也会遇到卡点，比如美国市场的法人需要为美国籍，需要找到匹配的合作伙伴。

Q：目前各国的 MCN 生态有什么特点？

A：东南亚市场都是华人在相互竞争，有些国家的 MCN 机构为了抢达人资源，直接不和达人分成，就是利润都给达人，所以这几年行业内有很多赔钱在做的 MCN 机构。另外，像中东地区热度很高，但也是竞争最激烈的，有上百家娱乐公会机构。中东加北非的娱乐直播市场容量大概有 1 亿美元/月，但中东当地人运营的 MCN 较多，排名前十的娱乐公会里大概有 6 个都是当地的团队。

Q：你们一般签约什么类型的主播比较多？

A：以颜值主播为主，像游戏主播（因为要挂链接，跳转效果差）不挣钱，所以签的比较少。

Q：签约速度和数量如何？

A：一个月签 300～500 个达人，前后大概共签约了 2 000 个达人。

Q：你们的团队人数有多少？架构是怎样的？一个运营人员跟进多少个主播？

A：团队有 20 个人，拓展主播有 15 个人，运营有 5 个人。每个运营人员大概需要跟进 30 个主播。团队都是以 1 个中国负责人加上本地人为主。

Q：早期是怎么去拓展主播的呢？

A：在 TikTok 等社交媒体平台直接发站内私信，也会去一些线下场地拓展。

Q：主播的画像都是怎样的？

A：不同国家不一样，比如中东以家庭妇女为主，越南以年轻人为主。

Q：目前是纯跑自然流量吗？

A：是的。

笔者特别提醒，由于平台政策和规则随时会变化，以上的经验仅供参考，请勿直接照搬，以免造成损失。毕竟在不同时间点进场，平台的流量红利都不一样。同样的机会，总有赚钱的入场玩家，也有赔钱的入场玩家。

第 17 章
海外流量运营终局：私域营销

海外私域运营的本质

不管是国内营销还是海外营销，都会面临这样的困境：流量成本越来越高；投放既是科学也是艺术，不可控因素多；流量采买是一锤子买卖，品牌运营变成给平台打工；想找到能不断自然增长的流量池难之又难；企业利润率越来越低，甚至出现 GMV 暴增但持续亏损的情况，主要就是因为营销费用占比太高。那如何破局？唯有私域。国内私域发展到现在，已经迭代出了不同的流量模型，而海外私域还处于非常早期的阶段，甚至很多外国从业者对私域这个概念还很陌生。

什么是私域流量？私域流量指的是不用付费，任意时间、无限频次、可直接触达消费者的渠道。这也是私域渠道值得企业布局的核心原因。

公域流量和私域流量有何不同？笔者总结了一些差异，如表 17-1 所示。

表 17-1　公域流量和私域流量的差异

	公域流量	私域流量
本质	公海里捞鱼	自家池塘里捕鱼
	给平台打工	自己盖房
	交房租	收租金
	一锤子买卖	复购
核心数据	ROI	提升用户生命周期价值
价值	短平快获客	数据资产—品牌资产—企业估值

为什么要做海外私域？这里既有主动原因也有被动原因。主动原因是公域流量需付费、成本日趋上涨。被动原因是企业或者商家在平台运营久了，但凡稍有差错，就会遭到平台的封禁，这让许多企业和商家惴惴不安。2021 年开始的亚马逊"封店潮"是最鲜明的例证。

总结起来，私域运营的核心优势有这几点：

（1）转化率高。商品成交可以在私域内直接完成。

（2）增长率高。可借助消费者的社交圈进行自传播，后续可裂变增长。

（3）链路短。用户无须跳转 app 或其他平台、直接下单成交，缩短用户购买路径，提升用户购物体验。

私域营销就是免费的自有流量。举个例子，如图 17-1 所示，笔者假定企业 A 有 100 个人在做私域，每个人运营 10 个私域 WhatsApp 账号，每个账号假设有 2 000 个好友，每次消息发送能触达 200 万受众。以千次触达成本 50 元为例，每次触达价值高达 10 万元！

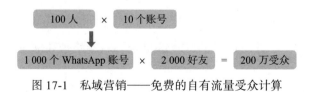

图 17-1　私域营销——免费的自有流量受众计算

私域营销为什么是一个可持续增长、值得企业长期布局的方式？

主要是其流量模型能形成增长闭环，如图 17-2 所示。

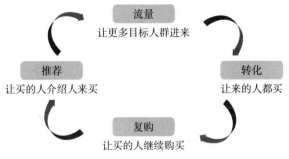

图 17-2　私域营销的流量模型

这里要特别注意，在私域池塘里的消费者追求的不只是产品，更是服务、体验、价值，企业主千万不要犯让客户感觉"我把你当朋友，你把我当成私域流量鱼塘的鱼"的错误，日常运营中不能只推广告信息，要为消费者提供更多有价值的信息或者折扣优惠，让消费者成为持续复购者和主动分享者。

那海外私域运营适合什么行业？笔者认为以下几大类型都适合：

（1）电商，如平台电商或者 DTC 独立站电商。

（2）品牌方，比如零售、餐饮、美业㊀等线下业态均适合，尤其是需要构建会员体系的品牌方。

（3）B2B 企业，比如外贸、SaaS 软件服务提供商等。

海外私域营销三大转化方式

做私域运营的最终目的是让用户成交，那有哪几种转化方式呢？笔者根据 B2C、B2B 和 S2B2C 的商业模式，总结为以下三大常见的

㊀ 美甲、美容、美发、化妆品等行业的简称。

转化成交链路。

B2C

方式一：社交 B2C 线上转化成交链路，如图 17-3 所示。

图 17-3　社交 B2C 线上转化成交链路

这个方式比较适合有电商店铺承载的消费品类。比如印度某品牌使用了 WhatsApp 商业功能，在 Facebook 和 Instagram 页面添加按钮，增加目录、业务简介和快速回复功能。最终该品牌通过 WhatsApp 的客户咨询量增加了 5 倍，回头客人数增加了 3 倍，销售额增长了 5 倍。

方式二：零售 B2C 线下转化成交链路，如图 17-4 所示。

图 17-4　零售 B2C 线下转化成交链路

这个方式较为适合零售、餐饮、美业等有会员体系以及有线下门店的行业。比如印度工业信贷投资银行（ICICI）是印度第二大银行，也是印度最大的私营银行，规模仅次于印度国家银行（SBI），通过使用 WhatsApp 的自动化问答和业务服务入口，为用户提供一对一的服务，有效减少座机话务员的人力成本。

B2B

B2B 的转化成交链路，如图 17-5 所示。

图 17-5　B2B 的转化成交链路

这个方式适合外贸、SaaS 软件等 B2B 出海企业，主要是通过 WhatsApp 为客户传输图片、文件及视频等多形式内容，高效与客户沟通，WhatsApp 也变为长期维护客户关系的工具。相较于以往正式的邮件沟通，用 WhatsApp 等即时通信工具可以有更多的灵活性和即时性，比如给客户发节日问候等，让企业与客户的关系更加紧密。

社交分销 S2B2C——让分销（KOC）帮你链接运营

S2B2C 的转化成交链路，如图 17-6 所示。

S 指的是供应商（Supplier），这里的 S 可以是品牌也可以是平台，小 B 分销者常见为线下小型零售商、电商店主、内容创作者、团购团长等。这个链路核心是利用小 B 分销者进行分销，打造品牌的私域流量。

图 17-6　S2B2C 的转化成交链路

S2B2C 比较适合的行业包括母婴、服装、电子、创意百货等跨境电商企业主，以及有零售业务、线下门店的企业。

阿里巴巴学术委员会主席曾鸣曾提到："S2B2C 模式将会是未来 5 年取代 B2C 电商的全新模式""是智能商业时代第一个突破性的创新模式"。

社交分销 S2B2C 的模式本质，即 S2B2C 用户旅程，如图 17-7 所示：将活跃用户发展成分销者，也就是小 B，邀请成为种草官，给予分销者福利收益，通过软性内容和硬性产品收益，实现"滚雪球"式的营收增长。KOC 人群画像包括达人、店主、店员、群主、宝妈等。

图 17-7　S2B2C 用户旅程

在这个 S2B2C 的模型下，还延展出多层级分销模型，如图 17-8 所示。

海外很多国家的多层级分销机制是合法的，且最高可以发展到十级。在运营时选择多少层，要根据目标国家市场的法律法规而定。

比如印度某消费品牌，通过搭建"自购省、分享赚、邀请赚"的多层分销模型，当一款新品上市时，数万人一起在各自的社群、

WhatsApp、Facebook 等媒体平台推广，通过独立站转化。最终在 6 个月内，分销者达数万名，商城注册用户达百万级，实现单月 GMV 超过千万的亮眼成绩。这个案例的成功之处还在于选品，选择了一个刚需、高频、高复购、高毛利的品类，所以有足够的空间可以去做多层分销。

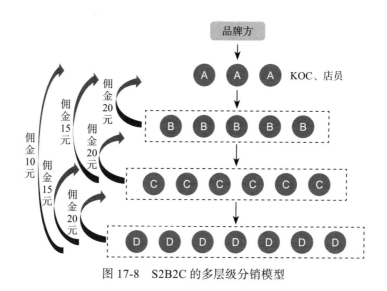

图 17-8　S2B2C 的多层级分销模型

WhatsApp 私域运营实操七步法

WhatsApp，被称为海外版微信，是 Meta 公司（前身是 Facebook）旗下的即时聊天应用软件，也是欧美、东南亚、非洲等国家用户首选的即时通信工具。WhatsApp 拥有 20 亿全球月活跃用户数，覆盖全球 180 个国家和地区，高达 98% 的消息阅读率，40% 的回复率。主力用户年龄为 25～44 岁，这些数据都表明 WhatsApp 是海外私域运营的首选工具。

如果出海企业的主要国家市场包含 WhatsApp 覆盖的主要国家：巴西、印度、意大利、阿根廷、瑞士、芬兰、德国、澳大利亚、荷兰、西班牙、墨西哥、印尼、俄罗斯、英国等，那么 WhatsApp 是运营海外私域的不二选择。

WhatsApp 的产品功能包括：可发送文档、照片、音频、视频、位置、名片等；同时支持一对一和一对多语音和视频；可以发布动态，24 小时后消失。另外，因为 WhatsApp 平台限制的原因，运营过程中非常容易被平台封号，所以要特别谨慎，新号不要一上来就批量发送消息，在 1~3 个月内，慢慢增加每天的消息数量和通话时间，同时也可以逐步参与到群聊中。

当我们决定要开始运营 WhatsApp 的时候，具体应该做哪些事情呢？笔者总结了 WhatsApp 运营实操七步法，大家可以参考：

（1）创建 Facebook 和 Instagram 商业主页，完善企业简介，持续发布内容引流；如果预算允许，也可以追加广告投放。

（2）创建 WhatsApp 商家号，完善账号名，添加网址、门店、商品目录等信息。

（3）在 Facebook 和 Instagram 的账号后台添加 WhatsApp 的跳转按钮，并显示在主页。

（4）设置 WhatsApp 的自动化回答，包括欢迎语、业务分类链接等。

（5）准备好人工回复的话术，便于客服 / 运营 / 销售等人员后续和客户一对一高效沟通。

（6）B2C 企业商店运营：创建商店，上传商品，完善商品详情页，包括产品名、简介、图片、价格等信息，引导用户购买。

（7）客户分层运营：从运营私域用户的第一天开始，就可以把用户分类打标签，便于后期分层运营，给不同标签的用户发送差异化内容。常见的分类方式包括：新注册用户、高意向客户、已购买客户、复购客户等。

第 18 章

百倍杠杆：人工智能 × 出海 × 营销

未来已来：AI 驱动的出海营销新增长

如果问笔者，未来 10 年的确定性机会是什么？笔者的答案是：出海。未来 10 年让企业获得倍数级增长的方式是什么？笔者的答案是：营销。未来 10 年有什么指数级增长的机会吗？笔者答案是：人工智能×出海×营销。

人工智能的快速发展，堪称人类历史上第四次科技革命。有个行业共识是"AI 迎来 iPhone 时刻"，这表明人工智能行业已经到了像当年 iPhone 横空出世时为手机行业带来的革命性颠覆的时间点。AI 的发展吸引着全球的关注，无论是投资人、创业者、企业从业者，还是普通个人。

为什么要学习人工智能，它到底能帮助我们干什么？笔者认为，人工智能除了能让我们的认知领跑同龄人，避免被人工智能替代，还能提升我们的工作和学习效率，让自己获得更高收入，让企业获得更高增速。AI 诞生以前，学习一门专业至少需要 10 万个小时，而现在，我们是按天甚至按小时在迭代新知识的。人工智能带领我们进入的时代，是属于超级个体的时代。无论你是自己创业，还是在公司任职，有了人工智能，一个人活成了一个团队，这都不是不可能的。

人工智能也正在不断重塑全球营销的格局。我们在第 18 章不讨论大模型技术，笔者只是从产品使用者的角度，分享一些如何利用人工智能产品的实际应用，希望读者朋友可以利用好 AI 工具，帮助出海业务实现降本增效。

如何用 AI 做好出海营销

AI 写文案：智能撰写商品详情页

人工智能生成内容（AI-Generated Content，AIGC）的特点是生成内容总量大、效率高、速度快、形式多样。AIGC 能生成什么？文本、音频、图像、视频、虚拟人等。可以简单理解为，具体形式包括文生文、文生图、文生视频、图生图、图生视频等。其中文生文的头部企业，如 OpenAI 旗下的 ChatGPT，引领着全球人工智能行业的发展。

ChatGPT 有什么特点？它超级聪明，掌握 5000 亿个单词量，精通多种语言，阅读了互联网上几乎所有的信息，包括搜索引擎、各大百科门户、视频网站等。ChatGPT 是一个通才，而不是偏才。它还具备智能陪伴的功能，一年 365 天每天 24 小时工作都没问题，它也不会有情绪。

另外，月之暗面旗下国产大模型 Kimi 也有过人之处。Kimi 对中文语义的理解和输出更到位，支持处理和生成长达 20 万字的文本，适合长文本写作、翻译和代码编写等任务。用户可以发送 TXT、PDF、

Word、PPT、Excel 等格式的文件，Kimi 能够阅读并理解文件内容，然后根据内容回复用户。Kimi 具备搜索能力，可以通过网络搜索结果为用户提供结合搜索信息的更全面回答，相当于帮用户减少检索筛选的时间。

运用 ChatGPT 等 AI 工具，有一个非常关键的点，就是需要掌握提示词的使用技巧。为什么经常有人说 AI 不好用，或者感觉 AI 生成的内容不尽如人意，主要就是提示词的引导问题。

那么，与人工智能工具对话，提示词使用的技巧有哪些呢？笔者总结了以下五点：

（1）明确指令。直接给出你想要 AI 执行的任务或想提出的问题，例如"请将这段文字翻译成英文"。

（2）关键词突出。在问题中使用关键词，帮助 AI 快速捕捉问题的核心，如"印度市场的发展对全球经济有什么影响？请提供相关具体数据及案例说明"。

（3）角色扮演。如果需要 AI 扮演特定角色或使用特定风格回答，请明确指出，如"假设你是一个跨境电商公司的财务顾问，请为企业出海提供一些投资建议"。

（4）避免歧义。尽量避免使用模糊不清的表达，这有助于 AI 更准确地理解你的意图。

（5）给 AI 提供尽量详细的信息。比如撰写产品详情页时，需要把产品的价格、型号、性能、特点、受众等信息先输出给 AI，再提出相应的任务需求，输出结果才会更具体，可用性才会更强。

下面举一个跨境电商在生成产品详情页场景下使用 AI 提示词的案例，同时在表 18-1 中对比中外两款产品生成结果的区别，方便读者更好地理解和比较选择。

提示词1：请你为一件跨境电商产品——蓝牙耳机写一段商品详情页的描述，该产品特点有18小时长续航、低延时零卡顿、蓝牙无线、半入耳式、运动降噪的特点，该产品主要是面向美国市场18～28岁男性用户。

提示词2：请将上述产品详情页描述，翻译成地道的美式英文。

表18-1　ChatGPT和Kimi的电商详情页文案和翻译对比

	ChatGPT	Kimi
蓝牙耳机详情页描述	产品名称：畅享无界音乐体验——蓝牙耳机 商品详情页描述： 探索音乐新境界，我们的蓝牙耳机为您带来前所未有的听觉享受。这款耳机专为18～28岁男性用户设计，融合了时尚与科技，让您的每一次听音体验都变得更加精彩。 主要特点： 18小时超长续航：无论是工作、运动还是旅行，18小时的长续航让您告别频繁充电的烦恼，尽享音乐陪伴。 低延时零卡顿：先进的低延时技术，确保您在游戏、视频通话时音画同步，畅玩无阻。 蓝牙无线连接：告别线缆束缚，稳定的蓝牙连接让您随时随地畅享高品质音频。	产品名称：动力脉动——蓝牙无线运动耳机 商品详情页描述： 释放音乐的力量，尽享无线自由！专为热爱生活、追求极限的你设计，动力脉动蓝牙无线运动耳机，以澎湃动力，伴你左右。 主要特点： 【持久续航，音乐不停歇】 拥有18小时的超长续航能力，无论是马拉松的长跑，还是全天候的音乐节，动力脉动都能保证音乐不间断，让你的活力持续满格。 【低延时技术，零卡顿体验】 采用先进的低延时技术，确保音频传输流畅无阻，无论是在线游戏还是观看视频，都能享受到同步的极致体验，从此告别音画不同步的烦恼。

（续）

	ChatGPT	Kimi
蓝牙耳机详情页描述	半入耳式设计：舒适贴合耳型，久戴无压，让您的耳朵也能自由呼吸。 运动降噪功能：在嘈杂环境中也能享受纯净音质，智能降噪让您全身心投入音乐世界。 无论您是运动达人、游戏爱好者，还是通勤一族，这款蓝牙耳机都是您的最佳选择。立即下单，解锁全新听觉体验！ 立即购买，畅享音乐自由！	【蓝牙无线连接，自由无束缚】 摆脱线缆的束缚，通过蓝牙无线连接，轻松配对各类智能设备，无论是iPhone还是Android，都能一键快速连接，享受无线的便捷。 【半入耳式设计，舒适贴合】 精心打造的半入耳式设计，贴合人体工程学原理，为你的耳朵提供定制级的舒适体验，长时间佩戴也轻松自如。 【运动降噪，专注你的热爱】 内置运动降噪技术，有效隔绝外界噪声，让你在运动中也能享受到纯净的音乐世界，专注于你的每一次挑战。 【面向年轻潮流，彰显个性魅力】 专为18～28岁的年轻男性用户量身打造，动力脉动不仅是一款耳机，更是一种生活态度的展现，无论是街头运动还是户外探险，都能彰显你的个性魅力。 加入动力脉动，开启你的音乐之旅，让每一次聆听都成为不凡的体验！ 立即体验 产品颜色、尺寸及其他细节请查看详细规格。 所有产品均享受我们的优质客户服务和售后保障。

（续）

	ChatGPT	Kimi
美式英文翻译（节选）	Experience Boundless Music - Bluetooth Earbuds 18-Hours Long Battery Life: Whether you're working, exercising, or travelling, enjoy up to 18 hours of continuous playtime without the hassle of frequent charging. Low Latency, No Lag: Advanced low latency technology ensures perfect sync between audio and visuals during gaming and video calls, giving you a seamless experience. Wireless Bluetooth Connection: Say goodbye to tangled wires and enjoy a stable Bluetooth connection that lets you enjoy high-quality audio anywhere, anytime. Buy Now and Enjoy the Freedom of Music!	PowerPulse - Wireless Sports Earbuds With an 18-hours extended battery life, these earbuds ensure non-stop music whether you're on a marathon run or enjoying an all-day music festival. PowerPulse keeps your energy levels charged and ready to go. **[Low Latency Technology, Buffering-Free Experience]** Equipped with advanced low latency technology, PowerPulse guarantees smooth audio transmission, providing a seamless experience for online gaming or video watching. Say goodbye to the annoyance of out-of-sync audio and visuals. **[Wireless Bluetooth Connectivity, Unfettered Freedom]** Cut the cords and connect effortlessly with Bluetooth wireless technology. Pair quickly with a range of smart devices, whether it's an iPhone or Android; enjoy the convenience of wireless with just one click. **Start your musical adventure with PowerPulse today!**

可以看到ChatGPT的文案风格更加简略，包括英文翻译也更加精简，而Kimi则会自动延展得更详细些。大家可以根据自己的偏好自行选择。如果觉得不满意也可以多次生成、反复引导调试，直至生成

满意的文案。除了生成电商详情页提示词，还可以用 AI 文生文工具生成社媒贴文文案、短视频分镜头脚本、达人合作邀约邮件等，这些也都是在出海营销中常见的使用场景。

AI 设计产品图：引领未来视觉图景

文生图技术作为 AI 的一个分支，其发展加速了 AI 产业化应用的进程。文生图技术通过自然语言描述生成对应图像，这种技术在艺术创作、广告设计、辅助教育等领域展现出巨大的应用潜力。文生图产品以 Midjourney 和 Stable Diffusion 为头部产品。这两款产品各有优劣，笔者认为，Midjourney 在生成效果上较为领先，但需要使用者有较强的提示词操控能力；Stable Diffusion 有更强的可控性，比如希望 AI 进行模仿式创作，Stable Diffusion 能较好达到预期效果，不会偏离太多，细节颗粒度也处理得很好。

日常我们和真人设计师沟通，经常会出现词不达意或者设计师从需求到理解有偏差的情况，最终设计效果差强人意。现在我们的沟通对象变成 AI，要怎么和 AI 对话才能生成想要的图片效果呢？提示词的灵活使用在 AI 文生图中就显得极为重要！这里先分享下笔者总结的 Midjourney 的万能提示词结构，即"内容＋构成＋风格"。

- 内容：主体（人、动物、植物、物体等）、环境（地点、背景等）、情绪（快乐、悲伤等）等。
- 构成：构图、光线、视角、色调、色彩等。
- 风格：艺术形式、细节手法、年代风格等。

具体到出海新媒体运营和跨境电商运营场景，怎么利用 AI 帮我们提升图片创作水平和效率呢？下面以 Midjourney 为例，结合上面总结的提示词结构，笔者分享了一些具体的提示词描述以及生成效果，让读者有直观的感受。

场景 1：用 Midjourney 为产品添加场景背景图，省掉棚拍搭景、调灯光等各种费用。

提示词 1：Product photography of a perfume, lying on the water surface, with flowers, stone on sparkling water, natural lighting, nature photorealistic photography, dreamy tones, focus on product, center composition, UHD，4k—v 6—9:16。

香水的产品摄影，放于水面上，有花，波光粼粼的水面上能看到水下的石头，自然光线，自然写实主义摄影，梦幻般的色调，专注于产品，中心构图，UHD 超高清，4k—v 6 版本—9:16 比例。

Midjourney 生成的结果如图 18-1 所示。

图 18-1　Midjourney 生成的香水产品摄影图

场景 2：用 Midjourney 为产品添加模特演示，节省模特拍摄成本。

提示词2：A 24-year-old American blonde model stood on the beach with white skin, holding a square glass bottle of perfume, looking up at the sky at a 45 degree angle, feeling the wind blowing through her hair, s 250 —v 6.0。

一位24岁的美国金发模特站在海滩上，皮肤白皙，手里拿着一瓶装在方形玻璃瓶中的香水，以45度角仰望天空，感受着风吹过她的头发，s250—v6.0。

Midjourney生成的结果如图18-2所示。

图18-2　Midjourney生成的模特手持香水图

同理，这样的内容，除了可以用于电商产品图，还可以用于社交媒体账号运营。尤其是服饰类目，非常需要模特展示，可以节省非常多的拍摄成本。比如做日系少女服饰或者欧美风服饰的电商，都可以通过AI生成系列图片，吸引账号粉丝的关注，进而通过挂商品链接进行成交转化。

场景 3：用 Midjourney 运营社媒账号日常内容，以吸引粉丝关注为主要目的。

提示词 3：Two 25-year-old French female models stand on the streets of Paris, holding coffee and wearing 2024 trendy French summer dresses, chatting elegantly。

两位 25 岁的法国女模特站在巴黎街头，手持咖啡，穿着 2024 年流行的法式夏季连衣裙，优雅聊天。

Midjourney 生成的结果如图 18-3 所示。

图 18-3　Midjourney 生成的法国双人模特图

这样的提示词可以换成 1 位模特、3 位模特、5 位模特；可以是在东京街头，在伦敦街头；也可以是不同年龄、性别、肤色、着装风格、动作表情的模特……内容可以无限生成，每天再也不用愁发布社媒平台时没有内容素材了。

第 18 章 百倍杠杆：人工智能 × 出海 × 营销

除了文生图，还有图生图更高阶的玩法。这也是众多品牌方和电商运营者最迫切的需求，就是拿现有的产品图，进行背景替换，将模特换头等，下面笔者演示如何用 Stable Diffusion 生成现有产品图的场景，这涉及多软件、多步骤操作。

首先喂给 AI 现有的产品图，如图 18-4 所示，建议尺寸在 512 毫米 × 768 毫米。

图 18-4　现有产品图

需要用 Inpaint Anything 的图像处理工具进行局部重绘，生成以下重绘的产品蒙版图，如图 18-5 所示（如果没有这一步，生成的产品图会变形）。

图 18-5　生成的蒙版图

上传蒙版图到 Stable Diffusion，借助 ChatGPT 生成以下提示词，同时还需要借助 LoRA 模型进行训练。特别注意提示词有正向，还有反向，以及参数。

Hyper-realistic painting of a lush green forest background, with a perfume bottle placed on the ground surrounded by butterflies, and water droplets glistening on the leaves, cinematic composition, trending on ArtStation, <loRA:20231122-1700582714007:1> huwai.

Negative prompt: Abstract, Cartoonish, Simplistic, Grayscale, Monochrome, Futuristic, Urban, Sci-fi, Fantasy, Low-resolution, Pixelated, Minimalistic, Flat, Anime, Pop art.

Steps: 20, Sampler: DPM++ 2M Karras, CFG scale: 9, Seed: 968862724, Size: 683×1024, Model hash: 912c9dc74f, Model: realvisxlV40_v40Bakedvae, Denoising strength: 0.75, Mask blur: 2, Masked content: latent nothing, LoRA hashes: "20231122-1700582714007: 1e3bd6b9ed68", Version: v1.8.0.

超现实主义风格的茂密绿色森林背景画作，画中地面上放置着一瓶香水，周围飞舞着蝴蝶，树叶上闪烁着水珠，具有电影般的构图，在 ArtStation 上流行，loRA:20231122-1700582714007:1 huwai。

负面提示：抽象，卡通，简单，灰度，单色，未来主义，都市，科幻，奇幻，低分辨率，像素化，极简主义，平面，动漫，波普艺术。

步骤：20，采样器：DPM++ 2M Karras，CFG 比例：9，种子：968862724，尺寸：683×1024，模型哈希⊖：912c9dc74f，模型：realvisxlV40_v40Bakedvae，去噪强度：0.75，遮罩模糊度：2，遮罩内容：潜在无，LoRA 哈希⊖："20231122-1700582714007: 1e3bd6b9ed68"，版

⊖ 指的是在机器学习和数据挖掘领域中，通过哈希学习技术将数据映射成二进制串的形式。

⊖ LoRA 技术，全称 Low-Rank Adaptation of Large Language Models，即大型语言模型的低秩适应技术。LoRA 技术是一种高效的模型微调技术，它通过引入低秩矩阵来减少模型参数，从而实现快速且资源节约的模型调整。

本：v1.8.0。

最终生成的效果如图18-6所示。

图18-6 最终生成的效果图

需要特别注意的是，上述图生图的操作涉及多个工具插件运用，新手可能需要多次练习才能熟练掌握。但随着AI技术的发展，相信未来在图生图领域的操作也会变得更加简单。

我们用AI生成内容，最终都是为了在社交媒体或者电商平台运营，吸引用户的关注转化。平台运营的内容既需要质，也需要量。对比一下，如果你一天一个账号发一条贴文，和竞争对手一天10个账号发100条贴文，在内容质量相差不大的前提下，谁吸引的流量更多？肯定是后者。所以会用AI的人，已经可以一个人扛起社媒运营的大旗，从文案到设计和运营都可以由一个人独自操作完成。

AI 创作视频：高效演绎品牌故事

文生视频产品中，海外有 Sora、Luma、Runway 等头部产品，国内有快手旗下的可灵，它们都较为出色。笔者试用对比后发现，Runway 在生成视频方面表现非常亮眼，动作和镜头转换极为顺畅，动作范围广。可以观察到，其摄影追踪技术能够灵活地在不同视角间切换，轻松实现跟踪、环视和鸟瞰等多种视觉效果，使摄像机的移动显得尤为自然和连贯。它能够精确模拟真实物理运动，无论是人物行走、物体位移还是场景转换，都能维持极高的一致性。这种技术不仅显著提高了视频的真实感，也极大地丰富了观众的沉浸体验，让观众更能体会到视频内容的流畅性和真实性。Runway 可以实现文生视频、图生视频、视频生视频等功能。另外，Runway 生成的作品，可以直接商用，作品所有权归创作者所有，这个非常关键。

关于如何用好文生视频产品，笔者给读者一个万能的提示词结构作为参考：

相机运动方式：场景＋添加细节。

[camera movement]. [establishing scene].[additional details].

可以看到，好的视频生成提示词应该具备以下基础信息，并且描述得越仔细，添加的定语越明确，越能生成想要的视频效果。

（1）相机运动方式。

- 描述镜头：35 毫米胶片、过肩镜头、特写镜头、极近特写、广角镜头、全景镜头、景深等。
- 描述视角：低角度、高角度、仰视角、俯视角、平视角、主观视角、无人机视角、倾斜角度等。
- 镜头移动类型：上升、起伏、展开、出现、爆炸、粉碎等。

（2）场景描述。比如，在色彩斑斓的热带雨林；在东京灯火辉煌、霓虹闪烁的街头；雪覆盖的树木和雄伟的雪山构成了壮观的背景等。

（3）细节描述。

- 描述主体特质、神态：24岁时髦的纽约女性、30岁健硕的美国男性太空人等。
- 风格：电影风格、写实风格、科幻风格、日式动漫风格等。

像国内快手可灵的生成效果，也有可圈可点之处，如图18-7所示。可灵的使用优势在于提示词可以更加精简，产品操作使用更加符合国人习惯。

图 18-7　快手可灵官网视频作品图

之前已经有不少网友将世界名画、表情包等生成动态视频，玩得不亦乐乎。在出海场景下，我们可以把有模特演绎的产品平面素材图生成动态视频，节省拍摄剪辑成本。

上面分享的这些文生图、图生图、文生视频等玩法，都不是单一的，高阶玩家可以同时灵活应用几款工具，生成更高质量的视频内容。

比如海外创作者 Arata Fukoe 就成功把几款工具灵活应用，生成了这条达到 MV 级别的非常优质的视频作品 *AI Evolution—Created Only by Generative AI*，如图 18-8 所示，感兴趣的朋友可以搜索观看。

图 18-8　创作者 Arata Fukoe *AI Evolution—Created Only by Generative AI* 的视频封面

资料来源：创作者 Arata Fukoe 的 YouTube 账号。

该视频画面用 Midjourney 和 Stable Diffusion 生成，视频用 LumaAI、DreamMachine、Runway、Gen3 alpha、Kling 搞定，歌词用 ChatGPT 生成，音乐用 Sono AI 创作，最后再用 Photoshop 和 After Effects 润色。如果这条视频是用传统的视频拍摄制作方法，要达到这样的效果起码要花 1～2 个月的时间，而且花费绝对是天价的！因为涉及的专业制作团队较为庞大。但相信随着 AI 的发展，后续会有越来越多的专业制作团队开始用 AI 创作视频，90% 的视频内容由 AI 生成的时代已经不远了！广告主都在减少拍摄商业电视广告（Television commercial，TVC）的预算，相信未来也能直接用 AI 工具创作出低成本的品牌视频。笔者每次在使用 AI 生成工具时，都对 AI 生成结果充满好奇，对这次它会带来怎样的惊喜之作满怀期待。读者朋友们也一起来体验 AI 的技术革命，感受这场视觉盛宴吧！

AI打造数字人：个性化定制虚拟替身

相信很多出海从业者在做社媒运营和电商运营时，都疲于短视频内容创作和直播运营，因为非常耗费人力物力，而有了AI数字人，我们可以大大地解放生产力。目前在AI数字人领域，笔者亲测比较领先的工具是Heygen。大家如果在短视频平台有刷到过比如郭德纲用英文说相声、泰勒·斯威夫特用中文分享创作灵感之类的视频，就是网友们用Heygen创作的。

Heygen功能多样，运行流畅。用户可以上传一张照片或者一段视频，就生成了数字人分身，再加上产品本身有接入ChatGPT，可以生成AI脚本，同时有多种不同的视频背景模板可供选择，还可以添加字幕等特效，能对所上传的视频直接进行多语言翻译，生成的效果相对自然。

虽然我们从运营者角度非常希望AI数字人可以替代我们真人去拍视频和做直播，但是从用户角度，用户天然更喜欢看真人，更喜欢与真人互动。目前各大平台对AI数字人生产的内容还是有一定的流量限制的，主要原因是现阶段的AI数字人技术会被用户识别出来。AI数字人技术目前确实还有较大的提升空间，相信未来会有更多逼真性和自然度做得更好的产品诞生，让我们一起期待吧！

第四篇

出海人才个人发展

第 19 章

致出海小白:如何快速入行

经常有粉丝问笔者,如果刚毕业,既没有海外的相关经验,又希望从事出海相关的工作,出去见见世面,那么应该如何找到一份与出海相关或者就在海外的工作呢?这里笔者想告诉大家的一个残酷事实就是,在整个人才市场供过于求的环境下,雇主就是倾向于找"拿来即用"的人才,倾向于要过往工作经历与工作岗位高度匹配,入职即可直接创造成果的人才。小白们就很委屈:我没有工作经验,那应该怎么做呢?建议如下。

1. 语言优势

如果有留学背景,那么在海外的学习和生活经历便是优势,因为相对会熟悉海外的文化环境。另外,精通英语或其他小语种也是一种优势,然而,仅凭语言技能还不足以满足雇主的要求。

2. 技能匹配

技能匹配岗位需求是最重要的。假如你想要获得一个海外市场营销的工作机会，你可以从今天就开始运营个人的 Instagram 或者 TikTok，成为一个小达人，如果达到粉丝几千或者创作出百万播放的爆款视频，这些都是可以直接写到简历里的。雇主通过你的简历，会认为你是有内容创作能力的，你是了解海外社媒的。做个人号和做企业号是有相通之处的，也许因此就会给你一个面试机会。所以笔者强烈建议做市场营销的同学，无论是在国内还是在海外，业余时间都要运营好自己的社媒账号，于公于私都有非常多的好处，你的内容传播的手感会更好。

假如你想要竞聘设计岗位，但是你没有海外的设计经验，那你可不可以自学？你可以搜集海外头部品牌的平面作品，模仿学习，做练习稿，形成自己的作品集和创作方法论。

假如你倾向于海外的研发工作岗位，你就可以在各种开源社区把代码复制下来演练，自己做一个产品的演示版本，或者你可以跟前辈学习，给前辈打下手，先接点外包开发的活儿作为积累。

笔者举的这几个例子，其实就是希望大家没有经验就自己创造经验。与其每天空想、焦虑、迷茫，不如把目标落实为具体的行动，落实为一个个工作内容的模拟演练，本质上是从技能点去匹配企业的需求。这里的关键是要找到自己的技能点，不要说"我什么都可以做，只要给我一份工作就行"，或者"我什么都不会做"，这两者在笔者看来是没有区别的。没有人什么都会，你一定要有自己突出的标签技能。

3. 提前准备

经常有人找到笔者，给笔者发过来一份"白纸简历"，说希望 1 个月内找到××目标工作。什么是笔者说的"白纸简历"？就是里面除了毕业院校和一些校园实践，任何的实习和工作经历都没有。笔者想说这样的简历放在10年前，从校招渠道投递，也许有希望，但在今天，肯定不行。

解决方案是什么？不是在大四要毕业的时候才开始为找工作做准备，而是在大一、大二，就要开始做"斜杠青年"，课要上，学分要修。大学有完全充足的时间，是能让你去做任何"副业"的。对，现在不仅职场人需要有副业，笔者建议大学生都要有副业。什么样的副业？比如你想做销售，你能不能做各种品牌进校园渠道的校园代理？比如你未来想做开发工程师，你能不能每天在开源社区上刷题编写代码？比如你未来想做翻译，能不能自己先找一些作品来翻译？比如你想进投行做咨询，那你是不是要提前把笔试题、面试题都刷一遍，把师兄师姐的人脉都维系好，把所有咨询模型和案例都拆解练习一遍？比如你想在海外工作，是不是你在留学期间，就可以多打几份工？

笔者曾经有一位同事，在英国留学期间，同时打了3份工，在男装店当店员、在餐饮店当服务员等。毕业回国后，他的副业就是运营英伦风格的男装独立站，收入甚至超过他的正式工作。在伦敦期间，他早上6点起来开店，看到过伦敦的日出，然后赶去学校上课，下课了又赶回服装店，晚上就睡在店里。正是大学期间的这段经历，培养了他对男装品类的敏锐嗅觉，以及对英国市场的深刻洞察，他的这些能力远超同龄人。随后，他加入了一家知名跨境电商平台，负责欧洲市场的运营工作。这位同事其实家庭背景优渥，但他并没有在留学期间沉溺于享乐，最终得到了他想要的工作机会。

不打无准备之仗。求职看的是过去经验的积累，不是求职面试前一个月的极速冲刺。

如何找到匹配的工作机会

1. 关注目标企业的官网和社交媒体

首先，确定你感兴趣的行业和企业，可以把比如出海前 100 品牌列出来，访问这些企业的官方网站，查看它们的招聘页面或"加入我们"部分，了解最新的职位空缺。同时关注企业的微信公众号和领英主页，这些平台通常会发布最新的招聘信息和企业动态，有时还会分享一些内部员工的故事和企业文化，能帮助你更深入地了解企业。

2. 利用专业的求职信息平台

求职者要充分利用专业的求职信息平台，如 Boss 直聘、猎聘网等，这些平台不仅提供职位搜索功能，方便你筛选，还允许你直接与招聘方沟通，提高求职效率。这些平台的智能推荐系统也会根据你的简历和求职意向，为你推荐适合的职位，增加你找到合适工作的机会。当求职者经验与职位足够匹配时，甚至还有企业会主动抛出橄榄枝，给候选人发送岗位邀请。所以，要充分利用好平台的资源。

3. 关注与求职相关的微信公众号

求职者可以主动关注一些与求职相关的微信公众号，这些公众号经常会分享求职技巧、行业动态以及招聘信息，这是获取信息的另一个有效渠道。

4. 企业内推

内推是获取工作机会的一种有效方式。如果你有在目标企业工作的朋友或者校友，不妨请他们帮忙推荐。内推不仅可以增加你的简历被看到的机会,还可能在面试过程中获得额外的关注。因此,积极建立和维护你的职业网络是非常重要的。

5. 积极参加行业会议

积极参加行业会议,不仅可以提升你的专业技能,还可以结识行业内的专业人士,拓展你的人脉网络。在这些活动中不仅有企业高管上台分享经验,偶尔也会有招聘信息的分享。你可以抓住机会直接与企业代表建立联系,这是获取第一手招聘信息的好机会。

6. 猎头合作

猎头合作方式适合有三年或者五年以上工作经历的求职者,求职者把简历分享在招聘平台上,手里有匹配岗位的猎头就会主动与求职者建立联系。笔者认识的一些猎头朋友,自己也会更新公众号,发布招聘信息,这些个人账号值得我们关注。

专业能力提升四大方法

企业需要怎样的人才?笔者认为,企业希望的人才,无非是"意愿高+能力高+学习力强",大家可以对比图19-1这个模型,看自己在哪个象限里。

完美的人才是什么?完美的人才是既热爱这项工作,又具备相应的经验和能力,同时还有较强的学习能力,能够去适应行业的趋势变化。对于这种员工,企业要充分授权,给到员工发挥空间,让员工更上一层楼。大家可以对照下自己,是不是对现有的工作有足够高的意愿和能力,并且愿意持续学习新的知识。

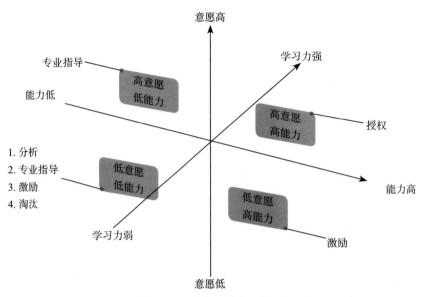

图 19-1　企业需求人才模型

另外两类可培养人才，一类是意愿高但能力低，另一类是意愿低但能力高。对于意愿高但能力低的员工，这种员工在过往经历中可能没有太多的积累，或者就是不够聪明。当然和岗位的匹配度也有关系，再聪明的人如果放错岗位，也会无法发挥自己的才能。这就需要企业去精准识别，给员工更多的专业指导，促进员工成长。对于意愿低但能力高的员工，企业需要找到该员工低工作意愿的原因，一般可能是对薪资不满，或者团队关系不融洽，或者看不到自己的职业发展前景，这时就需要企业提升相应的激励或者给予更多的晋升空间支持。这两类人才都需要企业和员工自身的双重努力，从而往第一象限的完美人才去靠近。

最后一类是企业会选择放弃的人选，就是意愿低、能力低、学习能力弱，企业基本上不会愿意花时间去栽培。

经常有粉丝问笔者："我对出海感兴趣，但是没有经验，应该如何快速提升自己的专业能力呢？"笔者认为有以下四大方法。

1. 模仿是最好的学习方法：1 天拆解 1 个案例

这个方法尤其适合新手。当你对出海一无所知的时候，当你对不同国家、不同平台、不同品类都找不着北的时候，1 天拆解 1 个案例，1 年拆解 365 个案例，感受会完全不一样。拆解什么？这个企业为什么做这个方向？它是怎么做的？哪些措施看上去是有效的？哪些方面可以有优化空间？这个市场有什么壁垒？新进入者是否还有机会……同时把拆解过程用笔记做好记录，笔者建议用 Xmind 的树状图结构，不仅有利于发散思维，还能提炼重点。今天许多信息都足够充分，只要用心学习，主动搜索网上各种分析文章的内容，就足够让我们吸收许多有价值的信息。

2. 向外获取：行业资讯、行业报告、行业社群

出海有很多值得关注的行业媒体和资讯平台，像雨果跨境、智象出海、36 氪出海、霞光社等，都是很好的学习平台。另外，如果专注 Facebook、Google 和 TikTok 等数字营销，微信公众号也都有平台的官方号，官方的许多第一手资讯和案例都值得学习。

同时笔者创办的"出海圈"行业社群，圈内也都是资深出海玩家和海外华人。大家来自全球不同国家的不同行业，有在南美做贸易的企业主，有来自硅谷互联网公司的高管，也有在中东开 MCN 的创业者，还有在欧洲开广告公司的主理人，也有关注出海赛道的投资人等。圈内成员所在的行业种类非常多样，大家交流碰撞能打破更多的信息差、资源差和认知差。

与出海相关的还有许多行业峰会和沙龙活动，在深圳尤其高频，感兴趣的读者也都可以多多参与，浸泡其中一定能更快熟悉海外市场。

3. 终生学习：不停地问！对世界保持好奇

笔者在本书中分享了海外社交媒体营销、跨境电商运营等的许多方法和技巧，殊不知这些知识，也都是几年前笔者作为一个出海小白，从 0 到 1 一点一滴开始学的。笔者从看各种网上教程，到找专家请教，再到自己运营账号、开广告账户，一步步动手实操，这都是笔者实践中积累的经验总结。曾经有粉丝问笔者，怎么样快速填平自己对出海的信息差和知识差？笔者的回答是，唯有学习，没有捷径！

这里附上一篇笔者当时刚接触 Google 广告投放时做的知识笔记，供读者参考学习方法，如图 19-2 所示。好记性不如烂笔头，当你在读这本书的时候，如果遇到对你有启发的知识内容，也可以像笔者这样用知识树的方式记录下来，你的收获感会更强。

4. 刻意练习

如果你在企业任职，假设明天让你去某出海品牌面试市场营销经理岗位，你会怎么做？如果你是创业者，假设下个月你就要出海去新加坡做一款电子消费产品，你要怎么推广？这就是笔者建议的刻意练习的方法：把自己置身于目标项目中，直接写计划要点。

这本书介绍了非常多的技巧，希望你能真正学以致用。把每个面试的企业都当作刻意练习的案例，把自己置身于企业视角，在面试前做好计划方案，从而做到从容不迫。这么做，不仅是为了得到工作机会，也是在把每一个企业和品牌当成自己的练习样本。可以想象，当你通过刻意练习掌握了十八般武艺并且运用精通的时候，无论是工作实操或者创业实战，你收获的结果都不会太差。

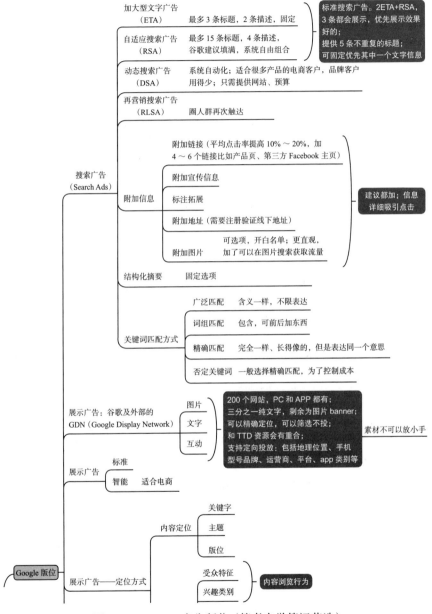

图 19-2　Google 广告版位（笔者自学笔记节选）

第 20 章

致从业者：如何跨界破局

复制过去的经验优势

当我们寻找新的跨界机会时，它一定不会全然脱离你的已有技能。笔者建议，可以换行业，但不要换工种；也可以换工种，但不要一下子脱离原行业。如果一下子换行业又换工种，再切换到一个完全陌生的海外国家市场，你认为自己能做好吗？笔者认为这样做的成功概率比较低。人总要找一个自己熟悉的切入点。比如，笔者熟悉消费品行业，擅长做营销，那么当笔者去做海外的消费品营销时，只需要理解海内外人群的差异，以及海外营销平台和营销方式的差异即可，其中营销的底层逻辑，无论在国内市场还是在海外市场都是不变的，工作的内容也是相类似的，所以笔者依然在做自己擅长的事情。

同理，你熟悉的行业、擅长的技能点又是什么？你是否能把技能点复制到海外市场？你熟悉的行业在哪个国家市场有潜力？你擅长的技能到海外哪个行业/公司能够得以发挥？这些都是在跨界出海寻找破局机会中，可以考虑切入的点。

空杯心态

空杯心态看似和前面提到的"复制过去的经验优势"有冲突，实则不然。笔者认为，空杯心态是不要拿对国内市场的理解去看待海外市场，不要拿国内的沟通方式去和海外同事沟通，不要认为自己有三五年的资历去做出海就能碾压其他对手。跨行跨界，有时就是从零开始，从零积累你对行业的认知、对市场的理解，这就需要我们主动调整之前的工作思路和工作方法。

举个例子，笔者刚开始从互联网行业转行到手机行业，开始以为两个行业相差不大，其实不然。手机行业本质是制造业，没有互联网行业那么高效和开放，于是就出现了这种情景：一个项目要落地，内部十来个部门不停地开会拉齐，最终市场方案做得漂漂亮亮，广告宣传材料都全面发布了，却发现货物还没运输到当地市场的专柜。还有，笔者刚进手机公司时，发现大家交流时有很多听不懂的暗语，比如"咬合"，其实就是我们说的信息同步。再比如，笔者刚开始做海外社交媒体，从 Facebook 到 Google 的广告后台和大家经常说的一些术语，笔者从不懂到入门再到精通，是怎么做到的？笔者入职的前 3 个月每个周末都不休息，就在家将一个个广告位记下来，一个个数据扒开了看，不懂的就问同事，再研究不明白，就请教合作服务商。不停地问，这点可能很多人比较难做到，心想"我一直问，不就暴露了我什么都不懂吗？"笔者也曾有过这样的想法，但后来想到，只要能收获有价值的知识和经验，丢掉面子又何妨。而且，当你成长速度足够快，能对公司有价值贡献时，过程也就不那么重要了。所以，很多时候，心理包袱还是要去掉的。不懂就不懂，不懂就拼学习能力。不懂装懂,那可能就一辈子都不懂。

职业发展的终极目标是什么?以笔者个人为例,当时选择跨行业、跨市场,笔者的目标就是要找到自己职业发展的第二曲线(见图20-1),那就要忍受一切推倒重来的痛苦,就要像刚毕业那会儿一样,像海绵一样不停地吸收。只不过现在没那么多时间让自己学习,这就需要立刻吸收、立刻输出。今天刚把广告位弄明白,明天立刻就要在公司战略会上做汇报,这就是现实的职场节奏和工作压力。如果没有这样的抗压能力,那就只能一辈子在自己熟悉的行业待着。

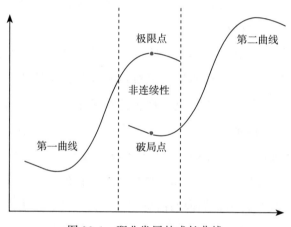

图20-1　职业发展的成长曲线

笔者个人当时的感受就是,在国内市场做到第一曲线接近极限点位置了,不是说自己做到了行业天花板,而是说很难突破自己了,所以希望跨界出海寻求破局点,找到自己成长的第二曲线。笔者也希望读者朋友们,如果你现在在第一曲线爬坡期,那别犹豫,继续努力向前冲;如果你觉得好像空间有限了,又跃跃欲试想要寻找突破,那就要接受在寻找自我成长的第二曲线时比现状差许多的状态(无论是收入还是心态、社会地位等方面),一切从零开始摸索。

打工焦虑，想尝试出海创业，怎么做

笔者身边许多在企业任职的朋友，无论高层、中层还是基层，大家或多或少都有不安焦虑感，就是总感觉打工没有未来，分分钟会被企业裁员、被更年轻的劳动力替代，但是又不知道自己除了上班还会做什么，于是想探索出海的副业或者创业机会。

针对这部分人群，笔者想说大家可以多学习，利用业余时间多做尝试，比如先做一个 TikTok 账号，或者自己尝试搭建运营一个店铺，做自己的创业最小化测试，别一上来就辞职创业。辞职创业风险系数非常高，如果你上有老、下有小，且在过去多年都习惯了上班，尤其是在大企业的工作模式下，出来创业的不适感会更强，你会无从下手，且发现自己空有一身武功却毫无用武之地。创业和上班需要的技能点完全不一样，尤其是在大企业的朋友，习惯了在一个完善的体系机制里运转，垂直领域的专业技能非常强，但是创业更多是要综合技能。创业者既要选对方向，还要能撸起袖子马上执行，对于综合技能要求非常高，创业者既是客服前台，又是财务会计，还要是营销能手。打工模式通俗点讲是贩卖时间，今天上班一天比如收入是 1 000 元，基本是零风险，因为风险都在企业主那里，唯一的风险就是可能被裁员，被裁员大家大不了跳槽再来。而如果是创业模式，作为企业主，每天一睁眼是房租、人工、水电，在项目早期的测试期，大多都是亏本又赔时间，整个收益模型大多数是先赔钱、再看后面有无机会回本，最后才是看有无机会赚钱。所以如果不是家财万贯，或者是连续创业者，在当下的市场环境下，还是建议大家保守选择。出海创业的难度系数更大，尤其是面对陌生的市场和平台，没有经验的创业者千万不能凭着一腔热血冲进去，不然失败率会接近 100%。

第 21 章

致创业者：如何寻找匹配的出海机会

先控制风险，再考虑收益

看到这里，可能有读者朋友对出海市场极度乐观，觉得大有可为，打算要投入全副身家，大干一场！笔者在此奉劝，对海外市场要保持谨慎乐观的态度，新进入者对海外市场一定要保持敬畏之心。有创业想法想要落地，要一步一个脚印，不要太激进，可以通过更多资源整合的方式，减少自己的创业风险。

举个例子，想做跨境电商，大多数人第一反应是选好品，然后找代工厂采购一批商品，有想做品牌的，还要做全套的企业注册、商标注册、合规流程。产品要有差异化，外观要有创新，那就要找工厂开模，模具费从几万元至上百万元人民币不等，咬咬牙掏了吧，然后产品运到海外仓，物流仓储配送等各项成本开始以美元为单位计价，结果流量没有跑出来，创业者慌了，就前面这几个环节，投入小几十万元甚至上百万元都是要的。如果没在短期内跑出良好周转率，钱就打水漂了。

那怎么办呢？如果还是很想做跨境电商，有什么模式可以更加巧妙地降低风险吗？还真有。比如你找到一个供应链进行强绑定合作，该供应链本身就有具备竞争力的商品，愿意和你合作供货，不用你垫资，你负责运营，这样你采购商品就不会有资金风险，当然这个模式的前提是和工厂做好利润分配，并且找到有开品创新能力的工厂愿意合作。另外，也有跨境电商卖家直接就和工厂成立合资公司，工厂负责开品生产，电商卖家团队负责运营，各自发挥所长。笔者认为这也是启动期和成熟期的一个可参考模式。一年几十亿元人民币营业额的跨境大卖家很多就是用这样的模式在和工厂合作，连不差钱的大卖家都知道要控制资金风险，之前亚马逊封店潮那一波倒下的企业，不少就是因为资金链断裂，所以作为新入局者，是不是要更加谨慎呢？至于其他行业。也同理。在当下，创业一定要先保证能活着！

中国经验与本地洞察的结合

笔者身边观察到的出海拿到结果的创业者有很多，比如一位师兄以前做国内抖音代运营，非常熟悉抖音的流量生态，就开始去做印尼的 TikTok 电商 MCN；一位师弟以前在字节跳动负责娱乐主播的孵化，熟悉平台规则，就去做东南亚的娱乐 MCN；一位前同事有多年的互联网产品运营经验，就去做 AI 产品，在国内市场测试没问题后，也成功开拓了海外市场。这些创业者都是首次出海，但是他们有中国经验和海外洞察的结合。

再比如 ToB 赛道里的机会，在国内可能没有 ToC 市场那么受关注，但是在海外市场大有可为。数据显示，中国 ToC 和 ToB 的企业比例大概是 20∶1，而美国的比例则为 3∶2。美国上市企业里更是不乏

ToB 业务的巨头，比如 Adobe、Salesforce、Square 等。中国的创业团队天然擅长做工具应用，而海外发达国家市场对 B 端的工具产品和服务也有付费能力和习惯。ToB 的客单价高，但商业模式上因为客户决策周期更长，所以创业者需要做好持久战的准备，投资人一般也更关注长期价值，这里的长期并不是 3～5 年，而是至少 5～10 年。

多走出去看看

多走出去看看并不意味着进行浅尝辄止的旅游观光，也不仅仅是通过企业参访、游学就能洞察海外当地的市场机遇。真正地理解需要深入目标市场，生活数月，以深入了解市场需求、竞争对手的渠道布局以及用户的痛点。出海战略是一项重大工程，特别是对于那些在发展中的新兴市场，虽然机遇巨大，但许多人因无法放弃国内的舒适生活环境，而不愿全身心投入到海外较为艰苦的环境中去。因此，如果无法做到这一点，那笔者建议就不要做出海了。试想一下，竞争对手泡在海外市场 10 年，和你人在中国远程遥控，那大家取得的结果肯定是不一样的。

第 22 章

致管理者：如何搭建全球化的组织人才结构

常见的三种架构

全球化企业的组织架构，常见的有以下三种类型。

（1）从成立的第一天就是海外企业。比如像 Notion、Zoom 这些全球知名的软件企业，创始人都是华人，但都是从海外起家，在美国总部开启全球发展之路。

（2）单独成立海外事业部，全套班底"肉身出海"。国内企业出海决心充足，选好目标市场后，高管直接"肉身出海"，常驻海外建分公司、租办公室，招聘本地员工。

（3）"总部国内＋分部海外"的架构。以 SaaS 产品为例，管理、研发、市场营销都在国内，但是销售业务在海外不同国家，有不同的商务人员去对接客户，能更好地反馈客户需求。这样的组织架构，就是把核心的成本支出都放在国内，营收部门放在海外。在这种架构下，一是能保证开发的速度和成本可控，毕竟国内的技术研发人员性价比在全球还是数一数二的；二是市场营销策略会统一可控，毕竟都以数字营销为主，成本能随时调控。

再以消费品公司为例，产研、供应链、市场营销都在国内，海外是渠道销售和营销落地。其实还是类似的逻辑，成本支出放国内，营收放海外。国内同事远程遥控，但到区域市场还是会以华人管理者为主，负责上传下达和执行策略，保证从策略到方案落地不变形。举个小小的例子，曾经发生过这样的事情：某产品下周要推广，但是当地国家没有找到好的物料制作商，广告宣传物料做出来不是变色就是变形，最后国内同事直接带着广告物料板一起乘坐飞机运过去。这些都是在实操中会发生的事情，做海外营销，保证执行不变形是一件不那么容易的事情。

以驱动业务增长的市场部为例，出海企业市场部的组织架构参考如图 21-1 所示。

招不到人？——人才招聘及培养的思维转变

1. 招聘要求

很多时候国内企业招聘的要求是"既要、又要、还要、马上要"，放到海外市场就发现不通用了。因为海外市场的人才更多是强调单一技能，不像国内这几年大家都被内部竞争得"既会、又会、还会、马上会"。所以在出海人才招聘中，经常会出现企业列了 5 个需求，在人才市场的供给中，能找到同时满足 3 个的就不错了。这里笔者建议出海企业可以调整预期，降低对人才综合性技能的要求。同时，很多想做出海方向的人才一定要赶紧把各个专业技能点快速学会，这样你的优势和筹码就能比别人多一点，竞争力就能更强一点。

第 22 章 致管理者：如何搭建全球化的组织人才结构　　305

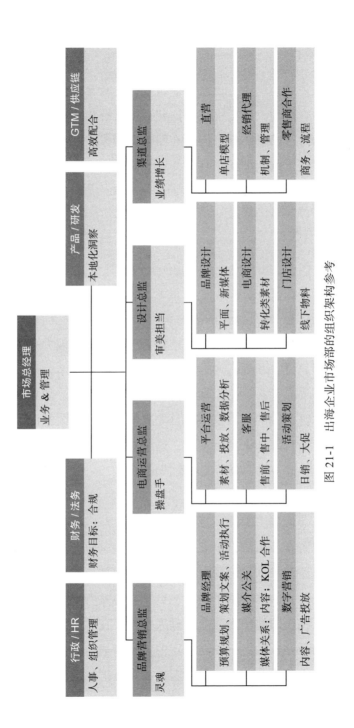

图 21-1　出海企业市场部的组织架构参考

2. 招聘流程

在海外人才的招聘中，出海企业也要充分尊重候选人的隐私，比如婚否、年龄、照片，甚至性别，这些都不需要出现在简历里。而国内企业爱问的过往薪资，这个问题在欧美等国家更是严格保密的。所以国内企业根据候选人的历史薪资去给候选人定薪酬，这一套在招聘海外人才时就不一定适用。

3. 沟通管理

在日常工作中，出海企业要尊重海外的法规、文化和生活习惯等。比如，英国劳动法规定，员工如果每天工作时间超过6个小时，就有权在工作期间休息20分钟；法国的新生儿父亲可以享受长达14周的陪产假……在实际工作中，以非洲市场为例，我们发现大多数本地同事都是单线程思维，和他们沟通事情都需要具体到细节，即分别在什么时间点、需要做什么、怎么做，对方才能完成理解。如果遇到突发情况，不在你之前说的细节范围里，尤其如果是经验欠缺的员工，有些就会不知所措且不那么灵活变通，这个时候就需要更高频的沟通和协同，甚至是手把手地去帮助他们解决问题。

4. 人才培养

大多数中资企业出海，组织的管理者都是以中方人员为主，这能保证策略和思路的贯彻，但同时也会在组织内部形成以中方员工为主和以本地员工为主的两个圈子，本地员工内心就会觉得自己的晋升空间有限。就跟在美国的华人职业经理人一样，在管理线的岗位职级是有一个隐形的天花板的。所以在特定的国家市场，我们建议中方管理者尽量授权，培养更多本地的管理者，甚至是把本地的员工培养成为企业合伙人的角色，形成示范效应，更好地激发海外员工的主人翁意识——这点很关键！为什么有时候我们觉得外国同事工作效率低，主要原因是企业没能激发员工的主人翁意识。怎么样让他们有主人翁意识，最简单直接的就是管理权授权和股权激励。从长期发展的角度看，全球化企业就是全球化团队，就是多元化的组织管理。全球化的过程一定是极具挑战的，但同时也会因为文化多元而碰撞产生更大的商业价值！

后记

出海充满着机遇与挑战。中国企业依托独特的供应链优势以及全球市场对中国制造产品认可度的不断提升,正在全球市场中占据越来越重要的位置。中国出海企业致力于打造"人无我有,人有我优"的产品。同时,以最关键的人才优势,形成了我们领先全球的人才特质——勤奋,再加之工程师的人才红利,我们有理由相信,未来一定能诞生更多来自中国的全球化品牌。

出海是从0到1的创业,是"一把手工程"。这个观点笔者在本书中也反复强调。在过去中国商业的发展历程中,不少企业掌舵者已经成为不管业务、只管战略的指挥家。而在出海的战役中,细节是魔鬼。这就需要企业掌舵者既是方向无误的指挥家,又是冲锋陷阵的将军,还是骁勇善战的士兵。

笔者曾听过一个真实的故事。出海头部企业希音,在日本首家实体快闪店开业前一晚,企业高管搭乘的飞机凌晨才落地,却发现连衣服样品都没有准备好,高管马上与本地团队亲手"熨衣服",只为保证活动当天的效果。这就是当前出海的现状。

这也让笔者想起曾经在非洲举办过的一场品牌发布会。发布会开始前2小时,我们发现外部执行团队连背景板都还没装好,连忙亲自上阵。因此，千万不要以为作为企业品牌方就能做甩手掌柜，很多时候你请的外部执行团队，抵不过公司内部一个能亲自动手的精兵强将。

本书笔者对几大社交媒体平台和跨境电商平台的运营方法做了详细阐述，包含目前海外三大主流电商模式：货架电商（以亚马逊为代表）、DTC 电商（独立站模式）、兴趣电商（以 TikTok 为主）。有读者可能会问："这么多模式，我作为品牌方出海，应该优先选哪个？""我是刚起步的跨境电商小卖家，又该优先选哪个？"笔者认为，这三种模式所需要的核心技能是完全不同的。货架电商的核心是选品，独立站电商的核心是广告投放，兴趣电商的核心是内容创作。如果你是做跨境电商的小卖家，要先评估自己哪一项技能更突出。如果你是品牌方，可以依照团队基因确定选择的先后顺序，但最终你都需要布局。因为品牌企业讲究的是全域的流量运营，哪个流量池都不可错过。

出海的市场拓展中，要始终牢记一个关键点：消费者。出海企业要把消费者当人看，而不是只看流量。虽然笔者在书中分享了很多流量运营的技巧，但回到营销的本质，消费者首先是人。商业逻辑的出发点应该是满足消费者的需求，而不是只强调企业的产品、技术有什么优势，要怎么推广。这是不变的核心，相信读者朋友在实践中能得到更深刻的体会。

出海实战的本质，在于不断深化对世界的认知与理解。

世界很大，我们一起多出去看看！

推荐阅读

读懂未来前沿趋势

一本书读懂碳中和
安永碳中和课题组 著
ISBN：978-7-111-68834-1

双重冲击：大国博弈的未来与未来的世界经济
李晓 著
ISBN：978-7-111-70154-5

一本书读懂 ESG
安永 ESG 课题组 著
ISBN：978-7-111-75390-2

数字化转型路线图：智能商业实操手册
[美] 托尼·萨尔德哈（Tony Saldanha）
ISBN：978-7-111-67907-3